JUNG

UMA REVISÃO FEMINISTA

Dados Internacionais de Catalogação na Publicação (CIP)
(Câmara Brasileira do Livro, SP, Brasil)

Rowland, Susan

Jung : uma revisão feminista / Susan Rowland ; tradução de Viviane Cássia Heimburger Richardson. – Petrópolis, RJ : Vozes, 2024.

Título original: Jung

ISBN 978-85-326-6612-3

1. Feminismo – Aspectos psicológicos 2. Mulheres – Aspectos psicológicos 3. Psicanálise 4. Psicologia junguiana I. Título.

23-183947 CDD-150.1954

Índices para catálogo sistemático:

1. Psicologia junguiana 150.1954

Aline Graziele Benitez – Bibliotecária – CRB-1/3129

SUSAN ROWLAND

JUNG
UMA REVISÃO FEMINISTA

Tradução de
Viviane Cássia Heimburger Richardson

EDITORA VOZES

Petrópolis

Edição publicada mediante acordo com Polity Press Ltda., Cambridge, UK.

Tradução do original em inglês intitulado *Jung – A Feminist Revision.*

Direitos de publicação em língua portuguesa – Brasil:
2024, Editora Vozes Ltda.
Rua Frei Luís, 100
25689-900 Petrópolis, RJ
www.vozes.com.br
Brasil

Editoração: Giulia Araujo
Diagramação: Littera Comunicação e Design
Revisão gráfica: Jaqueline Moreira
Capa: Renan Rivero

ISBN 978-85-326-6612-3 (Brasil)
ISBN 978-0-7456-2516-4 (Reino Unido)

Este livro foi composto e impresso pela Editora Vozes Ltda.

Sumário

Apresentação à edição brasileira

Tive a honra de conhecer Susan Rowland no programa de mestrado e doutorado em Psicologia Profunda da Pacifica Graduate Institute (CA) onde entre outras atribuições, ela é membro ativo do corpo docente do programa de Estudos Junguianos e Arquetípicos. Recordo-me que já em uma das nossas primeiras discussões em grupo protagonizei uma fala apaixonada, na qual explicitei todo o meu encantamento pela obra de C.G. Jung. Com todo respeito e cuidado, Susan acolheu minha tietagem mas de forma bastante assertiva, me disse que se quiséssemos realmente conhecer com profundidade a teoria junguiana deveríamos sempre nos movimentar para além da paixão e cultivar um olhar mais crítico sobre Jung e sua obra. Em outro momento quando discorríamos sobre o conceito de *anima* na psicologia analítica, ocorreu-me citar uma passagem de Jung sobre o tema, e sua primeira reação foi me questionar sobre o volume da Obra Completa onde se encontrava aquela citação para logo em seguida à minha resposta nos presentear com uma vasta e rica reflexão sobre a complexidade da questão da *anima* na obra de Jung, demonstrando um estudo rigoroso e profundo sobre o assunto.

Começo apresentando Susan Rowland ao público brasileiro com essas duas lembranças pois considero que elas já introduzem algumas das características marcantes deste livro e desta autora que tanto contribui com o entendimento e a interpretação da obra de Jung para toda a comunidade junguiana. Apresentar Susan Rowland é falar de seu olhar analítico, seu preciosismo nas arguições, sua reflexão profunda e seu conhecimento minucioso dos labirintos e paradoxos da obra desse proeminente teórico da psique humana.

Susan Rowland enfatiza o fato de não ser uma analista clínica e sim uma acadêmica, mas ouso dizer que sua sensibilidade para traduzir as embreagens e desafios da psique são dignos de quem se apropria do inconsciente como se esse fosse de fato seu instrumento de trabalho...o que como artista e escritora verdadeiramente o é. Assim como o analista mobiliza-se pelos conteúdos inconscientes de seu paciente, Susan como escritora também traduz os conteúdos inconscientes coletivos e os retrata nas suas narrativas de ficção ou nos seus trabalhos acadêmicos, como é o caso de *Jung the feminist revision*, tornando palatável a complexidade da teoria junguiana. Susan iniciou sua carreira na literatura graduando-se pela Oxford University e concluiu seu pós-doutorado pela University of Newcastle. Sua tese transformou-se em seu primeiro livro, *C.G. Jung and Literary Theory: Challenge from Fiction*, publicado em 1995. Sete anos depois, em 2002 é lançado *Jung, the feminist revisison* e que hoje vinte e dois anos depois, tenho o privilégio e alegria de apresentar à comunidade junguiana brasileira sua versão traduzida para o português.

Jung, the feminist revision é um dos dez livros já publicados por ela e certamente chega ao Brasil em um momento importante não apenas para a psicologia analítica mas para a sociedade em geral, quando a discussão sobre feminismo e questões de gênero é imperativa. Nos tempos atuais onde o número de feminicídios e a consciência de desigualdade de oportunidades entre homens e mulheres ecoa de forma estridente no Brasil, o tema da misoginia de Jung vem se tornando um ponto nevrálgico, transformando-se no calcanhar de Aquiles de muitos junguianos que apesar das críticas, vislumbram em Jung um autor visionário, concebendo uma perspectiva pós-moderna de sua teoria. Susan traz com competência essa discussão já tão recorrente nos meios acadêmicos levantando os pontos onde certamente há uma concordância com as críticas à misoginia de Jung, mas também intercedendo a favor de sua teoria, expondo um Jung defensor do feminino que entendia que o mundo está em sofrimento porque vive de forma unilateral um sistema patriarcal destrutivo. Diante do cenário global atual de guerras e polarizações, ela nos relembra que o conceito de individuação da teoria junguiana oferece um caminho de cura dessa neurose coletiva através do reequilíbrio da psique, o que só seria possível mediante o cultivo de uma dinâmica mais feminina.

Para a autora, essa importância e legitimidade dada ao feminino seria um ponto favorável à atribuir uma credencial feminista à teoria junguiana. Mas ela reconhece que ser um defensor da dinâmica feminina não faz de Jung um feminista. Ao mesmo tempo que coloca o feminino no centro de sua teoria, ele desqualifica as mulheres como agentes sociais e históricos. É a partir desse paradoxo que a narrativa do livro se constrói, isto é, reconhecendo a misoginia de Jung ao mesmo tempo que tenta resgatar a riqueza de sua perspectiva feminina.

Para Susan a lente feminista é o olhar para a soberania da questão de gênero no sistema patriarcal, como ela se faz presente e determina o funcionamento de todos os campos da sociedade humana. Sua lente feminista empregada no livro observa como o gênero está sendo articulado na obra de Jung para compreender e revelar as relações de poder. Ela nos demonstra por exemplo como a voz da mulher antes expressa através da prima médium se transforma na teoria junguiana em um conceito de *anima*, isto é uma voz feminina na psique do homem, denunciando um deslocamento de poder de fala dos espíritos para o homem. Para Jung, a voz feminina não se legitima através da mulher mas sim inicialmente pela voz dos mortos para em seguida ser expressa através dos homens.

Outro ponto extremamente relevante no livro é a discussão sobre a teoria da contrassexualidade. No momento social e histórico em que vivemos, quando a questão de gênero torna-se pauta urgente e a reflexão sobre o que é masculino e o que é feminino está em todos os campos de discussão, da política à vida privada, a conceituação dos arquétipos de *anima* e *animus* coloca todos os junguianos na berlinda. Como sustentar uma ideia central de sua teoria que é o próprio conceito de individuação a partir de uma representação essencialista de feminino e masculino? Susan discorre sobre esse tema extremamente complexo apresentando uma reflexão cuidadosa e elucidativa onde nos apresenta pensamentos de outros autores e também nos relembra a qualidade andrógina dos arquétipos, trazendo portanto um contraponto significativo às críticas ao essencialismo de Jung na sua elaboração da teoria dos arquétipos contrassexuais.

Todos sabemos que no campo do conhecimento psicológico o limite entre a subjetividade e objetividade é muito tênue, fazendo com que as teorias psicológicas tragam sempre na sua estrutura uma contaminação da psicodinâmica e da personalidade do autor que a constrói. No caso da teoria da contrassexualidade de Jung não é diferente. A noção de *anima* e *animus* não apenas são conceitos datados ecoando uma cultura sexista do início do século passado, como também evidenciam a personalidade do homem que a elaborou. O livro propõe uma leitura crítica à forma como especialmente a elaboração do arquétipo feminino (*anima*) é influenciada pela vida pessoal de Jung. Susan realça a importância de seu mito pessoal sobre a construção desse e de outros conceitos teóricos mais abrangentes decorrendo naquilo que é considerado sua grande teoria, dinâmica essa que a seu ver qualificaria Jung dentro do rol dos pensadores pós-modernos.

O feminismo contemporâneo sob a perspectiva pós-moderna e pós-estruturalista vem demonstrando que o patriarcado não criativo, que estabelece rígidas estruturas e portanto alimenta dissociações, já não se mantém em uma sociedade onde o conhecimento se torna fluido e subjetivo. E principalmente, torna-se prejudicial não apenas às mulheres, mas à sociedade de forma geral. Dentro dessa linha de raciocínio, Susan destaca a relevância da filosofia desconstrutivista de Jacques Derrida na formação do que ela denomina como feminismos junguianos. Feminismos junguianos são os trabalhos plurais e diversos de pós-junguianos que refletem sobre as questões de gênero na teoria de Jung baseados na ideia de que elas foram elaboradas a partir de seu mito pessoal. Entre outros diversos autores que poderiam se encaixar nessa categoria, Susan dá um destaque especial à James Hillman, ressaltando sua perspectiva revisionista em relação à *anima*, compreendendo-a não como a contraparte inconsciente do homem, mas como uma dinâmica humana pertencente a homens e mulheres.

Jung, Freud, Hillman, Woodman, Paris, Derrida, Lacan... Susan nos encanta com sua erudição e conhecimento desses e tantos outros autores no decorrer da leitura, nos apresentando suas principais ideias de forma clara e sucinta, ao mesmo tempo que as inter-relaciona com o feminismo e a questão de gênero.

Jung, a feminist revision evidencia a relevância da teoria junguiana e nos ajuda a desenvolver uma consciência imprescindível de seus paradoxos e desafios diante de uma sociedade que exigirá cada vez mais uma concepção múltipla, inclusiva e, portanto, feminista.

Em seu prefácio, Susan Rowland escreve que os movimentos feministas com razão negligenciaram Jung por diversos motivos, mas afirma que também o fizeram por falta de uma análise mais aprofundada de seus escritos que permitiriam uma compreensão para além de sua inquestionável misoginia. Como ela mesma diz, o livro tem o objetivo de resgatar esse Jung que tem algo a oferecer ao feminismo pós-moderno. Sua intenção é colocar a Psicologia Analítica dentro da pesquisa do feminismo. Jung jamais poderá ser designado como feminista, mas tenho a certeza de que após a leitura de *Jung, a feminist revisison*, a comunidade junguiana do Brasil terá mais instrumentos para reivindicar um lugar legítimo dentro do campo dos estudos feministas.

Uma ótima leitura!

Claudia Gadotti

Prefácio

Este livro é dedicado para o novo leitor de Jung, para pesquisadores, para todos aqueles que estejam engajados com o feminismo. Os dois primeiros capítulos retratam o homem e a sua vida com as mulheres e, então, cuidadosamente, são introduzidas todas as suas ideias importantes. C.G. Jung amou o feminino durante toda a sua vida. O feminino é um ponto essencial, tanto na sua obra quanto na sua psique. Ainda que, certamente, Jung não tenha sido um feminista no sentido da promoção da participação feminina no mundo.

Os capítulos terceiro e quarto olham o modo com que os pós-junguianos têm tentado responder às suas complexas atitudes com relação às mulheres, ao gênero e ao feminino. Em seguida, me utilizo de instrumentos críticos afinados pela análise feminista, pela pesquisa histórica, pela desconstrução, pelo feminismo pós-freudiano e pós-moderno, para, então, produzir dois novos capítulos de revisão feminista de Jung.

Em detrimento de si mesmo, o feminismo tem negligenciado Jung. As razões para essa negligência variam desde a prevalência de Freud no pensamento feminista, a subsequente sobrevalorização dos motivos da sua separação de Jung, até a estranha ausência de qualquer análise crítica dos escritos de Jung que possibilitariam que o feminismo fosse além de sua indiscutível misoginia.

Certamente, não seria correto argumentar que nenhum(a) feminista tenha tentado construir uma teoria de gênero e cultura a partir das ideias junguianas. Além do corpo de pensamento com orientação feminista dentro da terapia junguiana, há uma tradição do feminismo junguiano que denomino aqui como "feminismo da deusa" (cf. cap. 3), que já representam o legado junguiano sobre gênero na cultura mais ampla. Infelizmente, o "feminismo da deusa", um corpo de trabalho valioso e algumas vezes sofisticado, tem rotulado Jung, desfavoravelmente para os não junguianos, como um teórico condicionado historicamente, irremediavelmente religioso e afastado das questões de gênero. Isso é uma simplificação excessiva e desnecessária do potencial de Jung para a teoria feminista, como demonstrarei.

Este livro não introduz Jung apenas àqueles que nunca tiveram contato com as suas ideias; ele aplica toda uma gama de pesquisas feministas para remediar essa negligência. Portanto, eu exploro não apenas o que ele escreveu, mas também e, crucialmente, *como* ele escreveu. Sugiro que, caracteristicamente, os escritos de Jung foram assombrados por duas motivações. Eu as denomino como "mito pessoal", a geração de ideias advindas da sua experiência individual e, como "grande teoria", da necessidade de construir uma narrativa compreensiva da mente e da cultura humana.

A influência de Jung tem sido profunda e duradoura na cultura contemporânea, não ficando confinada na comunidade terapêutica. Finalmente o feminismo adquiriu habilidade crítica tanto para explorar a política de gênero no trabalho dele quanto para oferecer uma revisão feminista que olhe o seu lugar na política de gênero no conhecimento do mundo moderno. Meu objetivo com este livro é introduzir Jung para o feminismo da idade moderna.

Qualquer revisão feminista precisa responder aos problemas encontrados nas primeiras leituras de Jung. As complexidades conceituais, a forma geral de sua psicologia e o seu *background* intelectual precisam de uma introdução cuidadosa. Depois disso, mostrarei como a estruturação do mito pessoal e da grande teoria surge da complicação pessoal e teórica sobre a questão de gênero. A obra de Jung contém comentários tendenciosos sobre mulheres. Ele tem a tendência para o essencialismo de gênero, assumindo que todo corpo feminino tem uma identidade feminina não problemática e vice-versa. Meu uso do termo "gênero" neste livro não é essencialista. Ele assume que os estilos de gênero e as suas representações não podem ser isoladas da história e da cultura nas quais eles são manifestos.

Outras dificuldades das feministas com Jung recaem em sua tendência em colapsar a diferença de gênero dentro de si mesmo, de seu próprio interior pessoal feminino (conhecido como "*anima*") e, em suas afirmações tendenciosas sobre mulheres de uma forma geral. Essa estrutura crucial da obra de Jung pode estar conectada à fascinação dele com o espiritismo e com as mulheres médiuns. Considero esses elementos biográficos como a base para uma crítica feminista histórica.

Nenhuma análise de Jung, feminista ou não, deveria ignorar que a carreira pessoal dele provocou acusações de antissemitismo. Corroborando essa acusação, há o fato de que ele manteve uma posição na Alemanha nazista nos anos de 1930, enquanto ele residia na Suíça. Apesar de não ser a matéria principal de uma revisão feminista, as digressões desastrosas de Jung na política e seus comentários antissemitas são extensivamente considerados no primeiro capítulo.

Meu objetivo não é apenas submeter Jung a uma atualização do criticismo feminista, usando os recursos disponíveis na pós-modernidade. Um Jung liberto da tendência essencialista e do completo confinamento às convenções da sua cultura, tem algo a oferecer para os futuros feminismos. A preocupação persistente dele com o desconhecido, o incognoscível, o inapropriado dentro da mente humana pode ser a base do pensamento radical e progressista. Existe um Jung recuperável para o feminismo na pós-modernidade, assim como existe um Jung que mostra todas as limitações do pensamento iluminista com sua tendência em produzir "razão" da supressão de gênero da irracionalidade como "feminino".

Uma forma pela qual este livro contribui para os estudos junguianos é argumentando que o campo dos pós-junguianos agora chegou no ponto de oferecer feminismos junguianos ao invés de apenas um feminismo junguiano. Este livro é dedicado à exploração de novas oportunidades engendradas pela expansão das possibilidades do feminismo. Especialmente, sugiro que foi próprio Jung quem provocou esse desenvolvimento pelos seus questionamentos de noções definidas na teoria dominante. Essas tendências descreverei no segundo capítulo como a motivação para o "mito pessoal".

Jung: uma revisão feminista oferece uma introdução clara e compreensiva de Jung, do feminismo, de uma revisão crítica que objetiva colocar esse pensador *dentro* da pesquisa feminista. Este livro, portanto, também oferece uma introdução da pós-modernidade. Jung é tanto romântico quanto pós-moderno. Este livro mostra que gênero é o ponto crítico na psicologia junguiana, na qual questões de poder, conhecimento e identidade colidem. Não apenas o feminismo revê Jung, mas também, neste livro, Jung oferece uma nova luz sobre o feminismo.

Meus reconhecimentos devem começar pelo apoio inestimável de Gerard Livingtone. Eu não poderia ter escrito este livro se não fosse pelo seu encorajamento irrestrito e por seus *insights* originais. Minha família deu a sua própria contribuição de uma forma inimitável. Gostaria de agradecer, especialmente, a ajuda de meu irmão, Dr. John Rowland, um matemático e, de minha irmã, Cathy Rowland, uma terapeuta musical.

Especialmente, gostaria de agradecer a Andrew Samuels. Seus comentários perceptivos, nos estágios iniciais deste livro, me permitiram achar uma estrutura para dar conta da política de gênero de Jung dentro de sua obra. A responsabilidade pelos resultados e erros é, certamente, totalmente minha. Também, gostaria de agradecer a Christopher Hawke, tanto pelo seu trabalho quanto pela sua pessoa, que me forneceu encorajamento para ir além das categorias habituais nas quais Jung é tradicionalmente colocado.

A Universidade de Greenwich que me forneceu apoio financeiro e um ambiente agradável no qual eu pude desenvolver minhas ideias. Uma menção especial deve ir para meus colegas Peter Humm, John Williams, Ann Battinson, Nicole Bowyer, John Dunne e David Pattie por suas influências calmantes. Alunos, notadamente, Christine Ward, Sarah D'Cruz, Joanne Orrow e, a classe de 2001 de "Jung: pós-modernismo e literatura" que muito me estimularam e clarificaram o meu pensamento. Amigos, em particular, Evan Davis, Edmund Cusick, Claire Dyson, Wendy Pank, Christine Saunders, Ailsa Camm, Juliet John and Val Gough, por terem fornecido consolo e bolos em momentos cruciais. Muito obrigada a todos.

Como usar este livro

Os novos leitores de Jung perceberão que os primeiros dois capítulos introduzem tanto o homem quanto o seu trabalho. Aqueles mais familiarizados com Jung, mas não com os desenvolvimentos pós-junguianos, podem querer ler as sessões sobre o mito pessoal/a grande teoria e sobre as mulheres no capítulo 2 antes de embarcarem no mapa de gênero dos estudos junguianos nos capítulos 3 e 4.

A nova pesquisa dos capítulos 5 e 6 introduz contextos feministas importantes de desconstrução, psicanálise e pós-modernismo, assim como também fornece o novo pensamento feminista junguiano. O feminismo pós-freudiano de Luce Irigaray, Hélène Cixous e Julia Kristeva, a desconstrução, o trabalho de Judith Butler sobre o corpo, pós-modernismo e Iluminismo, o sublime e o gótico são todos descritos para o novo aluno. Os capítulos 5 e 6 sugerem os novos feminismos junguianos que falam para as ciências humanas em geral, assim como para os novos leitores, em particular.

Finalizo o livro com o retorno ao feminino fantasmático de Jung. Jung, com sua linguagem religiosa, representa algo indizível e marginal à teoria feminista contemporânea. É tempo de que Jung, assombrado pelo gênero, e o feminino, assombrado por Jung, comecem a se falar.

Cronologia

1875 Carl Gustav Jung nasce em 26 de julho. Filho de Paul Jung, pastor, e de Emilie Preiswerk Jung.

1895 C.G. Jung inicia seus estudos em medicina na Universidade de Basileia em abril. Organiza as primeiras sessões espíritas com Hélène Preiswerk em junho.

1896 Morte do pai.

1900 Começa a trabalhar no Hospital Psiquiátrico Burghölzli, em Zurique.

1901 Apresenta palestra sobre *On Dreams* [*A interpretação dos sonhos*], de Sigmund Freud. Jung começa a trabalhar com teste de associação de palavras.

1903 Jung se casa com Emma Rauschenbach.

1904 Sabina Spielrein é admitida no Hospital Psiquiátrico Burghölzli como paciente. Ela tem alta em 1905, mas continua a ver Jung.

1906 Freud escreve para Jung agradecendo por ele ter lhe enviado uma cópia de seu *Diagnostic association studies.* A correspondência entre eles se inicia.

1907 Jung e Emma visitam Freud em Viena.

1908 No congresso da IPA, Associação Internacional de Psicanálise, em Salzburg, decide-se publicar o anuário, tendo

Jung como editor. O relacionamento íntimo entre Jung e Spielrein se inicia.

1909 Freud e Jung palestram nos Estados Unidos da América sobre psicanálise. Jung começa a estudar mitologia intensamente.

1910 Antônia Wolff é admitida como paciente Hospital Psiquiátrico Burghölzli.

1912 Spielrein se casa e começa a análise com Freud. Jung publica *Símbolos da transformação,* obra que o separa das teorias freudianas da libido como energia sexual.

1913 Em janeiro, Freud interrompe a correspondência com Jung que, então, inicia um prolongado estado de colapso emocional. Suas fantasias desse período tornam-se importantes para o desenvolvimento de sua psicologia.

1916 É fundado, em Zurique, "O Clube de Psicologia". A obra *Os sete sermões para os mortos* é escrita.

1920 Jung viaja para o norte da África e para a Inglaterra, onde ele conduz um seminário na Cornualha.

1923 Jung inicia a sua torre em Bollingen.

1928 Jung inicia seus estudos em alquimia com seriedade.

1933 Jung torna-se presidente da Sociedade Médica Geral de Psicoterapia (sede baseada na Alemanha, a reconhece como Sociedade Médica Geral Internacional de Psicoterapia e inicia a categoria de membro individual.

1939 Jung oferece demitir-se da presidência, mas continua no cargo. Freud morre.

1940 Jung se demite da presidência. Palestra sobre a importância psicológica da trindade cristã.

1944 Jung adoece seriamente – tem visões que posteriormente são descritas em sua autobiografia.

1945 Os acertos para a co-publicação da *Obra completa* de Jung são finalizados entre Bollingen Press, Estados Unidos da América e Kegan Paul, Grã-Bretanha.

1946 Abertura do Instituto C.G. Jung, em Zurique.

1947 Jung escreve *Resposta a Jó*, uma análise do deus da Bíblia.

1953 Toni Wolff morre. *Psicologia e alquimia* é o primeiro volume da *Obra completa* a ser publicado.

1955 Emma Jung morre.

1956 Aniela Jaffé começa a trabalhar com Jung em *Memórias, sonhos e reflexões* (a autobiografia).

1961 Jung morre em 6 de junho em Bollingen, Suíça.

1
As vidas de C.G. Jung

> Ideias brotam de uma fonte que não está contida na vida pessoal de um homem. Nós não as criamos; elas nos criam (Jung, 2022).

Este capítulo de abertura oferece um desenho biográfico da história do próprio Jung. Presto atenção, em especial, aos momentos de crise em que os âmbitos cultural, teórico e pessoal se interpenetram de forma muito importante para a teoria junguiana. Por concentrar-me nos eventos significativos da vida e da carreira de Jung, é possível, sugerir como os eventos pessoais e suas preocupações se imbricam em sua teoria. Essa abordagem forma um prelúdio necessário para a exploração das ideias de Jung no capítulo 2. Sugiro a importância fundamental do pessoal como uma característica particular de sua obra. Isso oferece oportunidades reais que até agora foram negligenciadas para o feminismo.

O capítulo também objetiva ilustrar o papel importante das mulheres na vida e na obra de Jung. Assim como serve para situar as suas próprias teorias de gênero, tal atenção também introduz as primeiras mulheres teóricas junguianas. A obra de algumas dessas mulheres será considerada no capítulo 3.

Por que começar com uma biografia?

Este livro tem o propósito de apresentar a obra de C.G. Jung para os novos leitores. Fornecerei um contexto feminista para suas ideias psicológicas profundas e influentes. Para tal, Jung e as suas teorias serão apresentados e, em seguida, tratarei do pensamento junguiano corrente sobre gênero. Os dois últimos capítulos do livro apresentam a nova pesquisa sobre Jung sob a luz da teoria feminista e do feminismo pós-moderno.

Uma história de vida é um modo útil para apresentar qualquer corpo de ideias pela primeira vez. Para Jung e o feminismo, a investigação biográfica fornece oportunidades ainda melhores. Jung nos deixou sua própria autobiografia em *Memórias, sonhos e reflexões* e as biografias subsequentes, necessariamente, têm sido um diálogo com esta obra instigante. *Memórias, sonhos e reflexões* é interpretada como uma lenda do crescimento psicológico de Jung. Ela ilustra suas ideias importantes e mostra como a sua carreira intelectual e a sua história interior são indissociavelmente fusionadas. Dois momentos-chave para ambas são a colaboração entusiástica e a subsequente separação amarga de Sigmund Freud[1] e o colapso mental de Jung depois subsequente a esse trauma.

A sua autobiografia não registra nenhum relacionamento pessoal significativo, além do que Jung teve com seus pais, a despeito de sua vida emocional ter sido muito rica, como sabemos por outras fontes. De fato, *Memórias, sonhos e reflexões* deve ser tratada com cuidado ao atribuirmos a sua autoria a Jung. Publicada após a sua morte, foi muito editada por Aniela

1. Os melhores trabalhos sobre o relacionamento entre Jung e Freud são de Kerr (1993) e McGuire (2023).

Jaffé[2] e teve um capítulo, sobre uma colega importante para Jung, Toni Wolff, removido por insistência da família dele.

O que um leitor não ingênuo de *Memórias, sonhos e reflexões* percebe são os diferentes rumos que a obra de Jung tomou em diversos estágios de sua vida. Isso inclui a sua tendência de continuamente revisar as suas principais publicações e a importância de seu relacionamento com várias mulheres, muitas delas também escreviam sobre a sua psicologia. Consequentemente, denomino este capítulo de "As vidas de C.G. Jung" indicando não apenas a complexidade de sua história, mas também oferecendo uma oportunidade para feministas prestarem atenção nele. Depois de explorar várias questões pessoais de Jung, na última seção do capítulo, "Biografia e feminismo", usarei o conhecimento histórico para examinar a política de gênero presente na gênese da teoria junguiana.

Tornando-se freudiano

A criança do mito

Jung ditou os primeiros capítulos sobre a sua infância em *Memórias, sonhos e reflexões*. Obviamente, não existia nenhuma outra testemunha possível para o seu desenvolvimento psicológico daquela época. Entretanto, a autobiografia tem a tendência de fusionar o que podem ter sido memórias infantis de sonhos e fantasias (suspeitamente detalhadas) com interpretações posteriores. Por exemplo, ele se recorda de sua primeira experiência significativa como um sonho poderoso, quando tinha a idade de 3 ou 4 anos, que envolve a sua descida em uma caverna subterrânea e a visão de um tronco de carne em

2. Aniela Jaffé seria, originalmente, a autora de *Memórias, sonhos e reflexões*, depois Jung assumiu as partes iniciais do texto, mas ela continuou como editora.

um trono. Ouve a voz de sua mãe nomear o estranho objeto de "devorador de homens" (Jung, 2019, pp. 26-27). Segundo ele, esse sonho o assombrou durante toda a sua vida. Ele nos fornece, posteriormente, uma interpretação disso como um ritual do falo.

Isso também foi uma impressão precoce da mãe dele como uma presença bizarra. Ela possuía uma personalidade convencional, cotidiana, mas, por trás dessa personalidade, havia uma personalidade secundária fantasmagórica; existia uma identidade "número dois" como um outro ser. A mãe de Jung, Emilie Preiswerk, nasceu em uma família que praticava regularmente o espiritismo. Ela era filha da segunda mulher de um homem que dirigia sessões espíritas semanais com a sua falecida primeira mulher. O pai dela era um médium excepcional que instruía a jovem Emilie a se posicionar atrás da cadeira dele para desencorajar fantasmas[3]. Talvez, não surpreendentemente, Jung lembra-se de que sua mãe passou um período internada em um hospital psiquiátrico durante a sua primeira infância. Este fato deixou-o com uma permanente desconfiança na associação entre "mulher" e "amor" (Jung, 2019, p. 23).

O pai de Jung, Paul, era um pastor, considerado pelo seu filho como inócuo por ter perdido todo o contato verdadeiro com sua fé· Biógrafos como Ronald Hayman, em seu recente e impressionante estudo[4], têm apontado que a carreira de Jung e sua psicologia refletem o conflito de toda a sua vida: combinar as experiências bizarras de sua mãe (também sofridas pelo seu filho) com o enquadramento teológico de seu pai. A obra de Jung foi motivada pela sua necessidade de chegar a uma conciliação com a religião, ao menos com o cristianismo

3. Para infância de Jung e Emilie Preiswerk, cf. Hayman (1999).

4. Até agora, a melhor das biografias é Hayman (1999).

convencional de seu tempo. Este foi precisamente o ponto que precipitou a sua briga posterior com Freud.

Jung se lembra de quando ele era uma criança pequena e considerava o "Senhor Jesus" sinistro, pois lhe parecia que ele tinha muito a ver com os funerais e com a infelicidade crescente de seu pai. Oprimido pela atmosfera doméstica, Jung esculpiu uma figura humana, um manequim, de uma régua, fez uma cama com um estojo de lápis e lhe deu uma pedra especial. Esconder o manequim, em um esconderijo, em uma área proibida da sua casa lhe trouxe uma sensação de alívio.

Depois, como um menino em idade escolar, ele foi consumido por uma sensação de que um pecado terrível se aproximava dele. Ele lutou por muitos dias contra a sensação de estar sendo forçado a cometer um ato imperdoável. Finalmente, embarcou em um tipo de teologia individual e decidiu que como Deus criou Adão e Eva, como eles eram pecaram, Ele deve ter intencionado que eles pecariam. Assim, permitiu que seu pensamento pecaminoso viesse à mente: visualizando a catedral, ele viu Deus defecar e deixar cair um grande bolo de fezes que a esmagaram (Jung, 2019, pp. 52-55).

A essa história, como a do sonho do falo, é dada proeminência na autobiografia. Ao descrevê-la como uma luta contra Deus, Jung a apresenta como sua primeira experiência com o divino como irracional. Ao mesmo tempo, isso o permitiu ficar penalizado com seu pai desconectado, sobre quem foi dito sofrer de uma falta de contato pessoal com a religião. Pelas ideias posteriores de Jung, não apenas esse sonho antecipou as suas surpreendentes intervenções futuras na teologia cristã, mas também está em consonância com a estrutura básica subjacente a todo o seu pensamento posterior. Isso é uma demonstração do poder superior do "outro" ao qual o ego deveria submeter-se.

Dada a importância dessas experiências, não é surpreendente que o jovem Jung tenha decidido que, como sua mãe, ele também era um ser dissociado, que tinha um eu cotidiano e uma outra personalidade "número dois". Ele não achou fácil ajustar-se à vida escolar e a ele foi permitido, após um episódio de *bullying* a partir do qual se desenvolveu uma doença, ficar em casa por muitos meses. Foi apenas quando ouviu seu pai mencionar problemas financeiros e sua aflição com o filho sonhador é que Jung decidiu melhorar.

Quando Jung era pequeno, o manequim escondido expressava o seu eu dissociado e ele lhe garantia um senso de segurança. O adolescente percebeu que ele tinha que priorizar seu eu convencional, o "número um" e ser útil no mundo. Entretanto, a noção de ser dissociado voltou quando ele teve que escolher o que estudaria na universidade. O seu eu diurno preferia a ciência, enquanto a personalidade "número dois" continuava fascinada pelas religiões comparadas. Geralmente, é dito que a decisão de estudar medicina foi influenciada por sonhos que o direcionavam para procurar o conhecimento da natureza.

A noção de Jung de ser um eu dissociado, certamente, tornou-se o ingrediente principal de sua psicologia. É curioso que, mais tarde em sua vida, ele não questionou o diagnóstico dado por seu colega mais jovem, Michael Fordham, de que ele havia sofrido episódios esquizofrênicos durante a infância (Hayman, 1999, pp. 13-14) O Jung mais velho não estava preocupado com esse termo médico, pois ele acreditava que as poderosas fantasias psicológicas não eram necessariamente patológicas. Elas não precisam ser desconsideradas como meros sinais de doença. De fato, visões e sonhos poderosos deveriam ser considerados como mensagens advindas de um aspecto superior da mente humana.

Antes de Jung decidir-se pela especialização na desprezada área da psiquiatria, o seu eu cindido estava novamente dividido entre em dois caminhos. A morte do seu pai resultou em problemas financeiros para a família. Entretanto, pouco antes desse evento, Jung e sua a mãe se engajaram em uma série de sessões espíritas com suas primas, as meninas Preiswerk. Essas provariam ser uma influência essencial em seu futuro trabalho.

O espírita, o médico e o homem casado

Em *Memórias, sonhos e reflexões*, Jung relata a sua participação nas sessões espíritas como um *continuum* de uma série de eventos bizarros focados em própria sua casa. A participação regular nas sessões foi justificada pela especulação dele sobre uma possível conexão entre a jovem médium e as perturbações inexplicáveis (Jung, 2019, pp. 125-127). Jung, depois, escreveu um relato sobre as sessões na parte central da sua tese de doutorado, que hoje encontra-se disponível (OC 1).

Nesse documento, Jung conclui que as vozes fantasmagóricas que emanavam da médium (disfarçadas como Miss. S.W.) eram produto de uma doença mental. Ele a diagnosticou como histérica pela indução de estados oníricos de dissociação da realidade. Notas de rodapé associam a sugestão dele, de que a sexualidade está na raiz das histórias ou "romances" da médium, devido à sua recente leitura da obra de Sigmund Freud sobre repressão sexual e sonhos[5]. Entretanto, pesquisas posteriores revelam o quanto a tese de doutorado dele escondeu e distorceu (Hayman, 1999, pp. 58). Por exemplo, ele não admite que era ele próprio, Jung, quem organizava as sessões espíritas e induzia as médiuns ao transe por hipnose. A médium, sua prima

5. Jung se referia ao trabalho de Freud nas notas de seu doutorado.

Hélène Preiswerk, tinha apenas 13 anos e meio quando eles começaram e, não 15 anos e meio como mencionado na tese.

Portanto, quando Preiswerk contacta o "avô", ela estava citando um parente mútuo dela e do encantador estudante de medicina que estava coordenando os eventos. Testemunhos posteriores de familiares confirmaram que ela estava apaixonada por Jung e que as emoções não eram totalmente unilaterais (Hayman, 1999, pp. 35). O próprio investigador "objetivo" deu para a médium um livro sobre clarividência que, por sua vez, apresenta uma semelhança significativa com uma parte do material apresentado por ela posteriormente.

Mais interessante para o futuro trabalho de Jung, entretanto, foi o contato da médium com o espírito superior e criativo, denominado de Ivenes. Esse fantasma dizia ser uma mulher judia, que já havia vivido várias vidas e, que já tinha sido envolvida intimamente com Jung em uma encarnação prévia. As histórias fantásticas geradas por meio de Ivenes ganham consistência pela natureza impressionante da sua personalidade, que é inteiramente manifesta pelo corpo de Hélène.

A tese de doutorado de Jung antecipa suas teorias posteriores por meio das descrições de Ivenes. Diz-se que esse espírito extravagante significa tanto algo autônomo da psique de Hélène quanto uma possível futura personalidade (cf. cap. 2, sobre arquétipos e o si-mesmo). Apesar das informações incorretas sobre a participação ativa e controladora de Jung nas sessões, o que jamais é sugerido na tese é a sua disposição para levar a sério o espiritismo naquele estágio formativo de sua vida.

De fato, confrontar o fenômeno produzido pelas médiuns tornou-se um padrão central na carreira de Jung. Como Charet tem demostrado, a narrativa espírita forma um fio íntimo entre as atividades de Jung e a *Obra Completa* (Charet, 1933; cf. tb.

Noll, 1994). Em termos de seu desenvolvimento intelectual, as experiências iniciais de Jung com Hélène Preiswerk sugerem a confiança no espiritismo como uma possível evidência do sobrenatural. Então, embora a tese de doutorado comece assimilando a "evidência" psíquica às teorias de Freud, ela também contém o germe das teorias distintas de Jung ao sugerir que espíritos são um fenômeno psíquico. Essa ideia sobre espíritos indica que partes da mente inconsciente funcionam de forma independente do ego.

Nas últimas publicações, e não apenas em *Memórias, sonhos e reflexões*, Jung parece nos sugerir que as partes autônomas da mente também podem ser consideradas como metafísicas. Novamente, espíritos parecem aflorar em seus escritos como seres sobrenaturais em um entrelaçamento ambíguo de religião e vida após a morte. Jung justifica este *continuum* entre psicologia e religião por autorreferenciar-se como seguidor da tradição intelectual de Immanuel Kant.

O filósofo Immanuel Kant introduziu uma distinção crucial entre o fenômeno e o númeno: os fenômenos são aqueles objetos que existem no tempo e no espaço, enquanto o númeno apenas pode ser objetos de crença – a realidade religiosa só pode ser númeno[6]. Jung explica que ele considerou as imagens dos sonhos como fenômeno e o poder que as forma como númeno. Se o númeno apenas pode ser deduzido pela razão e requer fé, então, as partes autônomas criativas da mente podem, por fé, serem consideradas como divinas ou como uma comunicação com espíritos.

O problema com essa posição é que, primeiramente, muitos kantianos disputariam a descrição de imagens oníricas

6. Para Jung e Kant, cf. Charet (1933, p. 287) e Hayman (1999, pp. 220-229).

como fenômeno ou "empírico" (como Jung frequentemente insiste). Sonhos, afinal de contas, não são verificáveis objetivamente. Segundo, Jung, frequentemente colapsa a distinção fenômeno/númeno quando considera a imagem inconsciente como idêntica ao poder mental numinoso original (sobre arquétipos e imagens arquetípicas, cf. cap. 2). Um outro argumento feminista sobre o espiritismo na psicologia junguiana será considerado na última seção deste capítulo.

Jung completou a sua tese de doutorado enquanto trabalhava como médico assistente no Hospital Psiquiátrico Burghölzli, em Zurique. Ele foi contratado por um psiquiatra especialmente iluminado, Eugen Bleuler, pioneiro na ideia de que as fantasias da esquizofrenia não eram baboseiras sem sentido. Bleuler encorajava seus médicos a ouvirem atentamente as visões dos doentes mentais. Foi Bleuler quem apresentou Jung ao trabalho de Freud, deixando-o revisar e apresentar a primeira publicação importante de Freud, *A interpretação dos sonhos*, em uma discussão entre médicos. Também foi Bleuler quem pediu para Jung um outro colega estudarem sobre a associação de palavras (Hayman, 1999, pp. 55-64). Isso envolvia testar a reação dos pacientes às palavras-estímulo. Os resultados pareciam apontar a existência de complexos inconscientes reprimidos e frequentemente relacionados à sexualidade. Jung, aqui, trabalhava em paralelo a Freud e, naquela época, conhecia as teorias psicanalíticas sobre a repressão sexual.

Em 1903, Jung casa-se com uma mulher jovem e rica, Emma Rauschenbach. Eles vão morar no Hospital Psiquiátrico Burghölzli. A primeira filha deles, Agathe, nasce no ano seguinte. Antes do nascimento dela, Jung começou o tratamento de uma nova paciente, perturbada e inteligente, uma jovem mulher judia chamada Sabina Spielrein.

Relacionamento freudiano

Embora Jung tenha lido *A interpretação dos sonhos* de Freud em 1900, ele levou muitos anos para aderir às ideias. A correspondência, fascinante e muito surpreendente, com um homem mais velho, começou em 1906, quando Jung enviou para Freud uma cópia do seu trabalho sobre associação de palavras (Hayman, 1999, p. 82). O texto de Jung parecia confirmar a ideia central da psicanálise: a existência de um inconsciente dominado pela repressão sexual.

A aliança emocional Freud-Jung dominou a história do movimento psicanalítico, até que o relacionamento foi finalmente rompido no início de 1913. Hoje, se você ler a correspondência publicada é impossível distinguir as questões da amizade passional, da rivalidade profissional e do conflito teórico no relacionamento deles. Freud estava explicitamente procurando por um filho e herdeiro para o movimento psicanalítico. Jung parecia também estar procurando por uma figura paterna para sua segurança psíquica e, ainda, estava interessado em obter poder. Essencialmente, ele não foi capaz de colocar o manto do outro, ainda que isso significasse a restrição de seus interesses teóricos.

Ambos os homens revelam um profundo investimento emocional em suas principais ideias. Eram de suprema importância para Freud: a teoria da sexualidade e o Édipo (cf. cap. 2). Para Jung, havia a necessidade de explicar a religião e a mitologia de forma que essas não fossem definidas como totalmente secundárias e nem derivadas da sexualidade infantil. Desde o início da colaboração, Jung fazia ressalvas sobre as noções da repressão sexual e os desejos infantis, exclusivos de Freud (Hayman, 1999, p. 109).

Uma divergência fundamental na obra de Jung e Freud, que continua profundamente implícita nas distintas psicologias ainda hoje: Jung é um teórico da imagem e Freud da palavra. Para Jung, a imagem inconsciente era primária; era realidade. A aplicação de "teoria" à imagem inconsciente poderia corromper seu propósito e função. Imagens são a forma pela qual inconsciente pensa e fala.

Para Freud, o pensamento é uma questão de palavras apenas: a imagem era um produto do processo primário da repressão sexual. Dada essa dicotomia fundamental, era possível compreender por que Jung insistia em tratar as fantasias religiosas como objetos importantes de estudos por si mesmos. Freud considerava tal atividade como, em primeiro lugar, um erro e, em segundo lugar, uma traição ao seu trabalho. No final, o desvio teórico de Jung veio a ser considerado como uma traição ao próprio Freud. A publicação de Jung de um estudo do imaginário mítico e de fantasias religiosas precipitou a separação final (OC 5). Ao considerar as imagens como primárias, Jung redefiniu o conceito freudiano de libido como uma energia neutra, não exclusivamente sexual. O capítulo 2 aprofundará as diferenças teóricas nos legados tanto de Jung quanto de Freud.

Embora o relacionamento com Freud dominasse o trabalho psicológico de Jung naquela época, a vida sexual dele tornava-se uma questão constante. Fora do seu casamento, Jung encontrou trabalho e romance existindo em um *continuum*. Sabina Spielrein foi a primeira de um padrão junguiano: a paciente mulher, analisada por Jung, ou ficava depois em Zurique como uma colega analista ou se tornava uma teórica e promovia o seu trabalho em um outro lugar. Para Spielrein e, depois Toni Wolff, a transição de paciente para colega foi complicada e profunda, dado o relacionamento romântico. Não estou sugerindo que este tenha sido o caso com todas as outras pacientes mulheres que se tornaram analistas junguianos e escritoras.

Toni Wolff permaneceu parceira de Jung e colaboradora de sua obra por cerca de 30 anos. Em contrapartida, Sabina Spielrein estava profundamente apaixonada por Jung na época em que ele estava envolvido com Freud. Ela afastou-se da influência de Jung e foi trabalhar com Freud no Círculo de Viena. Spielrein foi, inicialmente, analisada por Jung no Hospital Psiquiátrico de Burghölzli, depois iniciou a sua análise com Freud, em 1912, enquanto a colaboração deles estava colapsando pelas desconfianças e asperezas. No Círculo de Viena, Spielrein redigiu o seu primeiro e importante ensaio psicanalítico intitulado "Desconstrução como uma causa do vir a ser" (Hayman, 1999, pp. 136-137).

John Kerr, utilizando as evidências recentemente disponíveis dos ensaios de Spielrein, tem documentado a extraordinária história das interações teóricas e eróticas entre Spielrein, Jung e Freud (Kerr, 1993). A sua obra, na realidade, antecipa muito o trabalho posterior de Freud sobre a pulsão de morte e, ainda, oferece uma visão alternativa da interrelação entre sexualidade e destruição. Nem Jung nem Freud parecem ter levado a sério a teorização de Spielrein. Ela teve um casamento sem amor e depois foi morta pelos nazistas na Rússia.

Como demonstra Kerr, os relacionamentos pessoais se sobrepuseram àquilo que deveriam ser, supostamente, alianças profissionais. Ambas, Sabina Spielrein e Emma Jung, escreveram para Freud sobre Jung. Jung e Spielrein compartilhavam uma fantasia central em suas vidas sobre o mito do herói germânico Siegfried. Nesse caos médico-erótico, Spielrein, perigosamente, foi paciente, amante, colega teórica do inconsciente. Essa dissolução de fronteiras prefigurou o colapso mental do próprio Jung depois da separação definitiva com Freud.

Freud e a análise freudiana continuaram a preocupar Jung pelo resto de sua vida. Ambos são frequentemente mencionados em sua obra. Por exemplo, Jung escreveu o importante ensaio *A psicologia do inconsciente* em 1916 e revisou-o em 1918, 1926 e 1943 (OC 7). Foi apenas depois da morte de Freud, em 1939, que Jung foi capaz de reintegrar os aspectos da teoria freudiana e concordar que o complexo de Édipo era importante para alguns pacientes. Ele reconhece que o "inconsciente pessoal" da repressão sexual é também relevante, além, do seu "inconsciente coletivo" (para a explicação desses termos, cf. cap. 2).

Tornando-se junguiano

Uma loucura teórica

Em seus últimos anos, Jung, gostava de alegar que todos os seus *insights* mais importantes se originavam de suas fantasias inconscientes dos anos de 1913 a 1918, durante a sua doença depois separação de Freud. *Memórias, sonhos e reflexões* apresentam estes eventos como uma heroica "confrontação com inconsciente" sofrida em nome da humanidade (Jung, 2019, pp. 194-225). Certamente, nessa época, a sua antiga paciente, Toni Wolff, tornou-se necessária para ele. Emma Jung não aceitou mansamente a presença de Toni que, naquela época, assumira o papel de amante e médium-analista das fantasias de Jung. Existiram conversas sobre divórcio, mas, finalmente, Toni Wolff estabeleceu-se como amante e colaboradora importante.

Sentindo que estava perdendo o controle, em 1913 Jung foi atormentado por visões de sangue, um prelúdio da Primeira Grande Guerra. Ele as explicou, posteriormente, como premonições coletivas. Era premente a sua necessidade de encontrar imagens mentais para dar corpo às suas furiosas emoções esse desespero foi sinalizado pela manutenção de um revólver carregado ao lado de sua cama. Em *Memórias, sonhos e reflexões,* ele relata que, em 12 de dezembro de 1913, ele se permitiu mergulhar no inconsciente (Jung, 2019, p. 203).

Lá, ele teve a visão de uma caverna com um anão e um cristal brilhante. Ao remover o cristal, ele viu um rio subterrâneo com o corpo de um homem louro morto, um escaravelho, um novo sol vermelho e um fluxo de sangue. Depois, ele sonhou encontrar um homem com a pele marrom que lhe disse que eles teriam que matar o herói, Siegfried. Depois vieram as figuras de fantasia, Elias, acompanhado por uma jovem moça, Salomé. Ele acreditou, posteriormente, que essas criaturas do seu mundo interno o ensinaram acerca da autonomia do inconsciente.

Elias se desenvolveu em uma figura mais mítica, Filemon, um pagão com asas de martim pescador. Também existia um outro ente masculino, a quem Jung denominou de Ka. Vários estudos apontam o que Jung não percebia, que Elias e Salomé eram versões de duas pessoas importantes e que ele acabara de perder: Freud e Sabina Speilrein (Charet, 1933; cf. tb. Kerr, 1993; Hayman, 2002). Para Jung, era importante ver essas figuras do inconsciente como independentes de sua história pessoal (e de falhas emocionais, talvez). Essa concepção influenciou crucialmente o desenvolvimento de sua teoria.

Em dado momento, uma voz feminina introduziu-se em sua mente para lhe informar que ele estava engajado em arte e não em ciência. Quando Jung aprendeu a negociar com essa figura, ela se tornou o protótipo do seu conceito seminal do feminino, a *anima* (cf. cap. 2).

A narrativa espírita da vida pessoal de Jung alcançou seu clímax em 1916, quando ele se convenceu de que sua casa estava cheia de espíritos (Jung, 2019, pp. 215-216). Até seus filhos parecem ter sentido a presença dos fantasmas e, em uma tarde de sábado, a campainha da porta tocou incessantemente, por si só. Jung só pode aliviar essa sensação opressiva de assombramento quando pegou uma caneta, em uma atividade tipicamente mediúnica, e escreveu diretamente pelos espíritos (psicografou). O que ele produziu foi eventualmente publicado como *Os sete sermões dos mortos* (Segal, 1992)[7].

Embora Jung tenha adotado o papel de médium na escrita do texto, as posições costumeiras entre mestre e aprendiz foram revertidas. Ao invés dos mortos comunicarem uma mensagem aos vivos é a figura dogmática de Jung (mascarado como a figura mítica de Basilides de Alexandria), ele próprio o mestre dos mortos infelizes. Os espíritos exaustos imploraram por ajuda em desespero, pois "os mortos voltaram de Jerusalém, onde não encontraram o que procuravam" (Jung, 2019, p. 2016).

Os Sete sermões dos mortos é um documento crucial porque antecipa as principais teorias posteriores de Jung sobre o arquétipo e a individuação. Ele confirma a asserção de Jung de que o seu colapso mental foi uma doença criativa. Esse texto o possibilitou colocar em foco as suas intuições sobre a psique e, significativamente, que ele era capaz se separar do legado de Freud. Durante esse período, Toni Wolff apoiou Jung, que se submetia à sua própria iniciação mediúnica. Ela foi uma mulher frequentemente vista como alguém que aparentava ser médium por seus contemporâneos. Em sua carreira, Wolff tinha a reputação de ser uma analista incrivelmente bem-sucedida, por auxiliar pacientes a entrarem em contato com fantasias inconscientes.

---

7. *Septem sermones and mortuos* foi impresso em 1916 por meio de um pseudônimo e com o subtítulo "*the seven sermons to the dead written by Basilides in Alexandria, the city where the East toucheth the West*". Em 1925, o texto foi impresso novamente, após tradução para o inglês feita por Baynes.

O junguiano

Em 1919, Jung cunhou o termo definitivo, "arquétipo", para o que ele considerava um aspecto criativo e numinoso do inconsciente (Hayman, 1999). A partir deste período, Jung recuperou seu equilíbrio mental. Ele começou a disseminar suas ideias viajando e expandindo suas atividades em casa. No início da década de 1920, ele ministrou seminários na Inglaterra e consolidou sua reputação nos Estados Unidos da América, cultivando contatos feitos anteriormente quando ainda trabalhava com Freud.

Uma influência crucial em seu trabalho posterior foi a crescente fascinação pela alquimia. As pesquisas de Jung sobre os escritos obscuros e os símbolos fantásticos da alquimia foram estimuladas quando ele recebeu um trabalho alquímico chinês, *O segredo da flor de ouro,* de Richard Wilhelm, em 1928 (Hayman, 1999, p. 284). Jung escreveu um comentário sobre esta obra e depois produziu vários volumes em sua Obra Completa dedicados aos paralelos percebidos por ele entre a alquimia e a sua psicologia. A teoria de Jung era, então, denominada psicologia analítica para distingui-la da psicanálise freudiana.

Jung também comprou um terreno, em Bollingen, fora da cidade, e construiu o seu próprio refúgio, conhecido como a Torre de Bollingen. Para lá, ele convidava poucas almas favoritas, raramente a sua família. Toni Wolff passou muito tempo com ele lá. Essa estrutura material de sua vida pessoal foi enriquecida por viagens. Em suas visitas à África e às Américas ele ficou especialmente intrigado pela psicologia dos "primitivos".

Se por um lado, Jung percebeu a crueldade do colonizador branco e teve a noção de que outras culturas poderiam ter atitudes psicológicas muito melhores do que as das nações ocidentais. Por outro lado, o uso indiscriminado do termo "primitivo" para as pessoas africanas e nativas das Américas demonstrou uma mentalidade colonialista clássica, assumindo que essas culturas eram "atrasadas" em relação às narrativas ocidentais de "progresso". Essa atitude em relação às outras culturas e etnias levou-o a ter muitos problemas.

Jung e os nazistas

Entre 1933 e 1940, Jung foi presidente da Sociedade Internacional Médica Geral para Psicoterapia e editor de seu jornal mais influente, *Zentralblatt für Psychotherapie.* Essa organização era sediada na Alemanha e excessivamente dominada por membros alemães. Consequentemente, estava submetida à interferência nazista depois que eles – os nazistas – assumiram o poder político, em 1933. Certamente, Jung estava a par das questões pelo fato de que em sua presidência ele iniciou a reorganização da sociedade[8].

A seções nacionais foram reformuladas permitindo a categoria de membro individual para que os judeus, então banidos, pudessem permanecer como membros. A seção dominante da sociedade permaneceu a alemã. Essa, aparentemente, tinha a sua própria edição do jornal *Zentralblatt für Psychotherapie*, ainda que não tivesse se materializado. Mas, ao invés disso, o *Zentralblatt für Psychotherapie* produzido na Alemanha, saiu com o nome de Jung como editor. Nele continha a recomendação do líder da seção alemã, Matthias Goring, do *Mein Kampf* [Minha luta].

Jung se recusou univocamente na condenação dos nazistas até o início da Segunda Guerra Mundial, quando a sua psicolo-

---

8. Para detalhes sobre Jung e os nazistas, cf. Hayman (1999), Samuels (1992). Uma versão revisada destes artigos aparece em Samuels (1993).

gia se tornou proscrita na Alemanha. O mais próximo que ele chegou de uma crítica aos nazistas foi em 1936, no seu ensaio sobre Wotan, quando ele propõe que o deus pagão das tempestades e frenesis explicava os eventos que ocorriam na Alemanha melhor do a que política ou a história.

Ao descrever Hitler e os alemães como possuídos, Jung argumenta que eles todos estavam possuídos por Wotan como um arquétipo. Ele se recusou completamente a condenar esta condição, porque arquétipos são poderes numinosos para o bem ou para o mal: o fenômeno nazista daquela época (em 1936) era sinistro, mas poderia, ainda, ter um potencial positivo. Esta atitude demonstra uma fraqueza fundamental de Jung por considerar-se acima da política. Ela ilustra o perigo de assumir que a sua psicologia pode dar conta, adequadamente, de todos os extremos da história, cultura ou poder. Esse episódio ilustra o perigo do que eu denomino a tendência de Jung para a grande teoria no capítulo 2.

Além de se dissolver, foi especialmente na controversa e terrível arena do antissemitismo que a associação de Jung com os nazistas demonstrou uma falha moral. Os artigos de Jung em *Zentralblatt für Psychotherapie* sugeriam que os arianos tinham um "potencial maior" que os judeus (OC 10), que os judeus eram como as mulheres, "fisicamente mais fracos" e, ainda, e pior do que tudo, que a cultura deles necessitava de uma nação civilizada para agir como "hospedeira". Em outro lugar, em 1934, Jung escreveu: "é um erro imperdoável considerar válidos para todos os resultados de uma psicologia judia" (OC 7/2, § 240, n. 9).

Minhas conclusões sobre esses aspectos desagradáveis da obra de Jung e de sua carreira são de que existem evidências de ele foi culpado por ser antissemita e por falhar moralmente ao participar da cultura nazista. Eu não acredito que Jung fosse um nazista, um termo que indica um suporte inequívoco às políticas dos nazistas. Eu acolho as considerações do eminente teórico junguiano, Andrew Samuels, que escreveu extensivamente sobre esse aspecto de Jung e concluiu que a psicologia junguiana tem reparações para serem feitas antes de poder seguir em frente. É importante nos mantermos muito conscientes das questões sensíveis da psicologia, da raça e da cultura.

Para justificar essa posição, é necessário que olhemos um pouco mais para os comentários de Jung sobre os judeus e sobre a "psicologia judaica". Como Samuels apontou, é fundamental adotarmos distinções importantes entre "judeu" e "ariano". Jung estava se engajando em uma série de atitudes e pensamentos (*mindset*) que incluíam os de Sigmund Freud[9]. A luta de Jung, durante toda sua da vida, contra a influência de Freud, esteve, tragicamente, subjacente à grande parte dos seus comentários ofensivos sobre os judeus. Um outro aspecto do lapso de Jung sobre a questão do antissemitismo foi a sua decisão fatal de travar a luta por poder com Freud sob o cabeçalho de "psicologia judaica". Jung jogou com a ambiguidade da frase que indica tanto a ideia de uma psicologia distinta de judeus e a teoria psicológica que foi feita por um judeu, a psicanálise freudiana.

Em retrospecto, parece claro que Jung estava preparado para engajar-se com o antissemitismo cruel e penetrante da década de 1930, garantindo uma superioridade para sua teoria. Isto não significa que exista qualquer evidência de que ele tenha sancionado a opressão real. Como vimos, ele criou a categoria de membro individual na Sociedade Internacional Médica Geral especificamente para ajudar os judeus. Entretanto, a recu-

---

9. Freud usa os termos "ariano" e "judeu" em uma carta para Ferenczi de 1913 (Samuels, 1992).

sa em se pronunciar contra a opressão nazista, conjuntamente com as suas digressões desastradas pela "psicologia judaica" o conduziu ao território do antissemitismo.

E sobre a outra dimensão da "psicologia judaica"? Jung acreditava na diferença psicológica baseada na raça? Se sim, então como ele poderia justificar isso? De fato, a despeito da teoria central de um inconsciente coletivo comum a todas as pessoas, Jung desenvolveu a noção de camadas psíquicas correspondentes aos grupos raciais ou nacionais[10]. Abaixo dessas camadas está o poderoso potencial dos arquétipos inconscientes. Esses depósitos étnicos na mente são compostos pelas ligações entre as pessoas e suas terras ancestrais.

Jung relatou uma história curiosa sobre quando estava viajando com americanos brancos; acreditando que as pessoas em sua volta estavam falando sobre as características dos nativos americanos por causa da crescente afinidade com o território local (OC 10; cf. Samuels, 1993). Essa foi, sugestivamente, uma crença étnica não racial porque qualquer etnia pode adotar a psique de uma outra pátria depois de suficientes gerações. Como em vários nacionalismos, mas isso não justifica as agressões ou expansões.

Infelizmente, esse conceito fatalmente distingue judeus de não judeus; isto porque, na década de 1930, os judeus ainda eram conhecidos como pessoas errantes, nômades, desprovidos de uma pátria. Conjuntamente com a lenda da transição étnica dos americanos-brancos, Jung descreveu os judeus como faltosos da qualidade de enraizamento adquiridos pela conexão "ctônica" de um solo ancestral. A hipótese das camadas raciais nunca foi integrada à concepção da imagem total da psique de Jung. A ideia não foi incorporada pelos analistas junguianos

10. "Camadas raciais" não fazem parte do corpo da psicologia junguiana; elas são encontradas apenas em Jung (2014).

nem incluída na Obra Completa. Portanto, essa noção não faz parte do legado analítico junguiano.

Contudo, insistir na diferença dos judeus, na década de 1930, especialmente em um órgão publicado na Alemanha nazista, é algo que não pode ser considerado como inocente e nem separado da perseguição dos judeus, sobre a qual Jung estava completamente ciente. Em 1916, Jung sancionou a fundação do Clube Psicológico em Zurique para os seus pacientes e colegas analistas (frequentemente com categorias bem fluidas). Em 1944, o clube impôs quotas para membros judeus de 10% e de 25% para membros convidados. Algo provavelmente iniciado por Toni Wolff e Linda Fierz-David; essa manobra antissemita deve ter tido a sanção de Jung (Hayman, 1999, p. 382).

Jung não era nazista. Ele não deu suporte às políticas nazistas ou às perseguições. E, na minha opinião, ele se engajou no antissemitismo e era um participante voluntário na cultura nazista. Atacado naquela época pelas suas ações, ele nunca, mesmo posteriormente, expressou um único remorso (Hayman, 1999, p. 317). Consequentemente, essa controvérsia mancha a sua reputação até hoje. Uma revisão feminista de Jung precisa desse contexto histórico. A perspectiva histórica da carreira de Jung nos permite situar sua obra em uma teia de narrativas, pessoal e cultural, de seu tempo. Essa abordagem pode ser um ato feminista que desafia a crença de que as ideias de Jung são inequivocamente autoritárias porque estão completamente separadas das construções históricas de gênero e de etnicidade (cf. a última seção deste capítulo).

O analista velho sábio e crítico

Em 1940, Jung estava com sessenta e cinco anos e a guerra na Europa tinha irrompido. Depois da Segunda Guerra Mundial, ele nunca mais se envolveu na política psicológica internacional. Ao invés disso, a sua carreira se voltou para os estudos judaico-cristãos e escritos alquímicos. Sua produção culminou em sua análise sobre o Deus da Bíblia em *Resposta a Jó* (OC 11) e, na sua última grande obra, no seu livro mais respeitado sobre alquimia: *Mysterium conjunctionis* (OC 14). Marie-Louise Von Franz foi a sua principal colaboradora nessa referida obra e escreveu o terceiro volume. Um desdobramento importante para o estabelecimento e continuidade da psicologia de Jung foi a abertura do Instituto C.G. Jung em Zurique, em 1948, criado para treinar futuros analistas e promover a pesquisa junguiana.

Jung não deixou de ser um explorador involuntário do inconsciente nem quando estava doente. Em 1944, ele ficou perigosamente perto da morte depois de ter uma queda e um ataque cardíaco. Ele teve experiências visionárias de deixar a Terra e estar prestes para entrar em uma outra dimensão; esses fatos estimularam as especulações posteriores sobre o significado da morte e a possibilidade de uma futura existência psíquica (Jung, 2019, p. 320). Esses interesses foram naturalmente corroborados pela morte de duas pessoas que faziam parte de seus relacionamentos mais íntimos e duradouros: Toni Wolff, que morreu subitamente por problemas cardíacos, em 1953, e Emma Jung, que morreu vítima de um câncer, em 1955. O relacionamento com Toni esfriou depois da doença de Jung, em 1944, mas, mesmo assim, ele marcou a passagem dela esculpindo-lhe uma pedra em Bollingen. Nela, lê-se: “Toni Wolff. Lotus. Freira. Misteriosa”.

Jung estava devastado pela morte de Emma quando ele pediu para uma amiga da família, Ruth Bailey, cuidar dele. E ela o fez até a sua morte, em 1961. Durante os seus últimos anos, o *Memórias, sonhos e reflexões* foi concebido e finalizado. Essa obra foi originalmente planejada para ser uma obra de sua secretária, Aniele Jaffé, com a cooperação de Jung; mas, gradualmente, ele próprio se envolveu na tarefa. Eventualmente, ele escreveu sobre os seus primeiros anos e supervisionou o texto do resto do volume. Entretanto, é importante ressaltar que uma considerável edição foi feita após a morte de Jung, incluindo a retirada de um capítulo sobre Toni Wolff, pela insistência dos herdeiros de Jung.

Mulheres na vida e na teoria

Embora a única mulher proeminente em *Memórias, sonhos e reflexões* seja mãe de Jung, Emilie Preiswerk Jung, pesquisas posteriores propõem que houve cinco mulheres que desempenharam um papel importante em sua vida e na geração da sua teoria. Elas são, em ordem cronológica: a mãe de Jung (quem primeiramente sugeriu a existência de uma parte secundária do eu), a sua prima e médium Hélène Preiswerk (sua primeira paciente), Sabina Spielrein (sua primeira paciente de análise), Emma Jung (sua esposa) e, aquela que foi sua colaboradora por muito tempo, Toni Wolff [11].

Existia, então, um segundo círculo de mulheres analistas e escritoras que frequentemente se iniciavam como pacientes. Os livros delas costumavam receber o selo de aprovação de Jung ao receber um prefácio dele. Essas mulheres: Jolande Jocobi, Barbara Hannah, Marie-Louise Von Franz, M. Esther Harding e Linda Fierz-David. Elas, em conjunto com Emma Jung e Toni Wolff, foram as primeiras mulheres teóricas da teoria junguiana. Algum de seus trabalhos marcam o início do feminismo junguiano tradicional. O capítulo 3 considerará a influência

11. Para obter maiores informações acerca deste assunto, cf. Anthony, 1990.

delas, enquanto essa seção do capítulo 1 estabelecerá a importância dessas mulheres em relação à carreira de Jung.

Mulheres médiuns

Emilie Preiswerk Jung, Hélène Preiswerk, Sabina Spielrein e Toni Wolff formam uma corrente de mulheres médiuns profundamente embricadas na vida emocional de Jung e que influenciaram a sua teoria. *Memórias, sonhos e reflexões* testemunha apenas o papel da mãe de Jung na formação de suas ideias. A despeito das revisões de Jung, o impacto psicológico de todas essas mulheres pode ser percebido na Obra Completa. Essas mulheres parecem ter marcado e revelado para Jung a realidade e validade das fantasias inconscientes como algo muito independente do ego consciente. Isso foi compreendido por meio da revelação de suas próprias psiques (Sabina e Toni começaram como pacientes), mas também, e significantemente, essas quatro mulheres inspiraram a própria capacidade de Jung para fantasiar inconscientemente.

O que, crucialmente, distinguiu a prática de Jung de muitas outras práticas psiquiátricas do seu meio (inclusive a de Freud) foi a sua recusa em considerar as fantasias inconscientes espontâneas como algo, certamente, patológico. O inconsciente, para ele, era um lugar de cura e de significados. A esquizofrenia não era necessariamente um rótulo pejorativo para Jung e, de fato, não há nenhuma razão pela qual uma pessoa acometida por uma doença mental não possa também ser uma importante teórica da mente. As mulheres médiuns do mundo teórico de Jung funcionavam como um meio de contato com o próprio inconsciente dele.

Toni Wolff, principalmente, tornou-se a "médium" para as fantasias inconscientes de Jung depois de sua separação com

Freud. Hélène Preiswerk foi a primeira, sucedida por Sabina Spielrein, mulher médium que engajou o interesse erótico de Jung e estimulou a sua fantasia inconsciente. A história de Jung nos sugere um deslocamento significativo do seu desejo por uma médium feminina para a sua necessidade em se tornar, ele próprio, o médium de acesso e liberação das vozes criativas dentro dele mesmo. Essa narrativa biográfica tornou-se estruturada em sua teoria na noção de *anima* e na contra sexualidade do inconsciente (cf. cap. 2).

As três mulheres médiuns da vida romântica extraconjugal de Jung tiveram destinos bem diferentes. A despeito de algumas tentativas de disfarçar Hélène Preiswerk na tese de doutorado de Jung como "senhorita S.W.", ela foi reconhecida e, depois disso, considerada como uma pessoa estranha e não casável em sua própria cidade natal. Eventualmente, ela foi enviada para aprender costura em Paris e morreu aos 35 anos com tuberculose. As alegações de Jung, em sua tese de doutorado, de que Preiswerk tornou-se mentalmente deficiente, aparentemente foram totalmente injustificáveis pela evidência disponível. Sabina Spielrein se tornou uma teórica e analista freudiana, enquanto Toni Wolff permaneceu leal a Jung e ao seu credo pelo resto de sua vida. O importante trabalho dela sobre a psicologia feminina junguiana será considerada no capítulo 3. Agora vamos examinar a carreira de outras colegas mulheres de Jung.

Mulheres, analistas e escritoras

Jolande Jacobi (1890-1973). Nascida em Budapeste, filha de pais ricos de origem judaica, mas de religião católica. Jacobi se casou, teve filhos e se tornou proeminente nos círculos culturais austríacos. Ela organizava palestras incluindo Jung. Em 1927, ela pediu a ele que a treinasse como uma analista. Ele, indelicadamente, insistiu que ela fizesse um doutorado (outros estudantes não tinham que fazer isso) e, então, ela foi estudar na universidade de Viena. Foi forçada a completar o curso disfarçada por causa da perseguição nazista aos judeus. Jacobi chegou em Zurique em 1938 e foi permitida a ingressar no círculo de Jung. Durante a Segunda Guerra Mundial, ela perdeu o marido e os pais para os nazistas; seus filhos sobreviveram.

Jacobi era extremamente extrovertida (em termos de Jung), irritava muitos outros colegas de Jung e apreciava um relacionamento explosivo com o grande homem. Certa vez, ele a jogou escada abaixo. Entretanto, o seu trabalho introdutório sobre a psicologia junguiana foi apreciado por ele e, foi Jacobi quem idealizou o plano inicial para o Instituto C.G. Jung. Quando ele foi finalmente inaugurado, em 1948, ela recebeu um papel importante na ligação com os visitantes e no estabelecimento da reputação do instituto no mundo mais amplo.

Barbara Hannah (1891-1986). Filha inglesa de um bispo, Hannah, estudou arte em Paris, foi inspirada para encontrar Jung em Zurique após ter lido seu ensaio de 1928 sobre as "Mulheres na Europa". Descrita como discretamente agressiva no início, ela virou uma adepta convicta. Hannah se tornou analista e escritora junguiana e, eventualmente lecionava no Instituto. C.G. Jung. A biografia que escreveu sobre Jung não é tanto a adoração de um herói, como poderia ter sido esperado. Ela trata o material-fonte acriticamente. Hannah menciona que Jung lhe sugeriu que ela fosse morar com Marie-Louise Von Franz. Elas viveram juntas até a morte de Hannah.

Marie-Louise Von Franz (1915-1998). Até recentemente, Von Franz manteve-se como a autoridade no Instituto C.G. Jung, avaliando o que o fundador queria que fosse feito, ou não. Essa atitude nos fornece uma pista do direcionamento de suas obras publicadas, inclusive o seu influente material sobre contos de fadas e alquimia.

Filha de um nobre austríaco, Von Franz, encontrou Jung aos 18 anos, quando foi levada com outros jovens para uma visita em Bollingen. Tempos depois, ela construiria a sua própria torre em Bollingen com aprovação de Jung. Depois de seu doutorado em linguística, Von Franz se tornou assistente de Jung. Ela foi crucial para pesquisa de Jung sobre alquimia e coautora de *Mysterium conjunctionis.* Depois da morte de Emma Jung, Von Franz finalizou seu livro sobre a lenda do graal, a pedido de Jung. A obra de Von Franz é caracterizada pela sua lealdade à obra e aos desejos de Jung.

Mary Esther Harding (1888-1971). Os livros de Harding relacionam a psicologia feminina à mitologia e são os mais criativos e influentes para o feminismo junguiano de todas as mulheres que cercaram Jung (cf. cap. 3). *Os mistérios da mulher* inspirou, especialmente, as feministas contemporâneas a repensar a espiritualidade feminina, principalmente nos Estados Unidos da América, onde Harding conduziu a maior parte de sua carreira junto com a sua companheira junguiana, Eleanor Bertine (Harding, 1935).

Nascida na Inglaterra rural, Harding se formou em medicina no início do século XX. Ela pertencia ao seleto grupo que assistiu aos primeiros seminários proferidos por Jung, em inglês, na Cornuália, em 1920. Depois disso, ela o seguiu de volta a Zurique, permanecendo por mais três anos de análise e preparação para tornar-se analista. A seguir, ela se estabeleceu nos Estados Unidos da América, retornando regularmente a Zurique a fim de ter contato e fazer análise com Jung. Junto a Eleanor Bertine e a Christine Mann, ela fundou o poderoso Instituto C.G. Jung de Nova York.

Por muitos anos, Harding dominou esse instituto com uma figura formidável que intimidava muitos dos professores. Jung lhe disse que ela era como uma sacerdotisa dos mistérios e que deveria se esforçar para ser mais humilde. Quando ela faleceu, aos 83 anos de idade, Harding deixou um milhão de dólares para o Instituto de Nova York.

Linda Fierz-David (1891-1964). Uma cidadã da Basileia, Linda Fierz-David foi a primeira mulher permitida a entrar na universidade. Ela estudou linguística alemã e, posteriormente, casou-se com Hanz Fierz. Nos anos de 1920, a família Fierz e os Jung se tornaram amigos. Jung viajou com o seu marido enquanto analisava Linda sobre a sua situação romântica não ortodoxa: ela estava apaixonada pelo seu marido e pelo seu primo italiano.

Depois, Fierz-David trabalhou como analista e lecionou sobre a interpretação junguiana na literatura. Como resultado da sugestão de Jung, ela começou a trabalhar com talhos de madeira, Fierz-David publicou um livro sobre a procura da *anima*, em 1938. Ela produziu uma obra, ainda mais significativa, sobre a psique feminina, *Iniciação dionisíaca das mulheres*, em 1955[12]. Apelidada de "Sieglinde" por Jung, Firez-David procurou remediar a falta de atenção de Jung para a perspectiva feminina.

Biografia e feminismo: das médiuns para *animae*

Se a biografia fornece um método para abordar um corpo teórico, então o feminismo oferece instrumentos para uma

12. A obra *Women's Dionysian initiations: The villa of mysteries in Pompeii,* foi finalizada pouco antes da morte de sua autora, Linda Fierz-David, em 1955, como *Psychologische betrachtungen zu der freskenfolge der villa dei misteri in Pompeii: Ein Versuch*. O texto foi mimeografado em Zurique, na Suíça, em 1957, pelo Clube Psicológico de Zurique.

avaliação crítica. Uma das questões, em qualquer avaliação de Jung, é a construção de gênero dentro de sua obra. Os últimos capítulos deste livro assumirão esse desafio. Entretanto, um estudo biográfico de Jung não apenas me permite sugerir o papel do gênero menos reconhecido (por ele) em sua vida, mas, também, considerar como as experiências de vida dele com o feminino tornaram-se construtos centrais dentro de sua teoria.

O envolvimento de Jung com as mulheres médiuns, Preiswerk, Spielrein e Wolff, não foram apenas evidências de sua vida emocional complexa; elas também se tornaram para ele blocos fundamentais de suas teorias sobre a autonomia e criatividade do inconsciente. Na prática, os relacionamentos de Jung com as mulheres do tipo médium o possibilitaram entrar em contato com o seu próprio inconsciente. Se os "espíritos" são redefinidos na sua psicologia como fantasias inconscientes, então a história do espiritismo e da psicologia junguiana convergem. Esta convergência ocorre com a primeira paciente de Jung, a médium Hélène Preiswerk, na vida de fantasia compartilhada de Jung com Sabina Spielrein e, no papel de Toni Wolff como médium parteira das fantasias mais criativas e valiosas de Jung. O que a crítica feminista pode demonstrar aqui é a política de gênero trabalhando entre o encontro de Jung com o feminino como um médium oculto, redefinido como paciente, e sua posterior assunção da posição de "médium" para subjetividade masculina.

O que quero dizer com isso é que não apenas Jung era atraído por essas mulheres médiuns (e não podemos esquecer de sua mãe aqui); ele queria tornar-se um médium. Na verdade, ele se tornou, especialmente na escrita espiritualista dos *Sete sermões dos mortos*, ao antecipar aspectos cruciais de sua psicologia posterior. Então, a formação teórica do conceito de *anima* é descrita em sua autobiografia como tendo sido gerada pelo contato mediúnico com uma voz feminina do interior de sua mente. Naquele momento da construção da psicologia, as mulheres ou mais precisamente o feminino é deslocado das médiuns para a *anima*.

É claro que não estou argumentando que Jung realmente acreditava que mulheres históricas reais eram *animae* [pl. de *anima*], imagens femininas da psique masculina. Ainda que, como o capítulo 2 mostrará, Jung parece modelar muitos dos seus pronunciamentos sobre as mulheres e a feminilidade sobre a sua própria noção de *anima* inconsciente. "Ela" apareceu inicialmente para ele nas experiências "mediúnicas" como "outras" vozes durante o seu colapso mental depois da separação de Freud. Aqui, Toni Wolff torna-se muito importante por auxiliar Jung na compreensão de suas visões. Sem considerar as mulheres reais como fantasias da *anima*, Jung assumiu, em sua obra, a posição de médium para a subjetividade masculina preferindo lidar com o feminino na forma de *anima*.

Mostrarei como a psicologia junguiana contém uma política de gênero ao deslocar o feminino para a posição do "outro" (*anima*) na psique masculina. Essa necessidade pode ser mapeada no seu envolvimento biográfico com as mulheres médiuns. A sexualidade de Jung se torna teoricamente cúmplice, permitindo que ele assuma a posição de médium por si próprio, portanto, para o sujeito masculino. Uma questão que não é capaz de ser respondida: Jung era atraído pelas mulheres médiuns porque ele estava procurando desesperadamente por uma forma de expressar a sua tumultuada vida de fantasia? Ou alternativamente, seria o seu mundo de fantasia resultante de seus impulsos sexuais não governáveis? O que é mais fundamental: sexualidade ou fantasias inconscientes (as não redutíveis à sexualidade)? Freud tinha uma resposta e Jung tinha outra (cf. cp. 2).

A crítica feminista pode expandir a transição de médium para *anima* na vida e obra de Jung e situá-la em um contexto histórico mais amplo sobre gênero, ocultismo e medicina. A preocupação das famílias Jung e Preiswerk com o espiritismo, no final do século XIX, pode ser vista como parte da grande moda de sessões e de médiuns por toda a Europa e América do Norte[13]. O que distingue, especialmente, o espiritismo da segunda metade do século é a preponderância de mulheres médiuns; muitas delas tiveram carreiras lucrativas com *performances* públicas e/ou particulares bem pagas.

De fato, a curta carreira de Hélène Preiswerk ilustra perfeitamente a trajetória da mediunidade feminina do final do século XIX. Consideradas como "evidências" do além da sepultura, as "vozes" dos espíritos das médiuns, no início, eram seriamente consideradas como sobrenaturais. Logo depois, as mulheres médiuns foram redefinidas como doentes mentais, histéricas, como Jung diagnosticou a sua jovem prima em sua tese de doutorado. As mulheres médiuns mudaram-se da plataforma pública para o divã do analista. O que pode ter sido percebido pela cultura como uma "fala" feminina perigosa, sem licença e, uma escrita automática "irresponsável" (literalmente) veio, firmemente, a ficar sob o controle médico (masculino).

Portanto, podemos observar que na gênese da teoria junguiana há uma política de gênero que é, em parte pessoal para o teórico nos seus relacionamentos íntimos e ambições e, em parte pertence a um movimento histórico mais amplo. Do ponto de vista da cultura, o médium só poderia ser visto como uma posição "feminina". O feminino é, primeiramente, o "outro" para a norma social, o médium do oculto. Ela, a médium, então, torna-se patologizada como paciente. Jung, ao formular

13. Para a história do espiritismo, cf. Charet (1933) e Basham (1992).

uma teoria de autoria masculina, atribui novamente à mulher não confiável, a posição do "outro" no papel de *anima*, o "outro" da subjetividade masculina.

A abordagem feminista da biografia de Jung delineia a política de gênero histórica e individualmente na estruturação da sua psicologia. O capítulo a seguir introduzirá a teoria e, como eu tenho argumentado, não será possível separar completamente as ideias de Jung de sua experiência pessoal, pelo menos em parte em *Memórias, sonhos e reflexões*, que oferece para as gerações subsequentes uma história de vida integrada ao enquadre metafísico. É importante considerar, muito cuidadosamente, o que Jung quis dizer ao descrever tanto a sua teoria e autobiografia como seu "mito pessoal".

Sumário conclusivo

A história de vida de Jung não é uma história leve sobre seu desenvolvimento intelectual e profissional. Pelo contrário, é pontuada por experiências psíquicas muito fortes, por um relacionamento traumático com Sigmund Freud e pelo envolvimento profundamente controverso com a Alemanha nazista. As narrativas biográficas sobre Jung precisam se articular com a sua autobiografia: *Memórias, sonhos e reflexões.* Entretanto, esse é um trabalho problemático, em parte porque parcela dela foi removida após a morte de Jung. Ela é, também, a lenda do seu desenvolvimento interior, ainda que omita muitos outros aspectos mais políticos de sua vida.

Uma análise da política de gênero dentro da história pessoal de Jung sugere que as estruturas crucias de gênero em sua obra precisam ser consideradas nos contextos pessoal e cultural (as médiuns se deslocaram para *animae*). Resta ver se a formação pessoal de gênero se estende à produção de sua, muito influenciável, psicologia.

Leitura complementar

Uma narrativa curta e favorável às mulheres na vida e na teoria de Jung foi feita por Anthony (1990). O autor conseguiu entrevistar algumas dessas mulheres. O texto é de fácil compreensão e bastante útil. Entretanto, aponta para a necessidade de biografias específicas dessas mulheres.

Um estudo completo e persuasivo do papel do espiritismo na teoria de Jung, especialmente com relação à tese de doutorado e à autobiografia, pode ser encontrado em Charet (1933).

A despeito do tom heroico utilizado por Hannah (1977) é uma biografia de Jung, escrita por alguém que o conhecia muito bem. É um tesouro de importante material e de anedotas iluminadoras.

Uma excelente e detalhada biografia com pesquisas recentes e habilidade para explicar com mente aberta o desenvolvimento intelectual dele é Hayman (1999).

Para uma útil e ampla introdução de Jung em seu contexto cultural, consultar Homans (1979).

Um esplêndido romance feminista endereçado precisamente de uma médium para uma paciente psiquiátrica no final do século XIX, está em Roberts (1990). Roberts me informou que o doutorado de Jung foi uma parte do material fonte.

Para acessar material indispensável sobre Jung e os nazistas, consultar Samuels (1993).

Von Franz (1975) traz uma argumentação partidária e muito clara sobre a importância das teorias de Jung.

2
Introduzindo a teoria junguiana

> Eu não tenho teoria sobre os sonhos; eu não sei como os sonhos aparecem. Estou com muitas dúvidas se o meu modo em lidar com sonhos até merece ser nomeado de "método" (Jung, 2022).

Esse segundo capítulo introduz a psicologia junguiana ao iniciante. A primeira parte considera o modo com que Jung escreveu e como ele construiu seus conceitos em uma única psicologia. Ele introduz e explica as dificuldades que muitas pessoas encontram ao ler Jung pela primeira vez. Meu objetivo é mostrar como a obra de Jung não se assemelha a uma teoria no sentido convencional porque ela contém elementos de fantasia e de mitologia.

A segunda parte descreve todas as ideias principais de Jung, mostrando como elas se conectam entre si fornecendo um retrato junguiano do mundo. Em seguida, as disputas teóricas com Freud são esclarecidas, mostrando a natureza distinta da posição junguiana. As diferenças com a psicanálise freudiana serão revisitadas na argumentação feminista nos capítulos posteriores. Por fim, considero o que Jung realmente escreveu sobre as mulheres e o gênero. Depois, teço considerações sobre algumas implicações das noções do feminino para pós-junguianos e não junguianos.

Jung escreveu uma teoria?

Problemas com a psicologia como teoria

A expressão "teoria junguiana" sugere que, em algum lugar da Obra Completa, encontraremos uma explicação arrumada para todas as ideias principais de Jung. Tudo que for importante para a compreensão da psicologia junguiana será descrito sem ambiguidade. O texto oferecerá, para gerações subsequentes, um mapa da mente coerente, verificável e, sobretudo, confiável.

Muitos dos que leem, pela primeira vez, experienciam um sentimento de frustração com Jung quando descobrem que ele não fornece tal obra e, mais ainda, que o seu estilo de escrita parece ser uma barreira para tal forma de compreensão. Jung escreve sobre a psique (um termo que inclui todos os conteúdos mentais, conscientes e inconscientes), alusivamente. Suas sentenças mergulham e emergem nos/dos seus próprios conceitos, frequentemente, os embricam com fantasias de seus pacientes e até as suas próprias.

Ainda pior, para os alguns leitores, Jung cita extensivamente textos religiosos não ortodoxos, tais como os estranhos textos místicos da alquimia. Ele usa paralelos mitológicos de muitas culturas. De vez em quando, ele faz afirmações que indicam uma resistência profunda à noção de teoria em sua conotação de objetividade, racionalidade e validação cientifica. Um exemplo disso é quando ele sugere que ideias criam a pessoa ao invés do inverso (Jung, 2022).

Então, Jung nos oferece uma teoria? E, se ele não escreveu uma teoria no sentido convencional, o que isso significa para o tipo de psicologia que ele produziu? Como é possível explicar a sua profunda influência na cultura posterior, inclusive para o feminismo?

A primeira parte deste capítulo investigará a tessitura dos escritos junguianos antes de introduzir as suas ideias básicas. Farei, então, uma sinopse do relacionamento conceitual com a psicanálise freudiana e, também, considerar o que Jung realmente escreveu sobre mulheres e o gênero. Finalmente, o capítulo sugerirá algum potencial feminista na obra de Jung como um prelúdio da discussão das direções tomadas pelo que eu denomino "feminismo junguiano tradicional", no capítulo 3.

Antes de começarmos a olhar para o que Jung escreveu, vale considerarmos o que está em jogo na tentativa de descrever uma psicologia. *Psique-logos*, ou palavras sobre a *psique* são atividades unicamente subjetivas. Afinal de contas, a mente humana é o único instrumento disponível com o qual investigamos a própria mente humana. Não há um lugar não mental a partir do qual observamos a mente com objetividade total. Um psicólogo pode supor que registra eventos mentais de outras pessoas de forma distanciada, mas ele nunca pode ter certeza de que seu próprio estado mental não interfere em seus resultados.

A palavra "teoria" é derivada do grego e significa ver e, então, conceituar. Portanto, "ver" a mente humana trabalhar nunca pode ser totalmente separado da própria dinâmica da mente; a teoria psicológica nunca pode ser "científica" no sentido objetivo normal. Um corpo de ideias sobre a psique nunca pode ser, garantidamente, livre das tendências subjetivas e pessoais.

Este problema com a construção de uma psicologia é ainda pior quando o investigador deseja explorar as noções do inconsciente. É fácil se esquecer de que o inconsciente é, pela sua própria definição, inconcebível, não cognoscível e que não pode ser mapeado com segurança. O inconsciente é sempre um poder misterioso e frequentemente aterrorizante na mente. Se ele não pode ser conhecido, então, há um senso de que ele não pode ser adequadamente teorizado.

A psicanálise freudiana clássica lida com o domínio do irracional tentando produzir uma narrativa que estruture o inconsciente na formação do sujeito humano. O inconsciente é formado dentro do desenvolvimento da vida mental de uma jovem criança.

A obra de Jung mostra-se confortável com a questão de a subjetividade invadir os domínios puramente científicos da teoria. Em sua obra, Jung, enfatiza e reconhece que não apenas a sua própria personalidade, mas, até as suas fantasias inconscientes, talvez fossem influências modeladoras de suas ideias: "cada psicologia tem o caráter de uma confissão subjetiva" (Jung, 1933, p. 136). É importante perceber que este insight tem um impacto significante nos estilos de escrita que Jung produziu.

Fantasia na teoria

Dada a descrição acima, torna-se menos surpreendente que uma das descrições das ideias de Jung mais coerentes e de fácil de compreensão não está na Obra Completa, mas, na sua autobiografia, publicada separadamente: *Memorias, sonhos e reflexões.* Essa obra é, certamente, uma confissão subjetiva na qual ele descreve, com muito cuidado e deliberação, sobre seu próprio colapso mental. Ele descreve como as poderosas fantasias resultantes tiveram um papel crucial na evolução de sua psicologia. De fato, a fantasia de seu próprio inconsciente é retratada como o ingrediente principal de sua teoria.

Se por um lado, isso parece uma forma surpreendente para a estruturação de uma teoria tão profundamente influente – usar como base o pessoal e o irracional – por outro lado, como Jung continuamente mencionou, a investigação do seu próprio inconsciente foi a forma mais verdadeira de pesquisa. Quando olhava para outras mentes, para as fantasias de seus pacientes (quando, é claro, ele alegava que havia achado verificação adicional para seus insights pessoais), o investigador nunca poderia ser totalmente banido de sua subjetividade. O inconsciente do analista pode interferir e colorir a sua percepção sobre a mente dos outros. A única mente pronta é a própria mente de qualquer teórico. Segue a apresentação de Jung, de onde é destilada a importante ideia de *anima* no contexto de seu próprio colapso mental.

> Mas pensei: "talvez meu inconsciente tenha elaborado uma personalidade que não é minha, e que deseja exprimir a sua própria opinião" [...]. Refleti que provavelmente se tratava da "alma" [...]. Compreendi mais tarde que esta figuração feminina em mim correspondia a uma personificação típica ou arquetípica no inconsciente do homem, designei-a pelo termo de *anima* (Jung, 2019, p. 210).

Dado que as fantasias inconscientes provam ser tão centrais para o método de Jung, pouco nos surpreende achá-lo descrevendo a sua teoria como o seu "mito pessoal". Essa sentença aparece em três pontos importantes do texto de *Memórias, sonhos e reflexões* e ressoa com a atitude de Jung em relação aos mitos e mitologias. Dessa forma, todos os tipos de mitos são cruciais para a elaboração de sua teoria.

No prólogo da autobiografia, o "mito pessoal" é usado para expressar fidelidade à sua própria experiência e seu reconhecimento da necessária subjetividade. "Mito" representa uma história de vida mais pessoal e individual do que seria possível em narrativas "científicas".

Muito depois na autobiografia, no período da crise emocional e profissional de Jung, o "mito pessoal" torna-se o que lhe faltava, representando a ausência de qualquer crença profunda que pudesse organizar a sua existência. A vida fica esvaziada porque ele percebe que o mito cristão não pode mais energizar a sua vida com paixão e significado interior. A descrição das agonias do colapso mental de Jung finaliza com o relato de um sonho que o leva a uma sensação de paz e ao início do "meu mito pessoal" (Jung, 2019, p. 224).

O que parece estar acontecendo, aqui, é que o "mito" torna-se um termo que faz a ponte entre a história de vida e o enquadre teórico. Descrever a sua teoria como um mito pessoal permite a Jung manter-se consciente de sua subjetividade. Algo que é pessoal para ele e tem a qualidade interior de um objeto de crença que estrutura toda a sua vida, não apenas a sua prática profissional. Desse modo, o mito teoria-como-pessoal comporta-se como Jung pensava que a religião costumava fazer. A natureza religiosa da psicologia de Jung será retomada no final desse capítulo. Agora, gostaria de considerar outros aspectos do uso que Jung faz do mito.

A expressão "mito pessoal" também é valiosa para Jung por causa da conotação religiosa do mito ser capaz de representar a natureza essencialmente incognoscível e incontrolável do inconsciente. Ela permite a Jung encaixar em seus escritos conceituais o seu ceticismo sobre as noções convencionais de uma teoria (o poder de explicar tudo), assim como fornece um modo de respeitar a alteridade radical do inconsciente. Foi por esse motivo que ele insistiu que os primeiros artefatos do inconsciente, os sonhos, não deviam ser reduzidos a uma teoria e nem mesmo serem compreendidos pelo sentido comum.

Além disso, o termo "mito pessoal" é significativo porque permite uma expansão para o território cultural da "mitologia".

Até agora, do que eu descrevi sobre a obra de Jung, seria possível esperar uma "tessitura textual" com humildade. A ênfase na subjetividade de qualquer psicologia deveria limitar as ambições tanto das afirmações escritas quanto as práticas. Entretanto, qualquer leitor da Obra Completa de Jung é imediatamente confrontado com uma impressão oposta. Conjuntamente com a renúncia de uma teorização compreensiva, existem reivindicações de ser capaz de diagnosticar elementos-chave de todas as culturas humanas: os mitos pessoais transformam-se, sinuosa e frequentemente, em uma "grande teoria". Por grande teoria eu entendo aquela que tem a ambição de dar conta da variedade de manifestações do comportamento e da história humana. Essa teoria reivindica, implicitamente, um lugar superior, por um enquadre capaz de explicar, não meramente, os problemas dos pacientes individuais, mas a cultura como um todo. Como Jung consegue isto?

A grande teoria e o mito pessoal

Considero a ambição intelectual de Jung por uma psicologia compreensiva com a motivação para a grande teoria. De modo a criar uma grande teoria do mito pessoal, Jung precisou ir mais longe do que meramente requerer a validação de suas ideias, pois as evidências obtidas de suas próprias fantasias imediatas são dele próprio. Se cada psicologia tem a característica de ser uma confissão pessoal, então, como poderia cada confissão subjetiva engendrar uma psicologia? Poderiam existir tantas psicologias quantos fossem os seres humanos? De fato, a noção da não teorização dos sonhos e do tratamento deles como expressões do inconsciente é fundamental para o método clínico junguiano. Isso representa a subjetividade da "teoria" e é sacramentada pela prática analítica.

Assim, os escritos de Jung sobre cultura, religião e, não menos importante, sobre as mulheres, fazem a proposta da grande teoria ser muito mais do que apenas uma asserção da superioridade das projeções das fantasias de Jung. De modo a estender o seu "mito pessoal" para um reconhecimento e validação mais amplos, Jung precisou estabelecer um elo entre a sua vida de fantasia e uma série de narrativas culturais. O seu mito pessoal foi específico não apenas de sua própria vida, mas da vida da maioria das pessoas. Como Freud encontrou Édipo, Jung encontrou suas narrativas culturais nas mitologias, particularmente naquelas estabelecidas nas religiões e na alquimia.

Portanto, a formação do mito pessoal permitiu não apenas que sua autobiografia se tornasse uma teorização, mas também que a teoria se expandisse tornando o termo "mito" também um ponto de transição entre o pessoal e o cultural.

O "mito" é usado em duplo sentido nos escritos de Jung: como evidência do inconsciente incognoscível dos mitos pessoais individuais e como evidência do inconsciente nas culturas (mitologias, incluindo o cristianismo). Ao narrar histórias religiosas e sobrenaturais, os mitos criam uma atmosfera de superioridade e de poder ingovernável do inconsciente. Na forma de mitologias já consagradas, os mitos são o repositório do inconsciente cultural através dos tempos. Jung teoriza sobre os mitos que ele encontra, eles são histórias da sujeição humana às forças do inconsciente. Essas narrativas e histórias fornecem os instrumentos com os quais ele estruturou a sua teoria.

Por exemplo, na autobiografia ele descreve como o conceito de *anima* foi eliciado a partir de sua fantasia com uma figura feminina autônoma que se fundiu com o seu conhecimento mítico cristão medieval. Uma vez que as mitologias lhe forneceram alguns dos blocos de narrativas que constroem a sua teoria, os elementos interculturais comuns, como deuses solares, incesto e casamentos sagrados, lhe conferem um solo fértil para verificação textual e cultural. Então, não é surpreendente que a obra de Jung se apodere dos mitos sagrados da humanidade e dos registros clínicos analíticos.

Pode-se argumentar que, se o elemento crucial da sua teoria é primeiramente retirado dos mitos, então, usar os mitos para justificar essa teoria pode se tornar um processo circular. A teoria junguiana torna a mente humana mitológica. Ou, colocando de outra forma, Jung considera as imagens repetidas dos sonhos e das fantasias inconscientes como mitológicas.

O que é intrínseco ao uso de Jung da mitologia é o uso de narrativas míticas como histórias do ser, da estruturação psicológica que valorizam o inconsciente como superior. Esse é o ponto em que me engajo na próxima seção. O que precisa ser dito é que a psicologia junguiana é, também, sobre a prática de Jung como analista, e não apenas sobre ele! A teoria junguiana é uma teoria sobre a psique e cultura e uma metodologia terapêutica.

Aqui, empresto da seção seguinte deste capítulo e constato a tendência bipolar no estilo de escrita de Jung dentro de seus conceitos. Assim como as suas ideias principais são baseadas na tensão entre opostos, também os seus escritos têm impulsos conflitantes, ainda que interrelacionados. Em dado momento, Jung refuta o sentido estrito de "teoria" como o reducionismo não problemático do fenômeno mental, em outro, volta-se para um certo tipo de "código" totalmente-compreensivo. Quase que simultaneamente, Jung fornece grandes narrativas sobre cultura e religião.

Sugiro que o que é especialmente significante para Jung e o feminismo é a qualidade literária da sua teorização que entrelaça o mito pessoal na grande teoria através das narrativas mitológicas. Agora, olharei de perto o que seus esforços literários produziram.

Conceitos básicos da psicologia junguiana

Um bom lugar para começarmos é pela noção junguiana fundamental da realidade psíquica. Para Jung, toda a realidade, tudo que o ser humano experiencia, sente, aprende, encontra, tanto dentro quanto fora da mente, é psíquico. Isso porque não podemos saber nada que não tenha sido filtrado pela psique. Aqui é importante lembrarmos que psique representa todos os conteúdos e as operações mentais; ela inclui tanto o consciente quanto os efeitos do inconsciente sobre a mente perceptiva. Qualquer coisa que uma pessoa considera como real é, também, por definição, psíquica.

Consequentemente, a definição do inconsciente junguiano marca que ele é imediato e crucial às experiências cotidianas. As ideias junguianas se diferenciam, significantemente, da psicanálise freudiana por buscar honrar o inconsciente ao invés de temê-lo. O inconsciente junguiano é, conceitualmente, muito superior ao ego; ele é a fonte do significado, do sentimento e da possibilidade de encontrar valor na vida humana. Existe um aspecto menos importante do inconsciente formado (como o de Freud) em consequência da repressão edípica a partir dos relacionamentos familiares de uma pessoa. Jung denomina-o de inconsciente pessoal e este não advém do enorme potencial positivo do próprio inconsciente. Então, isso quer dizer que o inconsciente é a fonte da cura e valorização na vida humana? Como isso pode funcionar?

Em primeiro lugar, o inconsciente contém estruturas potenciais e herdadas, denominadas de arquétipos. Consequentemente, o inconsciente de Jung é coletivo porque todas as pessoas herdam, mais ou menos, os mesmos arquétipos como substâncias básicas. Eu me refiro aos arquétipos, muito cuidadosamente, como estruturas potenciais ou substâncias, porque existe uma concepção errônea de que os arquétipos de Jung são imagens herdadas. Isto não é verdade. Um arquétipo é um potencial herdado para formar um certo tipo de imagem. Como a imagem mental se atualizará e se apresentará não dependerá apenas do inconsciente coletivo. As imagens arquetípicas também refletem as experiências conscientes da pessoa, como um sujeito da história, da cultura e de seu tempo.

Se fizermos uma analogia com um vaso e com a ideia comum de que um vaso, como um container, pode ser herdado, quando um vaso aparecer em um sonho, seu estilo, material e conteúdos específicos serão oriundos, em grande parte, da própria história do sonhador, do encontro com outros vasos e com fantasias que possam ser eliciadas. Essas imagens mentais, formadas arquetipicamente, são conhecidas como imagens arquetípicas: elas são a fusão do poder modulador do arquétipo com a experiência de vida e as preocupações do ego.

Infelizmente, para a distinção conceitual crucial entre o arquétipo e a imagem arquetípica, Jung, muito frequentemente, escreveu colapsando, condensando, os dois conceitos. Ele é, parcialmente, responsável pela comum incompreensão de sua teoria. Esse aspecto do estilo de escrita de Jung advém da importância estrutural do mito em sua teoria e é um problema quando se lida com seu trabalho sobre as mulheres.

Entretanto, quando ele foi chamado para definir os arquétipos, ele foi inequívoco: são estruturas potenciais herdadas e as imagens não o são. Ele faz uma analogia científica instigante e útil com cristais em soluções saturadas. Sobre os arquétipos, ele diz: "sua forma [...] pode talvez ser comparada ao sistema axial de um cristal [...] embora não tenha existência material própria" (OC 9/1, § 155). O arquétipo como tal, como uma estrutura potencial, contém numerosas possibilidades dentro de si. Jung se refere aos arquétipos individuais como o feminino no homem (a *anima*) e o masculino na mulher (o *animus*), a mãe, o velho sábio/sábia, o *trickster* e o renascimento. Eles são todos plurais e andróginos, significando que podem ter muitas formas e podem ser igualmente femininos e masculinos. Arquétipos são bipolares, eles contêm seus próprios opostos; então o arquétipo materno pode ser manifesto na forma de uma mulher cuidadosa e também ser capaz de produzir uma imagem materna de uma monstra devoradora: tudo depende do que o ego precisa num dado momento.

Além de aglutinar os dois gêneros, os arquétipos podem se apresentar como: bons ou maus, animais ou humanos, divinos ou demoníacos, altos ou baixos. A natureza bipolar deles reflete a intuição de Jung de que a tensão dos opostos é que sustenta a psique. Ele emprestou o termo grego de *enantiodromia*, significando que, eventualmente, tudo vira o seu oposto. Se é isso, então os arquétipos devem ser continuamente reimaginados, ou imaginados pela subjetividade do ego consciente.

O processo pelo qual o arquétipo intervém e educa o ego é conhecido como individuação. O inconsciente tinha uma relação compensatória com ego, o que confere à psique de Jung a sua intrínseca natureza curadora. Se o ego for danificado por eventos traumáticos, ou se ele se desenvolveu de uma maneira muito fraca, então o inconsciente compensará essa fraqueza fornecendo energias positivas. De forma oposta, um ego muito forte, muito seguro de seus limitados poderes, enfrentará uma tremenda e horrível oposição vinda debaixo. Para Jung, a saúde psíquica depende da formação de ligações muito próximas com o inconsciente, um guia melhor e superior.

A individuação não é apenas uma questão para os neuróticos. O processo é teleológico, o que significa que é um objetivo orientado, ele tem uma direção para chegar. Todos as pessoas precisam se individuar. Jung acreditava que na primeira parte da vida era necessário se construírem as forças do ego. Na segunda parte da vida, o ego necessitaria desenvolver um relacionamento, cada vez mais profundo, com as forças míticas e numinosas do inconsciente de forma a percorrer uma jornada significativa e com valor.

O inconsciente coletivo promove ativamente a individuação com um diálogo contínuo, entre ele próprio e o ego. Por meio da atividade dos arquétipos, o inconsciente compensará a unilateralidade do ego. Ele estrutura as energias criativas como opostas e superiores, se isso for necessário para contrabalançar o ego inflado, todo suficiente e conhecedor. Nesses momentos, quando o ego perder o equilíbrio, a individuação poderá necessitar do auxílio da análise.

Se uma pessoa estiver experienciando o inconsciente como algo especialmente ameaçador, Jung considera que o problema está ocorrendo entre a *persona* e a sombra. O ego é o centro da consciência, mas ele é inadequado e incompleto sem o desenvolvimento de uma intimidade com o inconsciente mítico. Na vida cotidiana do mundo, o ego se apresenta através da máscara da persona. A *persona* é um tipo de personalidade de superfície, criada para lidar com o mundo estrangeiro. Ela é a face psicológica mostrada no emprego, na carreira profissional e, talvez, até na família imediata, se o inconsciente tiver sido empurrado para fora, exilado (não saudavelmente) dos relacionamentos.

Muita confiança na *persona* consciente provoca uma reação dinamicamente oposta do inconsciente na forma da sombra. A sombra é, literalmente, a imagem da coisa que a pessoa não deseja ser. Todos os ideais, qualidades, hábitos que o ego reprime ou nega servem para a construção da sombra, que se manifesta nos sonhos e nos sintomas inconscientes. Ela é, frequentemente, representada pictoricamente como uma pessoa diabólica do mesmo sexo. Quanto mais virtuosas as pessoas acreditam ser, mais obscuras são as suas sombras. Ela pode até se disfarçar de demônio.

A análise, por definição, objetiva facilitar a individuação, como um mecanismo compensatório, para autocura da psique. Uma tarefa inicial é auxiliar o paciente a entrar de acordo com a sombra, usualmente pelo reconhecimento e apropriação de algumas das qualidades obscuras que ela demonstra. É evidente que isso não significa que uma pessoa escrupulosa com uma sombra criminal em seus sonhos deva adotar uma nova carreira de ladrão! Melhor, ao invés de ser aterrorizada pelo criminoso dos sonhos, a pessoa deve aceitar o fato de que ela, de fato, tem desejos criminosos. Só assim será possível aceitar tal fantasia e não ser oprimida pela sombra. Uma vez que o ego pare de ser tão unilateral, clamando para si toda virtude, a sombra será desprovida de seus poderes aterrorizantes e o campo psíquico ficará livre para receber figuras arquetípicas menos horripilantes.

Depois do filme do tipo terror ou do encontro ou gótico com a sombra, o ser em individuação (em análise ou não), usualmente, movimenta-se na direção de um romance: as figuras arquetípicas do outro gênero emergem. Jung denomina essas figuras como *anima*, o arquétipo feminino no homem e, *animus*, a figura masculina correspondente na psique de uma mulher. Examinarei um pouco mais essas criaturas no final da seção do capítulo sobre Jung, gênero e mulheres, pois a tessitura de seus textos sobre *anima*, em especial, é muito pertinente para a revisão feminista.

É suficiente mencionar que Jung tem a tendência a colapsar e condensar a identidade de gênero e o sexo corporal. Ele acreditava que a forma do corpo conferia diretamente uma identidade de gênero para mulheres e homens. Essa atitude leva a uma concepção essencialista da feminilidade e masculinidade como inatas.

Entretanto, esse essencialismo corporal é moderado, significativamente, pelas implicações da teoria de *anima-animus* (não desenvolvida, suficientemente, por Jung) e pelas explorações advindas da formação cultural do feminino na literatura e na religião. Colocando isso de forma mais simples, o impulso compensatório do inconsciente de Jung não o permite ser essencialista como ele parece ter desejado ser.

O que será frutífero para a discussão futura sobre Jung e feminismo é a natureza religiosa do inconsciente de Jung. Como sinalizei anteriormente, a teorização de Jung sobre as mitologias, aponta que elas são as narrativas do inconsciente atuando em culturas específicas. Um mito, para Jung, é uma história do sujeito humano, pois ela atua na submissão do ego às grandes e significativas energias arquetípicas do inconsciente. Nessas histórias, o inconsciente pode aparecer infundido de poderes divinos ou como personificações de divindades, como nos mitos gregos e romanos.

O inconsciente junguiano é, fundamentalmente, religioso. Por duas razões correlacionadas: uma é que os mitos religiosos são, necessariamente, recursos narrativos para dimensões incontroláveis e incognoscíveis do inconsciente; assim como o inconsciente é a fonte e o destino futuro do ego (na individuação). De certa forma, isso é pouco metafórico; os arquétipos de Jung são deuses e deusas, pois são os poderes mais ativos na formação da subjetividade humana que é constantemente afetada pelos encontros com o outro mundo. Como os deuses (ou deusas), os arquétipos formam a pessoa pela representação de si mesmos na vida de cada indivíduo (por meio das imagens mentais).

A segunda razão para considerar o inconsciente junguiano como religioso retoma a sua proposição mais básica: toda realidade é psíquica. Portanto, quando alguém tem uma experiência religiosa, de qualquer tipo, ele/ela está, em primeiro lugar, entrando em contato com a atividade numinosa da psique. Jung definiria isso como um encontro com os poderes criativos do arquétipo. O que previne essa definição psicológica do sentimento religioso de colapsar, de fundir-se, com a tradição religiosa é que o inconsciente religioso de Jung não necessita de um deus externo ou de deuses. Nem os nega.

A experiência religiosa, na concepção de Jung (em contraste total com a teoria freudiana – ver na próxima seção), é genuína e autêntica. Ainda que a autenticidade seja do arquétipo que não comprova nenhuma forma de doutrina religiosa oficial. O sentido do divino é sempre arquetípico, do inconsciente coletivo. Pode ser uma manifestação de um deus exterior e transcendente trabalhando por meio do inconsciente (porque toda realidade é psíquica), ou pode ser apenas o inconsciente se representando. Não há meios para sabermos a diferença.

Uma pessoa que crê em uma religião transcendente, como no cristianismo, pode aceitar a teoria junguiana, mas ela também pode ser ateia. O deus, ou os deuses, podem, ou não, ser convocados para funcionar dentro da teoria. Esse aspecto do trabalho de Jung demonstra a razão da sua potência na cultura contemporânea. O que possibilita a redescoberta de uma religião autêntica, sem a necessidade da subscrição em uma doutrina tradicional.

Como objetivo da individuação, Jung colocou um arquétipo supremo, potencialmente governante, que ele denominou de si-mesmo. É muito importante marcar aqui que, para Jung, a palavra "si-mesmo" tem um significado totalmente diferente da personalidade convencional. O si-mesmo junguiano é o incognoscível. Ele é o numinoso, o potencial, a natureza inconsciente de cada pessoa. O conhecimento do si-mesmo, no sentido junguiano, é o objetivo da individuação. O si-mesmo é definido, paradoxalmente, como a totalidade de todo o processo psíquico de uma pessoa e é, simultaneamente, o arquétipo da totalidade e significado de natureza, necessariamente, religiosa. O paradoxo se torna mais fácil de conviver se o si-mesmo for considerado como o princípio da psique mais profundo e central.

O objetivo da individuação é a autorrealização, não no sentido convencional do si-mesmo ser identificado com o ego, mas pela atribuição do arquétipo inconsciente do si-mesmo como o centro do ser. O papel mais gratificante do ego é tornar-se um satélite do si-mesmo, orbitar no entorno dele como inferior, mas ainda energizado por seus poderes luminosos.

Viver com o inconsciente numinoso no centro do ser, pelo estabelecimento de um relacionamento profundo com o si-mesmo, é viver uma vida com sentimento religioso. Jung acreditava que uma pessoa deveria viver dentro de um mito religioso como uma forma de compreender e permitir a expansão do inconsciente como superior e pleno de significado. Isso é o que ele tinha em mente como seu mito pessoal no sentido de ser uma crença e como isso tornou-se inseparável da sua psicologia. O mito pessoal é necessariamente religioso; ele não é necessariamente metafisico, no sentido de envolver uma divindade exterior.

O que Jung parece ter desejado é que a sua teoria fosse filha tanto de sua consciência quanto dos poderes criativos inconscientes. "Mito" é a forma cultural que ele usa para expressar isso. Portanto, não surpreendentemente, o si-mesmo de Jung é, frequentemente, conhecido como a imagem-divina na psique, ou mesmo o modo pelo qual Jung eliminou Jesus Cristo como o doador da imagem do si-mesmo para os cristãos. Uma vez que arquétipos são andróginos e plurais, a associação de Cristo com o si-mesmo forçaria uma leitura radical da tradição cristã como potencialmente feminina e até demoníaca. As possibilidades dessa atitude visionária com relação à religião e ao gênero serão exploradas nos capítulos subsequentes.

Algumas das implicações do inconsciente de Jung podem ser resumidas em sua frase "a psique objetiva", ou em termos atuais, "a psique autônoma". Consequentemente, sonhos não são desejos disfarçados para seres decodificados, como na teoria freudiana, mas são narrativas criativas para serem respeitadas como significativas.

Jung acreditava que os sonhos são comunicações diretas do inconsciente (Jung, 2022). Eles são a psique falando com o ego na linguagem própria do inconsciente. O ego deve responder às questões do sonho e não tentar reduzi-las a palavras e conceitos. A tão chamada teorização racional é a forma com a qual o ego se apropria ilegitimamente do poder do sonho ao traduzi-lo em seus próprios termos.

Certamente não é possível remover completamente a teoria ou a interpretação da análise dos sonhos, porque até mesmo o princípio do respeito à autenticidade dos sonhos é, em si, uma noção teórica. No entanto, para os junguianos, qualquer decifração deve ser a serviço de se conhecer o inconsciente criativo, não de reforçar o ego.

De modo a se aproximar da fantasia inconsciente, Jung usou uma técnica terapêutica que ele denominou de imaginação ativa, na qual seria solicitado à pessoa que meditasse sobre uma imagem de um sonho ou de um texto cultural externo (frequentemente mítico). Dessa imagem inicial, fantasias criativas fluiriam. O objetivo era soltar os controles conscientes da mente, permitindo que o material inconsciente alcançasse a superfície. Na imaginação ativa, as fantasias parecem ser espontâneas porque o "outro", o inconsciente, as estão direcionando.

Quase na direção oposta estava o método junguiano de amplificação. Analistas e pacientes eram encorajados a levantar paralelos entre as histórias dos sonhos e as mitologias culturais. Amplificação significa conectar os eventos psíquicos individuais à mitologia, aos contos de fadas ou às narrativas religiosas. Esse é um meio de tornar os sonhos menos pessoais, menos orientados pelo ego. Entretanto, isso pode resultar na subvalorização da situação histórica particular do sonhador.

Também é importante na individuação o que Jung denominou de "função transcendente". Esse é um aspecto da psique que faz a mediação entre opostos, especialmente onde conflitos e dificuldades podem estar ocorrendo. Usualmente, a função transcendente trabalha formando símbolos suficientemente ressonantes que suportam a tensão das forças opostas. Esses símbolos são frequentemente numinosos ou explicitamente religiosos. Jung acreditava que muitas das imagens que ele observou nos textos de alquimia eram exemplos da função transcendente.

Popularmente considerado como um método para enganar ingênuos, por falsamente dizer que transformava chumbo em ouro, a alquimia foi uma filosofia levada a sério por muitos dos primeiros cientistas e, também por teólogos. Jung acreditava que os alquimistas estavam praticando individuação, principalmente, projetando a criatividade inconscientes deles nos complexos experimentos de química. A busca pelo ouro era a sombra material do verdadeiro ouro ou da pedra filosofal, o poder divido do si-mesmo.

Essa concepção da alquimia fornece uma chave para o objetivo de Jung de estender suas ideias da realidade psíquica para a existência social e material. Nos trabalhos posteriores, ele produziu a noção de sincronicidade para descrever aquelas coincidências significativas da vida humana, nas quais os eventos são conectados por significância, mas não por casualidade. Sincronicidade ocorre quando as realidades, interna e externa, se encontram, tal como quando uma necessidade interna é repentinamente satisfeita por um completo estranho.

Finalmente, gostaria de considerar o corpo junguiano. A ênfase no espírito, na religião e na supremacia e autonomia do inconsciente junguiano poderia dar a impressão de que Jung desconsiderou o papel do corpo. Isso está longe de ser verdade. Para Jung, o corpo é um fenômeno com suas próprias necessidades e está indissociavelmente ligado à psique. Arquétipos são psicossomáticos, significando que eles também são do corpo. Com raízes profundas no corpo, na forma de instintos, os arquétipos se estendem "para cima", para o espírito, em outra dimensão bipolar. O corpo é, portanto, conectado ao espírito pelos arquétipos. De fato, arquétipos tornam o corpo psicológico pela representação dele através das imagens arquetípicas.

Contrariamente, o corpo expressa o aspecto físico da psique: as experiências corporais e as necessidades podem refletir experiências e necessidades psicológicas. Isso é o que se entende como o corpo junguiano ser o corpo sutil, experienciado como psicológico e arquetípico. A sexualidade, com um tipo particular de instinto e experiência corporal, pode ser tanto arquetípica quanto física. Dessa forma, isso nos leva à valiosa controvérsia de Jung (para o feminismo) de que a sexualidade pode ser conectada à experiência religiosa (por meio de arquétipos no modo espiritual). Portanto, a sexualidade não deveria ser considerada como intrinsecamente um "outro" para o divino.

Agora que consideramos as ideias principais de Jung, é importante para o feminismo considerarmos as maiores diferenças com a psicanálise freudiana.

Diferenças com a psicanálise freudiana

Disputas conceituais

Freud e Jung se desentenderam, pelo menos em parte, porque não conseguiam concordar sobre a natureza da energia psíquica. Para Freud, a dinâmica da psique era fundamentada na sexualidade. O seu conceito de libido, como pulsão sexual, foi a sua assinatura sobre esse princípio. Jung rejeitou a ideia de a libido ter o sentido predominantemente sexual. Ele preferia o termo mais natural de "energia", que poderia ser manifestada como sexualidade ou, igualmente, como não sexual.

Um outro desentendimento, ainda mais significativo, referia-se à caracterização do inconsciente. A psicanálise freudiana considera que o inconsciente é estruturado pela natureza humana quando submetida à repressão sexual. O complexo de Édipo é o meio principal dessa repressão. Quando o menino descobre que seu vínculo sexual exclusivo com a mãe é forçosamente descontinuado pelo papel do poderoso do pai, as paixões até então despertas são subsequentemente reprimidas, os desejos proibidos estruturam o inconsciente freudiano.

Apenas o medo da castração pelas mãos do pai terrível interrompe a paixão incestuosa do menino. A sua identidade própria, seu gênero, seu inconsciente sexual reprimido, simultaneamente, passam a existir. A menina tem uma passagem mais perigosa para a feminilidade. Ela tem que reconhecer que já foi castrada. Tornando-se uma decepção para a figura parental como ela, a mãe, ela desloca seu objeto de amor para o pai. Apenas por meio desse movimento tortuoso ela pode alcançar o que Freud considerava como natural, a orientação heterossexual.

Como o complexo de Édipo é tão central para essa narrativa do desenvolvimento, traços de seus traumas, frequentemente, aparecem nas neuroses. Análise dos sonhos, na prática freudiana clássica, significa decodificar os desejos sexuais disfarçados e enterrados nessas narrativas do inconsciente.

Como percebe-se nesse breve resumo, a teoria junguiana se afasta da de Freud, não apenas sobre a natureza do inconsciente, mas também pelo complexo de Édipo e pelos sonhos. Tomando o Édipo em primeiro lugar, Jung concluiu que as agonias edípicas eram um meio útil para se compreender a estrutura do inconsciente pessoal no desenvolvimento de uma criança. O complexo de Édipo existia, mas era significativo apenas para alguns pacientes, não todos. Longe de ser central para a sua noção de inconsciente, o complexo de Édipo é marginal em comparação com a irrefutável influência dos fatores herdados no inconsciente coletivo, dos arquétipos.

Princípio resultante, o produto da teoria junguiana é a necessidade de responder positivamente ao inconsciente. Os sonhos devem ser respeitados pelo que eles têm para comunicar sobre o inconsciente. Muito enfaticamente, eles não devem ser automaticamente relacionados às histórias edípicas do sujeito: eles são as mensagens do "outro" superior. Tentar decodificar ou traduzir os sonhos é danificar a autonomia deles como produtos espontâneos dos arquétipos. Realisticamente, fazer isso seria trair o sonhador porque o seu si-mesmo verdadeiro repousa no inconsciente e nunca no ego.

Essa abordagem diferente do inconsciente e dos sonhos explica as outras disputas com a psicanálise freudiana sobre os símbolos e a experiência religiosa. Jung acreditava que Freud interpretava os símbolos oníricos como meros sinais ou sintomas da repressão inconsciente. Tal tratamento desses símbolos é o instrumento necessário, da prática freudiana, para decodificar os sonhos, frequentemente, de modo a retornar à formação edípica da pessoa.

Para Jung, um símbolo era um meio de representação do inconsciente arquetípico. Embora Jung (como Freud) reconhecesse que muitos sonhos refletiam trivialidades do ego, os símbolos poderosos dos sonhos significavam para a atividade de um arquétipo coletivo. Os símbolos, como imagens arquetípicas, se referem ao inapreensível mundo da criatividade inconsciente. Eles devem ser interpretados como ponteiros do incognoscível e, portanto, para o não teorizável. Os símbolos também apontam para frente, para o futuro desenvolvimento da pessoa por meio de uma crescente intimidade com forças inconscientes e, não para trás, para a arqueologia da criança edípica.

Igualmente, um símbolo junguiano pode ser tão poderoso no impacto que ele carrega um sentido de sagrado. Enquanto Freud considerou a experiência religiosa como uma mistificação das verdades fundamentais da sexualidade psíquica, Jung acreditava que o sentimento religioso era uma expressão autêntica da psique coletiva. Isso é o que ele quis dizer ao descrever a psique como essencialmente religiosa. A psicologia dele não requer uma crença em um deus exterior transcendente, embora ela não o exclua.

Dado que a sexualidade pode ser arquetípica, ela pode se conectar ao numinoso; é possível que as ideias junguianas acompanhem, de alguma forma, a prática freudiana e, considerarem a imagem onírica religiosa como uma representação adicional da questão sexual. Seria igualmente possível, na análise junguiana, que uma imagem onírica sexual fosse explorada pelas suas conotações divinas. Isso porque a sexualidade é parte de um *continuum* de comunicação inconsciente que inclui o espírito – e, para Freud, não.

Essa flexibilidade da prática junguiana advém diretamente de a integração da noção do inconsciente coletivo ser um "outro" potente e superior. Uma flexibilidade semelhante pode ser observada na menos conhecida versão de Jung sobre a história do desenvolvimento inicial da criança. Jung não ignorou o desenvolvimento infantil, a despeito de discordar de Freud sobre a centralidade das configurações do Édipo. Ele foi um dos primeiros pensadores a valorizar o vínculo pré-edípico mãe-bebê.

A mãe é a portadora das primeiras imagens inconscientes da criança. É da mãe corporal que nasce o corpo da criança, que ainda não é uma pessoa fisicamente separada; analogamente, o inconsciente ativo começa o processo de nascimento da criança como um sujeito humano individual. De forma a completar essa tarefa importante, o inconsciente nascente da criança usará o vínculo psíquico da criança com a mãe.

Para Jung, o complexo de Édipo auxilia no desenvolvimento da criança trabalhando como parceiro do inconsciente proativo. Há uma reavaliação da sua relação com a teoria freudiana na edição revisada de *Dois escritos sobre psicologia analítica* (significativamente após a morte de Freud) (OC 7/1). Jung, deliberadamente, reconhece que o Édipo freudiano poderia ter um papel relevante para alguns pacientes. Ainda que ele tenha mantido a sua concepção inicial de que as fantasias incestuosas poderiam ser interpretadas metaforicamente como símbolos de algo não exclusivamente e nem predominantemente sexual.

Descrever as diferenças conceituais com a teoria freudiana tem, necessariamente, sugerido variações na aplicação clínica. Análise com terapeutas treinados como junguianos ou freudianos será sentida diferentemente, pois elas são teoricamente distintas. Gostaria de finalizar esta seção com uma palavra sobre análise e a prática corrente do campo junguiano.

Diferenças na análise e a emergência das escolas pós-junguianas

A análise junguiana modificou algumas das práticas de Freud e de seus sucessores. Uma dessas modificações é estar orientado na futura direção do analisando, por considerar o processo psíquico como a condução do ego para um relacionamento mais profundo com o si-mesmo inconsciente. Um analista junguiano deve, ainda, resistir à tentação de decodificar sonhos. Ele/ela pode ver o inconsciente formando estruturas compensatórias às preocupações do ego e, frequentemente, pode procurar pelo religioso como um curador inerente.

Jung foi também o primeiro clínico que descreveu a importância da contratransferência no encontro analítico. Os psicanalistas freudianos desenvolveram, inicialmente, o conceito de transferência como algo crucial para a cura pela fala. Isso significa que, no trabalho com sonhos, com sentimentos e sintomas inconscientes, o analista deve funcionar como uma tela sobre a qual partes significativas da psique do paciente serão projetadas. Ao usar essa transferência inconsciente, Freud esperava aliviar algumas das dores do paciente. A contratransferência é um estágio além, traz à consciência as próprias projeções do analista para a arena: as formas com que a psique dele/dela inconscientemente concebe o paciente. Na prática contemporânea, tanto na análise freudiana quanto na junguiana a contratransferência é levada a sério e ela não é o único ponto em que as psicologias desenvolveram paralelos analíticos.

Agora tecerei breves considerações acerca das três escolas reconhecidas de análise pós-junguianas, sendo uma delas a mais sintonizada com o legado freudiano.

O livro *Jung e os pós-junguianos* (Samuels, 1995) tornou-se a obra padrão de descrição das escolas pós-junguianas. Elas são três: a clássica, cujos analistas objetivam seguir a prática terapêutica do próprio Jung, a arquetípica, formulada nos Estados Unidos da América, e a desenvolvimentista. Essa última é a mais coerente com a teorização pós-freudiana, especialmente com o papel da mãe pré-edípica.

Como a escola desenvolvimentista, a escola arquetípica se autodenomina de psicologia arquetípica, afastando-se da noção de fidelidade tanto da Obra Completa de Jung quanto de seus métodos clínicos conhecidos. Os psicólogos arquetípicos procuram por novos caminhos para a teoria, com um alinhamento consciente com o pós-estruturalismo. O capítulo 4 avaliará a contribuição da psicologia arquetípica para a revisão feminista de Jung. Este capítulo precisa voltar-se para as próprias ideias de Jung sobre as mulheres e gênero que contribuíram, bastante, para o que denominarei de feminismo tradicional junguiano, matéria do capítulo 3.

Jung sobre mulheres e gênero

A grande teoria e o mito pessoal sobre as mulheres

Meu uso do termo "feminino" neste livro é não essencialista. Ele refere-se à construção cultural das caraterísticas do feminino como um "outro" historicamente condicionado e, não necessariamente, localizado naqueles com um corpo feminino.

Isso precisa ser reconsiderado dado o contexto do uso que Jung faz da palavra "feminino". Ele, frequentemente, colapsa, condensa o sexo corporal e o gênero psíquico. Essa colocação posiciona Jung como um essencialista de gênero, embora em áreas importantes, a sua psicologia combata essa definição crua.

Como em todos os conceitos de Jung, os pronunciamentos dele sobre as mulheres e o gênero precisam ser considerados em relação à estrutura textual das premissas da grande teoria e do mito pessoal. As ambições da grande teoria e as asserções sobre o valor da fantasia têm que fazer uma grande concessão para a não objetividade das mulheres na Obra Completa: "a grande parte do que os homens falam sobre [...] a vida emocional das mulheres é derivada das próprias projeções de *anima* e das distorções destas" (Jung, 1982b, p. 50).

A grande teoria, que torna toda realidade fundamentalmente psíquica, baseia-se na descrição de Jung de como seu conhecimento sobre as mulheres é crucialmente colorido pelo seu próprio arquétipo inconsciente do feminino, a *anima*. Homens, portanto, não podem ser objetivos sobre mulheres de uma forma científica e não personalizada. A admissão favorável do ponto de vista do feminino é, de certa forma, comprometida pela linguagem contrastante de Jung, na qual ele reciprocamente pontua: mulheres não podem ser objetivas sobre homens porque seus arquétipos masculinos inconscientes intervirão de forma semelhante: "as surpreendentes suposições e fantasias que mulheres fazem sobre os homens derivam-se da atividade do *animus*, que produz um inesgotável suprimento de argumentos ilógicos e explicações falsas" (Jung, 1982b).

Antes de acusarmos Jung de essencialismo sexista, precisamos nos lembrar que os arquétipos do inconsciente são todos andróginos e plurais. Se Jung colapsa, condensa gênero e sexo corporal, o que parece fazer aqui e em seus escritos (frequentemente), então, os leitores têm as palavras próprias dele para o que possam ser as fantasias inconscientes trabalhando (as distorções da *anima*). O corpo não pode ser simplesmente equiparado ao gênero psicológico se a própria psique é fluida em gênero. Jung não pode ser um simples essencialista e acreditar que o corpo feminino se equipara a uma feminilidade inata na mente (ou mesmo profundamente inata, depois das distorções culturais serem erradicadas).

Os arquétipos andróginos são múltiplos e desempenham um papel compensatório das experiências do ego. A mente jamais pode ter um gênero fixo, pois os arquétipos trabalharão com e produzirão noções contrastantes da feminilidade e da masculinidade testemunhadas pela cultura material. Não pode existir uma identidade de gênero estável e inata, porque uma vez que esse estado exista, cessaria o principal método de desmame do ego para uma melhor nutrição pelo incognoscível e mutável inconsciente. O gênero tem que ser um processo. Então, como Jung é capaz de escrever com tanta frequência como se ele estivesse colapsando, condensando identidade de gênero e sexo corporal?

A linguagem desdenhosa do *animus* e da capacidade intelectual das mulheres não pode ser somente atribuída à emergência do preconceito cultural na grande teoria. Em outro par de opostos conceitual, Eros e Logos, Jung chega perto de fornecer um enquadre teórico para sua linguagem essencialista.

Eros e Logos são princípios arquetípicos do funcionamento mental. Eros denota as qualidades de vínculo, relacionamento e sentimento, enquanto Logos versa sobre racionalidade, espírito e intelecto. Nenhuma surpresa sobre o gênero se esconde nestas disposições. Eros é feminino e Logos masculino. Ainda que esses princípios não representem um essencialismo direto: Eros e Logos existem dentro da pessoa, em ambos os sexos corporais.

Entretanto, enquanto a prática analítica contemporânea considera que essas qualidades estão igualmente disponíveis para ambos os gêneros (Samuels, 1985, pp. 210-212), a linguagem de Jung sobre Eros e Logos trai seu próprio movimento na direção da suposição essencialista sobre as mulheres. Acreditando que homens são mais dominados pelo Logos e as mulheres pelo Eros, ele escreveu: "nas mulheres, de outro modo, Eros é a expressão de sua verdadeira natureza, enquanto seu Logos é frequentemente um acidente lamentável" (Jung, 1982b, p. 171). Qual seria a justificativa desta afirmação de que a verdadeira natureza das mulheres seria a função de relacionamento e que o pensamento racional seria, de certa forma, um engano? Dada a natureza andrógina e compensatória do arquétipo inconsciente, essa opinião parece ser um exemplo notável de uma distorção misógina. A psicologia de Jung subjacente que se mantém alinhada a esse essencialismo rudimentar é descartada. Antes de fazermos isso, é importante relembrarmos o contexto dos escritos de Jung da grande teoria e mito pessoal.

Essa abordagem dupla da escrita da teoria implica em escrever sobre o ego racional e sobre o outro irracional fantasiado no inconsciente. A articulação da grande teoria com o mito pessoal revela preconceitos culturais insustentáveis dentro da obra junguiana, como a distorção da criatividade da própria *anima* de Jung. O que eu quero dizer com isso é que as qualidades do Eros que Jung, leve e desdenhosamente atribui às mulheres, são imediatamente experienciadas fisicamente por ele como propriedades da sua própria *anima*.

Em *Memórias, sonhos e reflexões*, a *anima* de Jung nos é apresentada como desviante, erótica, ardilosa e conectiva. Jung faz suposições sobre o feminino a partir das evidências da sua própria *anima* e as utiliza para colorir e, até mesmo, algumas vezes, para assumir seu pensamento sobre a psicologia das mulheres. Aqui vemos o mito pessoal trabalhando muito precisamente no colapso, na condensação de "*anima*" e "mulher". Esse é um aspecto do mito dele que se materializa fortemente em sua obra. Essa força "mulher-em-*anima*" não pode ser totalmente separada da grande teoria, porque a *anima* de Jung é, em seus próprios termos conceituais, a forma mais imediata e real do feminino disponível para ele. Afinal de contas, se toda a realidade e experiência mental é, em primeiro lugar, psíquica, então a sua própria psique arquetípica é mais íntima do que a sua escrita consciente. É necessário investigar a linguagem dele sobre *anima* e *animus*.

Animus, anima *e mulheres como* animae

Animus e *anima* são arquétipos do outro gênero no inconsciente de uma pessoa. Ao produzir a imagem arquetípica do sexo oposto, eles trabalham usando uma anatomia diferente, uma metáfora da alteridade do inconsciente. Certamente, como arquétipos, eles são plurais mesmo no gênero, portanto, eles não restringem suas manifestações a uma imagem corporal ou forma humana. Por exemplo, ambos podem igualmente se autorrepresentar como animal ou imagem divina.

Infelizmente, a linguagem de Jung para esses temos parece ter sido energizada por seus investimentos pessoais nessas configurações arquetípicas: ele verdadeiramente os associa às potencialidades de Eros e de Logos. Onde a *anima* tem, tipicamente, humores, o *animus* tem opiniões. De fato, associar a *anima* às características de Eros (a forma pela qual ele descreve a própria *anima*) é a única forma teórica que ele tem para definir a consciência masculina como, principalmente, dominada pelo Logos. Apoiar-se no princípio junguiano central da tensão dos opostos, tornando a *anima* erótica no inconsciente do homem, significa que os talentos, valorizados culturalmente, do Logos da argumentação racional possam residir na mente consciente masculina. O intelecto masculino é dominado pela racionalidade e discriminação e o pensamento feminino pela dispersão e pelo talento para fazer vínculos, relacionamentos, graças aos opostos, Eros e Logos.

Paralelamente, atribuir os poderes do Logos feminino ao inconsciente superior ancorando-os no *animus* ainda está muito longe de empoderar mulheres. A tendência do *animus* para produzir opiniões é expandida inclementemente para uma intelectualidade rígida, "o pior inimigo da mulher" e, até provocando "paixão demoníaca que exaspera e enoja os homens" (Jung, 1982b, p. 61). Mulheres que cultivam o *animus* por exercerem profissões "masculinas" são propensas à masculinização, frigidez, agressão sexual ou homossexualidade. Tais mulheres estão indo contra as suas "naturezas femininas" (Jung, 1982b, p. 61).

Espero que ninguém tome essa histeria de gênero a sério. De fato, é possível situar esses comentários misóginos de Jung como uma histeria em sua obra. A tensão frutífera e subjacente entre a grande teoria e o mito pessoal produz uma incoerência animada sobre a questão de gênero. É uma histeria porque o essencialismo misógino desses comentários não pode ser validado por meio dos princípios centrais do inconsciente arquetípico. O preconceito de gênero contra o feminino não funciona com a androginia e nem com a incognoscibilidade do inconsciente.

Especialmente, não existe justificativa teórica para sugestão da atribuição permanentemente do Logos à consciência masculina e, do Eros, à feminina. Culturas tradicionais podem fazer isso pela influência histórica no desenvolvimento de gênero (não negado pela teoria junguiana, dado que a estruturação das imagens arquetípicas também é cultural), entretanto, o inconsciente junguiano é o centro dos poderes criativos, não derivados culturalmente. O inconsciente deve compensar e combater a estereotipia cultural.

Nem Eros nem Logos podem ser colocados em uma posição advinda do sexo corporal, porque o inconsciente junguiano trabalha contra o essencialismo corporal. Até mesmo o aparente conselho de Jung para que mulheres não sigam carreiras, não é seguido pela sua própria prática, dado que ele encorajava as mulheres "junguianas" a trabalharem sob a sua orientação.

É interessante que ele, em um dado momento, descreve o *animus* como se fosse uma absorção cultural do patriarcado ao comparar essa operação a "uma assembleia de pais ou dignitários" (Jung, 1982, p. 96), cujas opiniões pomposas provaram ser falas quase lembradas da infância.

É interessante recordar a descrição do capítulo 1 sobre a transição das mulheres do papel de médium para a *anima* na carreira de Jung. O deslocamento da mulher como médium para a implacável *anima* é aparente na tessitura do mito pessoal. Se a raiz histórica da *anima* na vida de Jung é a mulher médium, então é possível traçar a evolução do mito pessoal da prática terapêutica, que combina a pesquisa médica com o espiritismo oculto, para a crucial política de gênero.

A psicologia junguiana medicalizou a prática espírita (e, portanto, masculinizou a profissão, dominada por homens no período). Antes do trabalho de Jung, o espiritismo era caracterizado, no século XIX, pelo trabalho das mulheres médiuns que trabalhavam fora das estruturas oficiais ou convencionais.

Jung assume a posição de médium para si próprio pelo modo com que ele contactou a *anima*. O modo médium, então, tornou-se o ponto de base a partir do qual ele compôs seu mito pessoal e sua consequente posição subjetiva masculina. O mito pessoal tornou-se embricado com a grande teoria, de tal forma que os seguidores subsequentes foram capazes de solidificar os pronunciamentos mais animados sobre mulheres e prescrições de gênero de Jung.

Tendo olhado para a dimensão do mito pessoal sobre as mulheres e gênero, que tal olharmos para o papel da grande teoria na qual a cultura como um todo é integrada pela psicologia junguiana?

Jung, a crítica cultural do feminino

A despeito do habitual colapso, da condensação, de gênero e sexo corporal, Jung não a fez a crítica cultural do feminino de forma responsável quando esse movimento poderia ter sido favorável para a liberação feminina. De fato, é como um crítico da cultura que Jung separa a "natureza feminina" da mulher biológica. Um bom exemplo disso é o seu criticismo persistente dos ensinamentos cristãos que ignoram a pluralidade de gênero do divino (por causa da androginia dos arquétipos) e, que deveriam abranger, também, o elemento feminino. A solução dele não é de mulheres sacerdotisas (poder material e simbólico para mulheres). Ele prefere uma reavaliação cultural da feminilidade, especialmente, na forma disponível aos homens por meio das *animae* inconscientes deles.

Todavia, um ataque violento sobre tal repressão cristã do "outro" envolveu-o em uma caça às bruxas contra as mulheres, como uma forma concreta de um erro teológico desastroso. Mas, a sua extensiva teorização da multiplicidade do divino e dos aspectos sagrados da sexualidade são potencialmente valiosos para a abordagem feminista. Essas iniciativas pavimentaram o caminho dos pós-junguianos que desafiaram a religião dominada pelo masculino em favor da causa feminista.

Jung observou que a repressão cultural do feminino vinha ocorrendo por séculos e ele a definiu como neurótica. A repressão do feminino é a causa da doença psíquica e cultural. A misoginia de Jung é sugestivamente agrupada em torno do mito pessoal dele e na forma de uma linguagem perigosa. Talvez ela penetre na dimensão cultural da sua obra, de forma que a promoção necessária do feminino na cultura se separe dos avanços sociais das mulheres.

Quando é essencialista, o mito pessoal colore a representação das mulheres negativamente; quando não é essencialista sobre o feminino na cultura, ainda parece ser designado aos interesses da questão masculina. O que este capítulo, finalmente, sugere sobre Jung para a revisão feminista?

Jung para o feminismo?

Uma caraterística marcante do tratamento de Jung sobre o gênero é a colocação do feminino no centro de sua psicologia; entretanto e ao mesmo tempo, ele remove as mulheres do social, material e histórico. Como um teórico do feminino na cultura, Jung nos fornece um ponto inicial útil, enquanto a política de gênero e a localização histórica de seus textos autoritários são escrutinizados.

Especialmente, a vontade de subordinar as mulheres à *anima* esconde a necessidade de questionamentos históricos sobre o masculino tendencioso dos escritos. Considerar Jung como produtor da grande teoria, entrelaçada e mutualmente sustentada pelo mito pessoal, faz com que seus textos sobre *anima* sejam descritos como uma teoria da mulher, firmemente e, abertamente, enraizados na fantasia masculina. A teoria da *anima* pode ser situada dentro das concepções de Jung, muito distinta da experiência histórica das mulheres e do feminino.

Finalmente, a teoria central do inconsciente coletivo como uma função superior, criativa e produtora de significados dentro de todos os sujeitos humanos se provará importante para a argumentação feminista. Esse recurso não é negado pelo criticismo necessário das fantasias de gênero do mito pessoal. De fato, o que este capítulo tentou mostrar é que a psicologia de Jung, da grande teoria e do mito pessoal, pela sua própria natureza dá espaço para o criticismo feminista poder trabalhar com as ideias junguianas no espírito tanto crítico quanto positivo.

O que provará ser o mais significativo de Jung é que ele conferiu privilégio à voz do outro. O inconsciente é representado por meio da fantasia e do mito na composição da teoria. O próximo capítulo descreverá o desenvolvimento do feminismo junguiano tradicional, no qual Jung é o grande responsável por ter produzido a grande teoria. Uma abordagem feminista alternativa a de Jung será sugerida por meio da nova pesquisa, no final deste volume. Procura-se por um feminismo que não se posicione hierarquicamente subordinado à grande teoria, mas que trabalhe com ela como um escritor de um mito pessoal.

Sumário conclusivo

A descrição de Jung sobre a sua psicologia é distinta porque ela estrutura, dentro da teoria, um conhecimento sobre fantasia e mito. Eu descrevo isso como Jung escreveu na forma de mito pessoal e entrelaçando-o à grande teoria. O ponto de partida para compreender as ideias de Jung é que toda a realidade é fundamentalmente psíquica e o inconsciente é, principalmente, uma função dos poderes criativos superiores denominados de arquétipos.

A psicologia junguiana difere teoricamente da psicanálise freudiana pelas definições do inconsciente, da sexualidade e pelo papel da religião. Diferem terapeuticamente no trabalho com os sonhos, com os símbolos e pela direção prospectiva da análise. Um aspecto crucial de Jung sobre o feminino é que ele tem a tendência de colapsar e condensar, o gênero e o sexo corporal. Ele não pode ser descrito como um essencialista de gênero franco, dada a prioridade conferida por ele à pluralidade e androginia do inconsciente. A despeito de seus textos tendenciosos, existe um potencial positivo para várias abordagens feministas. Um exemplo seria a crítica de Jung sobre a negligência persistente do feminino na cultura.

Leitura complementar

O site http://cgjungpage.org/ é o melhor lugar na internet para auxiliar principiantes, seminários, resenhas de livros e artigos e links sofisticados.

Uma boa introdução para conceitos-chave, com um prefácio interessante de Jung, sugerindo a dificuldade de extrair a teoria de sua obra em um sentido convencional é Fordham (1953).

Uma tentativa inicial de adentrar no cerne das ideias de Jung, por uma pessoa que o conhecia é Jacobi (1942) O prefácio se refere, semelhantemente, à dificuldade em considerar a sua obra como uma teoria convencional. Útil, mas muito detalhado para um principiante.

Jung (2022) é uma coleção inicial de ensaios contendo material acessível sobre sonhos, terapia, Freud e literatura.

Uma seleção representativa dos escritos de Jung sobre mulheres e o feminino na Obra Completa pode ser conferida em Jung (1982). Contém exemplos importantes da linguagem animada.

Samuels (1985) é uma obra canônica sobre a psicologia de Jung no contexto de analistas pós-junguianos. Descreve as três escolas pós-junguianas. É indispensável para um estudante sério de Jung.

Samuels, Shorter e Plaut (1986) trazem ideias de Jung detalhadas e muitos de seus desenvolvimentos subsequentes. É uma obra de referência valiosa para aqueles que já dominaram o básico.

Storr (1973) é uma introdução inteligente de Jung e abrirá o apetite.

3
A deusa e o princípio feminino

> Acreditamos que os mitos não são apenas histórias encantadoras e vazias sobre os deuses e deusas, heróis ou demônios de um tempo esquecido; elas falam do material psicológico vivo e da arte como repositório de verdades apropriadas para a vida interior de um indivíduo, assim como, para a vida da comunidade (Qualls-Corbett, 1988).

Este capítulo introduz o que é conhecido como feminismo junguiano. Identificá-lo-ei como feminismo junguiano tradicional para distingui-lo das diferentes possibilidades, mais plurais, dos "feminismos junguianos" sugeridos nos próximos capítulos. O feminismo junguiano tradicional toma a atitude confiante da grande teoria de Jung. O que significa que ele procura uma conceituação de gênero e do feminino a partir das próprias tentativas de Jung de uma teoria compreensiva da psique e da cultura. O trabalho dos principais autores do feminismo junguiano é explorado nesse contexto.

O feminismo junguiano trabalha expandindo os escritos de Jung por técnicas de extensão, de revisão e da noção junguiana de amplificação. Autores estendem e revisam as teorias de *anima-animus* respondendo a uma variedade de novas condições sociais. Pela amplificação, a problemática ligação de Eros com o feminino de Jung é desenvolvida. A resposta de um grupo de teóricas foi definir o feminino como um princípio metafísico do gênero, disponível para ambos os sexos e desastrosamente reprimido pela cultura ocidental.

Uma notável amplificação do feminino de Jung sobre o numinoso (nos arquétipos) é a rejeição da cultura monoteísta dominada-pelo-masculino em favor do retorno ao divino como uma grande mãe. "Ela" infunde e torna sagrado o mundo natural. Ela é o divino interior ou o imanente no mundo, não é separada e nem transcendente dele. Aqui, o feminismo junguiano se torna o mito feminino mais ambicioso da história, cultura, religião, estética e psique.

O capítulo acaba com uma avaliação das conquistas do feminismo junguiano (grande teoria). Ele mostra a atração dos mitos da deusa pelo feminismo psicológico, que se estende para além dos domínios da teologia. Então, sugiro uma alternativa, uma forma pós-moderna para se endereçar às deusas. Ao invés de uma teoria objetiva, é possível ver o "feminismo junguiano da deusa" como um tipo de experimento da imaginação. O feminismo da deusa pode oferecer ficções sobre o si-mesmo na era pós-moderna.

Apresentando a grande teoria e o feminismo junguiano

No capítulo anterior defini uma dupla tendência dentro da psicologia junguiana. Uma tendência para descrever uma teoria dominante e abrangente da psique e cultura que denominei de "grande teoria"; e outra que limita esta reivindicação, em face da incognoscibilidade do inconsciente, em termos puramente racionais, denominado de mito pessoal. A noção de mito pessoal segue o próprio relato autobiográfico de Jung sobre a geração de suas principais ideias.

O trabalho posterior a Jung sobre o gênero e o feminino pode ser mais facilmente observado como uma ligação dessas duas direções de se pensamento. Em primeiro lugar, isso se dá porque o que poderia ser vagamente nomeado como feminismo junguiano (indicando um interesse específico e crítico no tratamento dele sobre gênero) advém não apenas da psicologia junguiana e da prática terapêutica, mas, também, da sua tentativa de construir uma teoria. Adicionalmente, ao tomar o sentido duplo da atividade de teorização, o feminismo junguiano se engaja simultaneamente com as maiores preocupações do feminismo. Essas questões variam desde os posicionamentos conservadores sobre a "natureza feminina" até considerações do gênero como algo contextual e contestado dentro de um enquadre cultural específico.

Este capítulo olhará para o gênero e o feminino depois de Jung, em termos de seu desejo por uma grande teoria da psique e da cultura. As escritoras aqui consideradas confiam que Jung fornece um material para uma teoria de gênero dominante e trabalhável. Essa teoria poderá ser utilizada a serviço das mulheres e do feminino; entretanto, variações do feminismo dessas autoras, podem atuar no espectro político. Uma consequência de seguir a linha junguiana da grande teoria é a crença de que gênero é uma categoria conhecível e estável. Muito além do seu fundador tendencioso, algumas dessas junguianas admitem que gênero é suscetível a influência social.

Três métodos são empregados no distanciamento da obra de Jung para um trabalho mais compreensivo sobre gênero e feminino, eles são: as extensões, as revisões e as amplificações. Desde o início da história da psicologia junguiana, escritoras mulheres, principalmente, foram encorajadas a tomar as questões dos pronunciamentos redutivos de Jung sobre mulheres em áreas como *animus* (cf. Linda Fierz-David, na próxima seção). Essas autoras estendem e revisam o próprio tratamento de Jung sobre gênero.

A amplificação precisa de um pouco mais de explicação, pois ela se refere a um método que Jung desenvolveu na análise e em sua obra. Na discussão sobre sonhos, a amplificação significa fazer uma ponte entre a imagem psíquica e a narrativa mítica, o que parece descrever o mesmo evento arquetípico. Jung usou a mitologia para gerar a sua grande teoria. O seu próprio imaginário psíquico, mostrado em *Memórias, sonhos e reflexões,* forma o seu mito pessoal. Conectar as suas próprias figuras arquetípicas às mitologias existentes permitiu a Jung a estruturação de uma psicologia com reivindicação universal. Então, a amplificação é tanto uma prática terapêutica quanto um dispositivo estrutural usado na construção da teoria.

Em termos das obras de Jung e das feministas junguianas, neste capítulo, a amplificação se move em duas direções descritas na teoria. Dentro da autobiografia e da análise, o imaginário psíquico é teorizado como arquetípico e, então, é conectado a um mito. O mito, por sua vez, é escrito como uma ilustração a mais do argumento teórico. A psicologia se movimenta da imagem psíquica para o mito cultural. Jung justifica essa direção, dado que ela emerge de seu material psíquico. O mito se torna a validação da mudança para a direção oposta: uma mitologia, como o mito de Perséfone e Deméter, é definida como contendo o material arquetípico. As imagens e os eventos correspondentes ao mito grego são procurados nos sonhos dos pacientes individuais e escritos como um texto psicológico.

Aqui está a premissa junguiana para o que eu chamo de "feminino da deusa", o qual é comumente designado ao empoderamento da insegura psique feminina. Um exemplo clássico do início do feminismo da deusa é a obra *Woman's mysteries: Ancients and modern* [Os mistérios da mulher], de Harding (1976). Esse fascinante trabalho amplifica a identificação de Jung da psique feminina com Eros, a função dos relacionamentos com o significado da lua na alquimia. Os mistérios da mulher é uma maravilhosa elaboração da deusa da lua como autora ativa do princípio feminino. Essa feminilidade é considerada nativa das mulheres, mas está presente na psicologia do homem como *anima*.

O que é inspirador sobre esse trabalho é que ele concede às mulheres um lugar metafísico, fora das restrições do monoteísmo cristão. O que prejudica Harding é a sua adesão à noção, redutiva de Jung, de que a consciência feminina é mais difusa, mais adequada ao vínculo interpessoal do que a uma atuação ativa na sociedade. Esse exemplo mostra como o feminismo junguiano, caracterizado pela amplificação, pode ser radical em sua filosofia ou posicionamento teológico, ainda que seja conservador em suas prescrições para a vida material das mulheres.

O resto deste capítulo explorará as implicações da grande teoria sobre gênero e feminino, depois de Jung, em seus três principais aspectos: na extensão e revisão da teoria da *anima* e do *animus*, na amplificação de Eros e do princípio feminino e na geração do feminismo da deusa. Em cada seção um breve relato do campo será seguido por considerações de algumas das principais autoras.

Extensão e revisão: *anima* e *animus*

Jung escreveu pouco sobre *animus* e, em sua a maior parte, o que escreveu foi negativo. Certamente, como ele definiu *ani-*

mus como a masculinidade arquetípica na mulher, existe uma base para considerarmos que o *animus* é mais bem elaborado por escritoras mulheres. Depois de Jung, *anima* e *animus* passaram por revisões e elaborações consideráveis. Ambos foram igualmente considerados como detentores de polos positivos e negativos. Esses arquétipos de gênero têm sido considerados como funcionando ativamente e passivamente e, vêm sendo descritos como capazes de mudar de função à medida que o indivíduo amadurece e se individualiza. A partir da descrição de Jung sobre o *animus* como plural e negativo, as mulheres têm produzido uma versão revisada de um *animus* capaz de ser unitário e positivo.

Adotando uma abordagem diferente, algumas feministas seguiram a animosidade de Jung de sua definição do *animus*, considerando o *animus* negativo como a recepção do patriarcado internalizado na psique da mulher. Trabalhos recentes têm incluído uma maior consideração dos fatores culturais na construção das imagens arquetípicas de *anima* e de *animus*.

Assim, da mesma forma com que Jung, implicitamente, se opõe à assimilação de sexo corporal com gênero, por termos *anima* e *animus* como figuras internas de gênero e da alteridade, também algumas feministas junguianas passaram para um estágio além. Elas propõem a desconexão da *anima* e do *animus* do gênero por tê-los igualmente disponíveis em ambos os gêneros. Portanto, homens e mulheres podem participar igualmente das figuras arquetípicas de Logos-produzido por *animus* e Eros-vinculado pela *anima*.

Principais autoras

Emma Jung. Curiosamente, a mulher de Jung é obediente aos princípios gerais dele (Jung, E., 1957), enquanto eles são focados no encorajamento das mulheres para resistirem às convicções culturais sobre a inferioridade feminina. Mulheres não devem abater-se, mas levantar-se e recusar-se à difamação feita pela sociedade (Jung, 1957, p. 23). Em contraste completo ao seu marido, a ideia de Emma Jung de *animus* pode ser muito positiva e a sua integração leva as "mulheres ativas, energéticas, corajosas e fortes" (Jung, 1957, p. 4).

Continuando a definir *animus* como Logos, com um significado espiritual e intelectual, ela propõe que o *animus* seja progressivamente integrado via uma série de estágios de poder, atos, palavras e significados. Por tais métodos, a mulher poderia absorver a sua faculdade de Logos, tornando-se capaz das atividades intelectuais, assim como das atividades emocionais relacionadas ao Eros. Emma Jung é clara quanto à mulher precisar tomar controle firme do *animus* se ela quiser encontrar a sua própria autoridade. Caso contrário, o princípio masculino simbolizado pelo *animus* pode se tornar um tirano interno. Ele pode ser projetado em um homem poderoso, resultando em um estado insuportável de dependência psíquica (um pensamento sugestivo!).

Permanecendo inteiramente fiel às noções junguianas do *animus* como o portador do Logos para a mulher, Emma Jung representa uma figura positiva de uma mulher que atingiu a independência emocional e intelectual. Ao mesmo tempo, ela chama a atenção para os problemas das mulheres em uma sociedade que se recusa a dar suporte ao desenvolvimento interior delas.

Linda Fierz-David. Há dois momentos, na descrição engajadora de Fierz-David, sobre a individuação de mulheres por meio de mitos de iniciação, que apontam para revisões críticas posteriores ao *animus*. Em um estágio, ela parece estar definindo o *animus* como o patriarcado internalizado ao descrever como as mulheres recebem a instrução espiritual (um presente do *animus*) por meio de seus pais e outras figuras masculinas de autoridade. Em outro, ela desconstrói a tendência de Jung em descrever *anima-animus* como um gênero fixo, contrário ao processo plural e andrógino do inconsciente. Para Fierz-David, alguma parte da potência espiritual do *animus* assume o molde materno: "a imagem arquetípica do *animus* como líder de almas [...] aparece visível [...] como o Silenus Órfico, uma mãe-pai e sábio professor, como tal nunca existiu na realidade" (Fierz-David· 1988, p. 64).

Irene Claremont de Castillejo. Irene estende a descrição de Jung dos aspectos negativos do *animus*. O foco específico dela é marcar que ele pode ser integrado como um ingrediente energizante na consciência difusa das mulheres. Ela revisa Jung, muito convincentemente, quando ela argumenta que o pensamento pode ser uma função normal e importante nas mulheres sem necessitar um equacionamento ao *animus*.

Considerando as manifestações negativas do *animus* como coloridas por determinantes socioculturais, em *Knowing women* [Conhecendo a Mulher] (Claremont de Castillejo, 1973), ela sugere que a voz do *animus* negativo é uma internalização da agressividade masculina contra as mulheres. Claremont de Castillejo começa a se separar do gênero binário do trabalho de Jung do *animus* em mulheres, da *anima* em homens, quando assevera que a imagem da alma da mulher é feminina, e não a do *animus* masculino. Entretanto, nos termos da *anima* ela é mais conservadora quando considera as mulheres como aquelas que possibilitam a individuação masculina pela encarnação da *anima*.

Hilde Binswanger. A atitude de Hilde Binswanger com relação ao gênero combina o biológico e o cultural. No artigo de 1963, ela diferencia entre dois aspectos de masculinidade nas mulheres: o *animus*, que consiste nas imagens internas do homem na mulher, mas a mulher também tem a sua própria masculinidade em termos biológicos (Binswanger, 1963, pp. 82-101). A masculinidade secundária se estende ao que ela compreende e, conscientemente, conecta ao Eros de Jung (não o Logos como consciência, como ele preferia). Versões negativas do *animus* são provavelmente induzidas culturalmente. O objetivo da terapia é reconciliar o lado masculino próprio da mulher com o *animus*, de forma que o trabalho em direção ao feminino gere vigor, ação, palavra e significado. Binswanger argumenta que essas qualidades são denominadas de masculinas apenas porque homens nomearam-nas primeiro neles mesmos.

> Não poderia ser que [...] como as mulheres também desenvolvem as suas mentes [...] talvez desenvolvam um vigor especificamente masculino e outro especificamente feminino, uma palavra masculina e outra feminina, uma ação masculina e outra feminina e, um significado masculino e outro feminino? (Binswanger, 1963, p. 87).

Binswanger consegue preservar o sentido de diferença entre os gêneros enquanto teoriza sobre a mesma capacidade de agência e de intelectualidade no feminino. Aqui, o *animus* torna-se o meio da individuação das mulheres enquanto lidarem psicologicamente com o poder e privilégio do masculino na sociedade.

Ann Ulanov. Uma escritora dedicada a Jung e ao feminino. Ann Ulanov produziu uma série de obras, desde o muito influente *The feminine in Jungian psychology and in Christian theology* [O feminino na psicologia junguiana e na teologia cristã] (Ulanov, 1971) e, dentre os mais recentes, *Transforming sexuality: the archetypal world of anima and animus* [Transformando a sexualidade: o mundo arquetípico da *anima* e *ani-*

mus] (Ulanov & Ulanov, 1994). Ela, consistentemente, insiste que a *anima* não é literalmente equivalente à mulher real.

Fiel às concepções de Jung dos papéis de *anima* e do *animus*, Ann Ulanov não comenta sobre a linguagem misógina de Jung até o seu apêndice no trabalho de 1971. Em 1994, os Ulanov criticaram a própria predileção de Jung para a redução tipográfica", afirmando que

> afinal, é impossível com a teoria de *anima-animus* sermos claros e clarear as listas de qualidades "masculino" e "feminino" ou, até mesmo, categorizar distinções, enquanto os junguianos consagrarem o uso de "Logos" como qualidades dos homens e "Eros" das mulheres (Ulanov & Ulanov, 1994, p. 2).

A extensão das noções junguianas de *anima* e *animus* são revisadas na direção de uma noção mais complexa da diferença de gênero do que a polaridade facilmente assumida nas obras iniciais de Ann Ulanov.

Marion Woodman. O trabalho de Marion Woodman é especialmente marcado pelo interesse dela sobre as manifestações corporais e arquetípicas de gênero. Um aspecto disso é a sua análise sobre mulheres com distúrbios alimentares. Sobre a teoria de *anima* e *animus*, ela segue a linha tradicional, estendendo-a e argumentando que podem ser problemas do *animus* os responsáveis por alguns dos distúrbios alimentares. Em livros, tais como *Addiction to perfection: the still unravished bride* [O vício da perfeição: compreendendo a relação entre distúrbios alimentares e desenvolvimento psíquico] (Woodman, 1982) e *The owl was a Baker's daughter: obesity, anorexia nervosa and the repressed feminine* [A coruja era filha do padeiro: um estudo revelador sobre anorexia nervosa, obesidade e o feminino reprimido] (Woodman, 1980) são descritos os resultados danosos da projeção da *anima* paterna nas suas filhas. Os distúrbios alimentares nas mulheres podem ocorrer pela possessão do *animus*. Uma mulher pode ser levada por um perfeccionismo impossível focado no sentido dado por ela ao seu corpo.

Polly Young-Eisendrath. Polly Young Eisendrath tem revisado e estendido à representação de Jung de *anima* e *animus* em causa do feminismo e do empoderamento na prática clínica. O seu uso revisado dos mitos culturais e das histórias para atacar o sexismo é uma característica de seu trabalho imaginativo e influente.

A obra *Female authority: empowering women trough psychoterapy* [Autoridade feminina: empoderamento da mulher por meio da psicoterapia] escrita com Florence Wiedemann, propõe uma "psicologia junguiana compreensiva das mulheres na qual o eu feminino alcança consciência e poder por meio da integração do complexo do *animus* e da recuperação da autoridade feminina projetada nele" (Young-Eisendrath & Wiedmann, 1987). Essa não é uma revisão, mas uma reinterpretação da teoria junguiana clássica do *animus* em causa do empoderamento feminino. O método se assemelha aos estágios terapêuticos inovadores de Emma Jung da integração do *animus*.

Young-Eisendrath e Wiedemann sugerem uma visão esquemática que conecta o *animus* ao outro alienado e, então, ao pai-deus ou patriarca. Esses estágios são seguidos pelo jovem, como herói ou amante e, depois, como o parceiro interno. A mulher deve acabar integrando o *animus*, revelado em sua verdade arquetípica e andrógina. Em um trabalho anterior de Young-Eisendrath, *Hags and heroes* [Bruxas e heróis: uma abordagem feminista na teoria junguiana de casais] (Young-Eisendrath, 1983), ela critica enfaticamente a representação de Jung das mulheres como naturalmente passivas. Young-Eisendrath descreve como ele opõe o senso de competência da mulher em sua noção dela ser "oprimida-pelo-*animus*".

Claire Douglas. Um trabalho inestimável de um campo inteiro da psicologia junguiana e de gênero é feito pela análise histórica de Claire Douglas em *Woman in the mirror: analytical psychology and the femminine* [Mulher no espelho: psicologia analítica e o feminino] (Douglas, 1990). O olhar dela reinscreve o *animus* não como Logos e intelecto, mas como um mediador da função sentimento da mulher no imaginário como terra-pai, espírito, natureza, jardineiro, nutridor ou poeta. Ela argumenta que os termos "*anima*" e "*animus*" não devem ser eliciados diretamente dos textos de Jung, pois os papéis de gênero, do início do século XX, que estão codificados nessas descrições, tornaram-se proscritos.

Douglas faz parte de uma tradição fortemente argumentativa de mulheres escritoras junguianas, que caracterizam o *animus* negativo como a voz do patriarcado internalizado e danificador da psique feminina. Ela se mantém na órbita da "grande teoria" ao manter os conceitos de *anima* e *animus* como teorias do "outro" interno. Apesar disso, o trabalho dela fortalece a valiosa tendência da inclusão de fatores sociais e culturais na extensão e revisão de gênero dentro da psicologia junguiana.

Amplificação: Eros e o princípio feminino

O feminismo junguiano tradicional do princípio feminino sublinha duas características marcantes dos escritos de Jung sobre gênero: o deslocamento do gênero psicológico para o sexo corporal (a despeito da androginia dos arquétipos) e, mais profundamente, a sua abordagem binária. As descrições de Jung sobre gênero caem, sobrepostas precisamente, em dois modos mutuamente definidos e exclusivos: a *anima* colapsa e condensa nas mulheres, os sentimentos, o Eros, os vínculos e o feminino, enquanto o *animus* marca o pensamento, o Logos, o espírito, a criatividade e, portanto, o masculino.

Na seção anterior deste capítulo mostrei como a extensão e a revisão da teoria de *anima-animus* começou a se soltar do gênero binário psicológico com a admissão dos fatores sociais e culturais. Entretanto, a direção convencional do feminismo junguiano serve para acentuar a abordagem binária do gênero enquanto permite a influência cultural na vida de homens e mulheres reais.

Essas teorias amplificam a descrição de Jung de Eros-vinculação para algo metafísico denominado de princípio feminino enquanto, simultaneamente, separam-no do sexo corporal. O princípio feminino existe em um relacionamento dual com o princípio masculino. Ambos estão disponíveis de modo variável e desigual nos dois gêneros humanos. Subjacente às culturas humanas, histórias e religiões, estão esses dois princípios metafísicos de gêneros na forma passiva, receptiva, lunar feminina e ativo, solar, fálico masculino.

> Mas por que falamos sobre feminino e masculino se nós apenas os significamos como traços compartilhados em graus variados por homens e mulheres? [...] Devemos pontuar novamente que a diferenciação homem-mulher é enraizada a priori; ela é uma percepção predeterminada arquetipicamente, configurada na psique inconsciente. A oposição e complementariedade entre homens e mulheres são as representações mais básicas da experiência dual. Elas subjazem às polaridades de solar e lunar, claro e escuro, ativo e passivo, espírito e matéria, energia e substância, iniciativa e receptividade, céu e terra (Whitmont, 1982, p. 128).

Jung apresentou o Eros, em sua obra, como um modo arquetípico de funcionamento voltado para os sentimentos e vínculos. Ele acreditava que Eros seria o modo dominante da consciência feminina, da mesma forma que estaria dormente nos homens e seria associado à *anima* inconsciente. Portanto, Eros se torna o feminino psicológico, o princípio pelo qual Jung fusiona sexo e gênero e é amplificado por ele como consciência lunar em seus textos alquímicos.

Posteriormente, as feministas junguianas abandonam a natureza reducionista da identificação de Jung de sexo e gênero, alegando que masculino e feminino são princípios puramente arquetípicos e disponíveis para ambos, homens e mulheres. Descreveria essa amplificação do trabalho de Jung como metafísica, porque ela considera os princípios masculino e feminino como imateriais e pré-configurados pelo inconsciente. Esses princípios são profundamente afetados, mas não determinados pelos fatores sociais e históricos, dado que eles operam por meio de imagens arquetípicas. Os princípios masculino e feminino são transcendentes à cultura, ainda que apenas possam aparecer (por meio das imagens arquetípicas) como imanentes do seu interior.

O que motiva as teóricas junguianas feministas é a percepção de que o princípio feminino tem sido desastrosamente reprimido pela cultura e pela psique individual por séculos, devido ao pensamento patriarcal. Elas, portanto, escrevem e praticam tanto no nível terapêutico individual quanto no sociocultural, curando o mundo de sua ferida, o feminino hostilizado. É claro que existe uma ampla variedade de feministas conscientes dentre as junguianas aderentes ao princípio feminino. Uma atitude conservadora da sociedade pode encontrar justificativa argumentando que o princípio feminino da receptividade e da vinculação compreende que as mulheres são mais adequadas para as tarefas domésticas.

A despeito da separação teórica de sexo e gênero dos princípios arquetípicos, a maioria das escritoras considera que mulheres são, provavelmente, mais sintonizadas ao princípio feminino e os homens ao masculino. De outro modo, abraçar a abordagem binária do princípio feminino permite que sejam feitas críticas profundas da existência capitalista corporativa dominada pelo masculino no nível social. São permitidos ataques contra as limitações do cristianismo como demasiadamente masculino e predatório da natureza definida como feminina. Uma outra amplificação do princípio feminino, como o feminismo da deusa, será a matéria da próxima seção.

Principais autores

Mary Esther Harding. *Woman's mysteries* [Os mistérios da mulher] de 1935, não é a única obra de Harding sobre o pensamento junguiano acerca do gênero, mas se mantém como a sua obra mais influente. Dar continuidade à dicotomia de gênero de Jung como Eros-Logos possibilitou que seu trabalho fosse aceito por ele. Amplificar Eros como princípio feminino possibilitou que ela abordasse uma classe muito maior e mais poderosa de qualidades do que as previstas por seu mentor.

Essencialmente, Harding consegue investir uma gama de energias no princípio feminino, adotando narrativas sobre a deusa lunar do período pré-cristão: ela confia na deusa lunar para descrever o "princípio feminino, o qual não tem sido adequadamente reconhecido ou valorizado na nossa cultura" (Harding, 1935). A originalidade do seu livro reside no desenvolvimento dos aspectos ambivalentes, potentes e obscuros do feminino.

Enquanto estava, aparentemente, seguindo Jung, considerando as mulheres como mais adequadas aos vínculos e à domesticidade, Harding escreve eloquentemente sobre os potenciais preconceitos e tendências contra as mulheres na sociedade patriarcal. Ela traz o princípio feminino para a prática analítica ao associar a iniciação das mulheres nos mistérios da Luna, do passado pagão, à experiência feminina analítica no mundo contemporâneo.

A deusa da lua do princípio feminino de Harding tem inspirado toda uma geração de feministas junguianas porque elas são virginais, no sentido de manterem-se sozinhas por si mesmas, não dependendo de nenhum homem. Essas "virgens junguianas" podem ser sexuais e procriadoras. A independência delas apoia-se na autossuficiência gerada pelo contato com o inconsciente numinoso.

Toni Wolff. A obra mais significativa de Toni Wolff sobre gênero é *A few toughts on the process of individuation in women* [Alguns pensamentos sobre o processo de individuação nas mulheres] (Wolff, 1934). Neste texto, ela favoravelmente propõe que o Eros, de forma alguma, é o modo de funcionamento consciente em todas as mulheres. Para ela, muitos dos problemas das mulheres modernas advém da perda do princípio feminino e da falta do feminino no judaísmo e na teologia protestante.

A seguir, ela disserta sobre os quatro tipos de personalidades instintivas femininas: a mãe, a companheira do homem, denominada hetaira, a amazonas independente e a médium. De fato, Wolff usa a noção de tipo de consciência para estender o campo do que pode ser compreendido como "o princípio feminino" na psicologia das mulheres. Cada um dos tipos de Wolff não é um padrão de comportamento uniforme, mas um campo de possibilidades múltiplas.

Os quatro tipos são criativamente definidos: por exemplo, a mãe não é limitada a quem gera biologicamente a criança, ela inclui várias metáforas de nutrição e de maternidade. A hetaira opera principalmente por meio da sexualidade vinculada aos homens, enquanto a amazonas, não surpreendentemente, é identificada com as feministas.

As descrições do tipo mediúnico demonstram claramente a tendência de Wolff em definir o potencial feminino das mulheres predominantemente em relação aos homens. A mulher médium é aquela que ajuda um homem na conscientização de suas ideias inconscientes. Posteriormente, junguianos especularam que o próprio relacionamento de Wolff com Jung talvez a tenha ajudado a moldar esse conceito de mulher médium.

Erich Neumann. Considerado por Jung como um junguiano de segunda geração e utilizando muito do mesmo material de Ester Harding, Neumann escreve em um estilo de grande autoridade. Historiador da cultura, ele propõe uma grande narrativa sobre os estágios do desenvolvimento da consciência humana em *The origins and history of conciousness* [História das origens da consciência: uma jornada arquetípica, mítica e psicológica sobre o desenvolvimento da personalidade humana], (Neumann, 1954). A humanidade começa no estágio urobórico perto da indiferenciação inconsciente. Sucede-se a ascensão do matriarcado nas religiões da grande mãe.

Esses estágios são sucedidos Neumann acredita pelo monoteísmo patriarcal e pelo refinamento da consciência orientada pelo Logos, do pensamento e da discriminação. Há indícios da vinda de um possível estágio superior quando a consciência da deusa matriarcal se reunir ao princípio masculino patriarcal, mas Neumann deixa essa opção inexplorada. Esse olhar é continuado, principalmente por E.C. Whitmont, no trabalho subsequente sobre a grande deusa e discutido posteriormente neste capítulo.

Ninguém poderia rotular Neumann de feminista no sentido comum. O princípio feminino dele pertence à fase matriarcal da história humana e, para ele, como para Jung, a psicologia feminina é principalmente uma questão da concepção binária do feminino. As mulheres são condenadas a ter um tipo mais inconsciente de funcionamento mental. Portanto, em Neumann, a fusão do feminino como o matriarcado coloca a mulher de volta na pré-história e o homem avançando nas qualidades do pensamento e da razão, valorizadas culturalmente.

Neumann parece escrever com um medo subjacente da mãe, tanto como um ser biológico quanto arquetípico. A história dele sobre a evolução da consciência é uma forma de narrativa edípica – da indiferenciação inconsciente, a ligação com a figura materna toda poderosa, a repressão, a cisão e a identificação com a função paterna. Esse uso particular do padrão edípico historiciza e marginaliza o princípio feminino, ainda mais. Os pós-junguianos tomam essa alegoria evolucionária e a reinterpretam de uma forma mais produtiva para o feminino e o feminismo.

June Singer. Em obras como *Bounderies of the soul* [Fronteiras da alma] (Singer, 1972) e *Androgeny: towards a new theory of sexuality* [Androginia rumo à nova teoria da sexualidade] (Singer, 1976), June Singer desenvolve a sua aceitação do gênero binário de Jung. No seu caminho, ela reconhece as lições do *The women's movement* [O movimento das mulheres]. Ao dissociar os princípios masculinos e femininos de uma simples identificação biológica entre homens e mulheres, ela assevera, ainda, em *Androginia*, a crença do que ela percebe ser uma variação do feminismo contemporâneo, de que "até certo ponto, a mulher é basicamente diferente" (Singer, 1976, p. 8).

Para Singer, a noção junguiana de potencial arquetípico para a androginia torna-se o meio pelo qual ela teoriza sobre o objetivo da completude psicológica. Ao acompanhar seu relato sobre história cultural desse arquétipo, ela sugere que os homens e as mulheres contemporâneas tomam a androginia como um modelo cultural desejável. Dessa forma, os indivíduos podem fugir dos perigos das noções polarizadas de gênero. Arquétipos são resíduos de uma androginia divina ancestral, antes da queda primordial ou da cisão da consciência. Singer quer ir além de apenas teorizar sobre gênero em estruturas binárias. Entretanto, a androginia dela ainda está baseada no gênero como uma dualidade.

> O movimento em direção à androginia que está emergindo hoje decorre de tensões entre os elementos "masculino" e "feminino" da sociedade ocidental contemporânea. Ele gira em torno de si para descobrir a androginia mais antiga, aquela revelada na mitologia do tempo primordial, quando o masculino e o feminino ainda não haviam sido separados na mente divina (Singer, 1976, p. 10).

Irene Claremont de Castillejo. Em *Knowing woman* [Conhecendo mulheres], de 1973, Claremont Castillejo atualiza o seu trabalho anterior sobre a psicologia das mulheres. Ela expande os quatro tipos de personalidade de Toni Wolff no contexto dos conceitos junguianos tradicionais sobre o feminino. Há uma separação valiosa do sexo anatômico e do gênero: Eros significa o feminino, mas as mulheres não se restringem a esse atributo. Analogamente, o pensamento pode ser a função primária das mulheres e não precisa estar associado à noção redutiva de *animus*. A rigidez implícita dos quatro tipos de Wolff é contraposta pela ênfase desses papéis como uma série de possibilidades psicológicas dentro de qualquer mulher.

O mais importante é que a obra de Castillejo desafia a identificação do ego feminino difuso dos pensadores como Wolff e Neumann. Ao invés disto, ela advoga que a mulher desenvolve um ego forte e focado – uma possibilidade muito real para ela. Uma parte do processo de individuação para Castillejo é a mulher descobrir sua sombra como uma questão cultural, além da questão psicológica. As mulheres estão submetidas a três formas de sombra: uma da nação, uma da psique pessoal e outra por ser uma mulher em uma sociedade norteada por homens. A individuação parece garantir autoridade pessoal para a mulher ao trazer para a consciência a sombra que a sociedade impinge sobre seu gênero. Descobrir o feminino interno, para Castillejo, é se alinhar com os heróis e heroínas internos penetrando na hostilidade interna em uma fase lúcida dentro da "máquina civilizatória" (Claremont de Castillejo, 1973, p. 42).

Finalmente, Castillejo representa um feminismo junguiano progressivo do princípio feminino, argumentando que mulheres e o feminino não conotam meramente a natureza, o corpo e a terra. Em qualquer noção binária dos princípios, as mulheres não devem ser vistas como o oposto ou o outro do homem.

Ann Ulanov. Em seu volume inicial e muito influente, *The feminine in Junguian psychology and in christian theology* [O feminino na psicologia junguiana e na teologia cristã] de 1971, Ulanov celebra a noção de Jung do feminino como "uma categoria distinta de ser e um modo de percepção inerente a todos os homens, a todas as mulheres, a toda cultura" (Ulanov, 1971, p. 13). Tal aderência a Jung permite Ulanov escrever uma obra sobre teologia feminista, seguindo a pista dele, criticando a depreciação e, algumas vezes, a demonização do feminino pela cultura cristã. Essa perspectiva teológica enfatiza o trabalho posterior de Ulanov sobre gênero nas ideias junguianas.

Este livro inicial também desenvolve os quatro tipos de Wolff da psicologia feminina. Ulanov é cuidadosa ao separar as mulheres da linguagem redutiva de Jung sobre a *anima*. Como uma das mais aderentes ao princípio feminino, a separação de Ulanov de sexo e gênero é, de alguma forma, comprometida pela sua hipótese de trabalho de que mulheres têm um relacionamento mais próximo ao feminino. Elas deveriam mirar na integração do princípio feminino na análise.

E. C. Whitmont. E. C. Whitmont dá prosseguimento ao mito de Neumann dos três estágios da consciência humana – urobórica (indiferenciada, majoritariamente inconsciente), matriarcal e patriarcal – introduzindo um quarto, sobre a reconciliação entre os modos pensamento matriarcal e patriarcal. Colocando de uma outra forma, Whitmont almeja a absorção do princípio feminino pelo patriarcal, pela cultura demasiadamente racionalista que o tem reprimido por tanto tempo.

Certamente, para separar os princípios metafísicos de gênero do sexo corporal, Whitmont olha para as narrativas de reincorporação nos mitos de fora, ou nas margens do cristianismo patriarcal. Um desses mitos é o da procura do Santo Graal. Uma sociedade frágil, norteada pelo masculino, procura pelos símbolos femininos de forma a alcançar a resolução psicológica, que é simultaneamente espiritual e social. Outra fonte muito potente dos mitos do princípio feminino encontra-se fora do cristianismo e do monoteísmo, nas deusas pagãs. A obra de Whitmont representa o maior progenitor do feminismo junguiano da deusa.

Amplificação: procurando pela deusa

Para entender o apelo e o *background* teórico do feminismo da deusa, eu preciso elucidar acerca da divisão no interior do feminismo junguiano sobre gênero e o papel do mito cristão. A teoria feminista ocidental foi gerada no contexto pós-cristão com um conjunto de asserções sobre os papéis de homens e mulheres, as suas psiques, o modo como gênero é construído e se manifesta. Explícita ou implicitamente, os escritores e ativistas têm que decidir se revisam as asserções principais do cristianismo ou se as rejeitam completamente e procuram por novos modelos. Isso não se aplica apenas às feministas com crenças religiosas ou as que levam a espiritualidade a sério. Melhor do que isso, as asserções cristãs sobre a cultura contemporânea também afetam questões políticas urgentes, como o direito ao aborto.

A questão principal é se o cristianismo (e/ou outro sistema monoteísta) é inteiramente patriarcal ou ele se tornou o patriarcado manifesto em sua colaboração com a cultura capitalista. Poderia o cristianismo ser feminista ou ele deve ser substituído? As feministas junguianas, como Ann Ulanov, acreditam que o cristianismo pode ser reinventado nas mesmas linhas junguianas, incorporando o princípio feminino como uma afirmação de vida e do divino. O feminino não é mais restrito à sombra, ao outro corporal.

Um aspecto particular do debate é se o masculino monoteísta pode ser reformulado, é o relacionamento entre as formas de racionalização iluministas e a cultura religiosa, que parece ser uma reação contrária a elas. Se, por um lado, o Iluminismo, ao promover a razão, a ciência, o empiricismo e o Logos parecem colocar-se totalmente opostos à religião estabelecida, por outro, as feministas argumentam que a supressão feminina dentro do cristianismo continua a repressão do feminino como a irracionalidade dentro das narrativas iluministas da modernidade.

O patriarcado cristão, com a sua crença no divino masculino, modula e privilegia a razão masculina que é estruturada pela separação da irracionalidade inferior. Uma forma de separação das qualidades indesejadas da irracionalidade da razão é interpretar o binômio razão-irracionalidade como uma estrutura de gênero, no qual razão é masculina e o irracional é feminino. Depois do Iluminismo, a masculinidade é privilegiada por associa-se à razão. Ver capítulo 6.

Os escritos de Jung sobre gênero são condicionados pelas suas tentativas em endereçar o afastamento do Iluminismo da religião. O seu retorno persistente às figuras femininas canônicas cristãs e o seu extensivo trabalho sobre alquimia são tentativas de reformar o pensamento cristão de modo a curar a cisão iluminista da razão-irracionalidade ou, em seus termos, Logos--Eros. Parte de sua misoginia reducionista advém da adoção das noções iluministas de polaridades, representadas em termos de gênero. Apesar disso, Jung tem credenciais feministas pelo desejo de colocar o feminino e o irracional (inconsciente) de volta tanto na religião quanto na filosofia.

Algumas feministas junguianas seguem Jung na tentativa de reformar a estrutura cristã monoteísta. Outras querem escapar totalmente do cristianismo. Essas feministas junguianas colapsam e condensam o cristianismo no patriarcado e não ofereceram nenhuma base para a reforma. Se o monoteísmo não é recuperável, então, para essas feministas, o que é necessário são as deusas. As deusas são necessárias porque se gênero é para ser uma categoria estável (o/a [*the*] é a característica definidora do feminismo junguiano tradicional), então alguma narrativa mais elevada é necessária para sedimentá-lo. Se o cristianismo é rejeitado como um patriarcado demasiadamente opressivo, então, uma outra estrutura metafísica deve ser inferida.

O feminismo junguiano da deusa é resultante da amplificação da teoria junguiana, para muito além do que o próprio Jung imaginou. Jung construiu a sua psicologia dentro de noções monoteístas de subjetividade, privilegiando um arquétipo, o si-mesmo, como o objetivo da individuação. As feministas junguianas da deusa rejeitam a energia unificadora colocada no arquétipo do si-mesmo e agarram-se em sua pluralidade, incluindo a de gênero (cf. a próxima seção sobre a grande deusa). Alternativamente, elas podem ignorar a noção de um si-mesmo, baseando-se na ideia de que há muitos arquétipos com potenciais para representar o feminino como seres divinos, desempenhando papéis importantes dentro da individuação da pessoa.

No feminismo da deusa, o princípio feminino metafísico é mapeado pelas mitologias pré-cristãs, de modo a encontrar narrativas e modos de pensamento não patriarcais. Essas feministas se mantêm junguianas quando permanecem do paradigma junguiano da teoria como mito: imaginário, psíquico, teorização arquetípica, identificação com a mitologia tradicional e vice-versa.

As feministas junguianas desse credo não estão advogando literalmente por um culto à deusa. Os seres divinos delas habitam a imaginação humana no inconsciente. A existência transcendente da deusa na realidade externa não é considerada. Ao invés disso, o feminismo da deusa defende a análise e a individuação como iniciação dentro do domínio das divindades. "Iniciação" aqui não é uma metáfora. O que os iniciados faziam nas antigas culturas da deusa é considerado como uma variação guiada da individuação analítica.

Afinal, na teoria junguiana a realidade primária é a imagem psíquica e a experiência religiosa é, em primeiro lugar, uma autêntica intimação do inconsciente. Qualquer ideia sobre o domínio do transcendente dos imortais não é cognoscível ou demonstrável.

O feminino da deusa não está na moda na cultura atual: capitalista, materialista e não religiosa. Ademais, ele é inaceitável para as teorias feministas oriundas da psicanálise freudiana (cf. cap. 5). No entanto, pode ser valioso considerar o suporte das narrativas advindas das tradições religiosas pré-cristãs. Poderiam as histórias da deusa ajudar a contemporaneidade a compreender gênero e as mulheres como lendas com possibilidades psicológicas? Poderiam tais lendas da deusa serem relevantes para as condições sociais e materiais de hoje?

Ginette Paris demonstra o potencial feminista em *O sacramento do aborto*, de 1992, utilizando uma narrativa não cristã para estruturar o seu pensamento sobre uma questão profundamente controversa, pessoal, política e social (Paris, 1992). Depois de mostrar como o debate sobre o aborto é dependente de mitos patriarcais cristãos, ela usa a lenda de Ártemis, a deusa virgem, invocada pelas mães no parto, para reimaginar o aborto. Por meio das lendas sobre a deusa, Paris considera o aborto como um sacrifício das mães que precisam controlar a sua reprodução ou serem, elas mesmas, sacrificadas pelas atitudes patriarcais.

> Nesse contexto, o retorno à antiga deusa Ártemis nos convida a imaginar uma nova alocação de poderes sobre a vida e morte, entre homens e mulheres, uma alocação que permite aos homens apreciarem o custo de uma vida e, às mulheres tomarem decisões baseadas em seus conhecimentos-da-mãe (Paris, 1992, p. 27).

Paris mostra que o valor do feminismo da deusa é uma oportunidade para pensarmos de modo diferente sobre as questões que concernem ao gênero e à vida das mulheres. Embora este feminismo possa ser primariamente psicológico e terapeuticamente orientado, ele ainda pode contribuir para ampliar a crítica política e cultural.

Principais autoras

Sylvia Brinton Perera. A obra *Descent to the goddess: A way of initiation for women* [Caminho para a iniciação feminina] (1981) é um trabalho terapêutico influente do feminismo da deusa. Ela interpreta o mito sumeriano da deusa Inanna, que desce para o submundo de sua irmã-sombra Ereshkigal, como um exemplo para as mulheres encontrarem o valor psicológico da cura pela escuridão, pelo arquétipo depressivo. De fato, esse mito da deusa sobre a jornada ao submundo e o seu retorno permite que Perera dê contorno aos estados mentais depressivos como potencialmente empoderadores das mulheres.

O mito da deusa fornece uma alternativa para olhar para a sombra, para a dor do feminino reprimido como um abismo de inferioridade. Uma cultura cujas imagens arquetípicas religiosas fornecem apenas a impossível luminosidade e benção da Virgem Maria ou da demoníaca e pecadora Eva é repensada em termos de uma sombra feminina positiva.

Christine Downing. Como uma acadêmica em psicologia e religião, Downing publicou o que ela denominou de "autobiografia da individuação" em 1984, *The goddess: mythological images of the feminine* [A deusa: imagens mitológicas do feminino] (1984). Downing compreende a sua história emocional interior por meio da associação do seu si-mesmo com uma sucessão de mitos da deusa. Ela se conecta a várias deusas: Perséfone, Ariadne, Hera, Atena, Gaia, Ártemis e Afrodite. Ao tomar estas deusas mitológicas como histórias, Downing demonstra o potencial das narrativas pagãs para a produção de formas mais plurais e ativas do imaginário feminino do que as imagens de Jung, aparentemente mais estáticas.

Embora Downing admita que algumas destas deusas estão disponíveis arquetipicamente aos homens, ela se aproxima de uma posição essencialista ao associar as formas do divino feminino principalmente com a psique feminina. O trabalho dela mantém-se persuasivo sobre os mitos da deusa quanto a serem possiblidades de formas de imaginação da complexa e dinâmica psicologia das mulheres. "Estamos famintas por imagens que reconheçam o sagrado do feminino e a complexidade, riqueza e poder de nutrição da energia feminina" (Downing, 1984, p. 4).

Marion Woodman. *The pregnant virgin* [A virgem grávida], de 1985, de Woodman, exemplifica a cura da psique feminina retornando à tradição pioneira de M. Esther Harding de separação do enquadre prioritariamente judaico-cristão de Jung. Como as mulheres pioneiras, Woodman segue a fonte das narrativas das deusas lunares (Woodman, 1985). Expressando, de modo autenticamente junguiano no "mito pessoal", a sua dificuldade para escrever uma teoria psicológica na linguagem racional do ego, Woodman vai mais longe do que Jung, apontando que as mulheres teóricas têm uma questão extra nessa linguagem racional, que tem sido tradicionalmente assimilada pela masculinidade. A sua virgem grávida é o feminino desprezado, exilado da cultura, que encoraja as mulheres a represá-lo nas suas próprias psiques.

> A palavra "feminino", como eu compreendo, tem pouco a ver com gênero, nem a mulher tem a custódia da feminilidade. Ambos, homens e mulheres, estão procurando pela sua virgem grávida. Ela é a nossa parte exilada, a parte que vem para a consciência por meio da ida à sombra, minerando o chumbo de sua escuridão até trazer à tona a sua prata (Woodman, 1985, p. 10).

O mais significativo é que o feminino arquetípico separa gênero e sexo corporal, afastando-se da tendência essencialista de muitos dos femininos da deusa. Woodman usa, como dispositivo da narrativa, a introspecção, sonhos e trabalhos clínicos criativos para procurar pela psique da virgem grávida ao escrever os seus textos. Um exemplo especialmente evocativo da deusa na prática analítica do feminismo junguiano é a descrição do seu grupo de teatro terapêutico como o útero da Grande Mãe.

Linda Schierse Leonard. Em seu trabalho inspirador, *Meeting the mad-woman* [Encontrando a mulher-louca] (1993), Linda Schierse Leonard toma o estereótipo da mulher degradante, divergente, louca, e o utiliza como uma imagem de empoderamento psíquico. Ele se torna um meio para compreender a raiva feminina dentro do patriarcado. Como outras feministas junguianas nessa tradição, ela associa, sem problemas, as mulheres e o feminino psicológico, mas admite que a mulher-louca como energia arquetípica está igualmente disponível aos homens. Em *The wounded woman: healing the father-daughter relationship* [Mulher ferida: curando a relação pai-filha] (Schierse Leonard, 1982), ela se baseia em Ifigenia como uma imagem arquetípica de uma mulher subordinada ao pai e à cultura patriarcal paterna.

Nancy Qualls-Corbett. Em *The sacred prostitute [A prostituta sagrada]* (Qualls-Corbett, 1988), Qualls-Corbett encontra as imagens arquetípicas da Virgem Maria, de Maria Madalena, da Virgem Negra e da grande deusa lunar na prática da prostituição sagrada. Nesse ritual pré-cristão, as mulheres escolherem servir à deusa, substituindo-a no interior do templo. Qualquer homem poderia vir e se unir sexualmente com a deusa divina por meio de intercurso sexual com a prostituição sagrada.

Qualls-Corbett interpreta essa prática como a organização social do princípio junguiano de que a sexualidade pode ser um meio de comunicação com o inconsciente numinoso. Uma tarefa da análise é curar a dissociação traumática, ainda profundamente enraizada na cultura pós-cristã, entre sexualidade e a espiritualidade. A prostituição sagrada é um mito, uma história embebida arquetipicamente, que permite que homens e mulheres imaginem formas mais plurais de práticas sexuais e de codificação social contidas nas lendas das deusas.

Jean Shinoda Bolen. A popularização do feminismo junguiano clássico da deusa veio com Jean Shinoda Bolen em *Goddesses in Every woman: a new psychology of women* [As deusas e a mulher] (Shinoda Bolen, 1984). Neste livro, as deusas são uma coleção de imagens arquetípicas e de potencialidades. Elas são divididas em categorias: "virgem", as deusas independentes são Ártemis, Atena, Héstia. Aquelas que se afirmam na forma da vulnerabilidade feminina e do vínculo são Perséfone, Deméter e Hera e, ainda, Afrodite, que permanece só como uma deusa alquímica e transformadora.

Essas deusas, como meios para descrever o funcionamento arquetípico, estão longe da qualificação dos quatro tipos de Toni Wolff. Bolen considera que a maioria das mulheres tem acesso a cada uma dessas imagens arquetípicas. As mulheres são capazes de eliciar uma gama de funções arquetípicas e de energias sempre que se faça necessário pelas circunstâncias. Essas deusas são histórias que atuam na vida interior das mulheres da cultura contemporânea.

Amplificação: o mito da grande deusa

Como indiquei anteriormente, o feminismo junguiano da deusa é um conjunto de fontes de narrativas para uma prática terapêutica inovadora e uma crítica profunda da cultura ocidental. Escritores junguianos que desenvolveram o mito da grande deusa se alinham com a grande teoria junguiana sobre gênero e o feminino, amplificando a teoria feminista da cultura (ou mito), história e transformação.

O desenvolvimento de E.C. Whitmont dos três estágios da consciência humana, de Neumann, para um quarto estágio, é uma chamada urgente, que não é nada menos do que a demanda da consciência humana para a integração do feminino como divindade imanente dentro da natureza. O sagrado não pode mais ficar confinado ao deus-pai transcendente do mundo material e natural. Com o retorno da deusa, o nome do livro de Whitmont de 1982, a humanidade redescobre a natureza como sagrada: ela abraça o domínio humano com a sua fecundidade numinosa.

A cultura ocidental, a partir de então, abandonaria os modelos de consciência dependentes da repressão do outro, dos quais a repressão do feminino pelo patriarcado é apenas um exemplo óbvio.

Principais autores

E.C. Witmont. Para Whitmont, o estágio patriarcal da consciência de Neumann tem sido exagerado e desastrosamente prolongado. "Nas profundezas da psique inconsciente, a antiga Deusa está emergindo. Ela demanda reconhecimento e homenagem. Se recusarmos a reconhecê-la, ela pode soltar as forças de destruição. Se dermos a ela o que lhe é merecido, ela pode nos guiar compassivamente na direção da transformação" (Whitmont, 1982, p. 8). Ele sugere que os quatro mitos, oriundos do masculino monoteísta, serviram para reforçar a esterilidade do pensamento patriarcal dependente da cisão e da repressão. Esses mitos são: primeiro, a realeza divina ainda é visível nos líderes "mágicos"; segundo, o exílio humano e a perda do paraíso; terceiro, o sacrifício e o bode-expiatório; quarto, a inferioridade do feminino. A sociedade atual necessita que a deusa retorne porque as atitudes patriarcais, ateístas e exploradoras do planeta estão, para Whitmont, diretamente ligadas ao masculino monoteísta.

Diferentemente de Jung, Whitmont acredita que o cristianismo (e outros grandes monoteísmos) não podem ser reformados para libertarem o "outro" reprimido. Seja esse outro a escuridão, a morte, o corpo ou o feminino. O monoteísta masculino não parará a cisão da psique humana. Os monoteísmos são neuróticos, são estruturas unilaterais devotas aos poderes do triunfante transcendente contra a natureza.

A grande deusa está se levantando porque ela é um sinal do outro de que a consciência patriarcal monoteísta tem reprimido profundamente. Ela está retornando nas psiques individuais e nos movimentos culturais como nas novas formas de espiritualidade, nas campanhas para o meio ambiente e no ecofeminismo.

Anne Baring e Jules Cashford. A obra de 1991 de Baring e Cashford, *The myth of the Goddess: evolution of an image* [O mito da deusa: evolução e imagem] (Baring & Cashford, 1991), fornece uma descrição muito compreensiva do feminismo junguiano da deusa através de lentes que olham vários períodos da cultura e da tecnologia humana. Iniciando com as "culturas das deusas" neolíticas e indo até a alienação pós-industrial, é uma grande teoria mais seriamente substanciada do que até a que foi ambicionada por Jung. O mito da história do mundo é uma argumentação feminista explícita para uma revolução da consciência.

> A ordem moral da cultura da deusa [...] foi baseada no princípio do relacionamento [do vínculo]. A ordem moral do deus da cultura [...] foi baseada no paradigma da oposição e da conquista: uma visão da vida e, particularmente

> da natureza, como algum "outro" a ser conquistado (Baring & Cashford, 1991, p. 158).

É importante pontuar que o mito da grande deusa não pode ser interpretado como uma chamada essencialista por uma "religião feminina" para substituir o monoteísmo masculino. Originalmente sem gênero, a grande mãe nos fornece uma narrativa para compreendermos o relacionamento entre o criador e a criatura, a eternidade e o tempo. A mãe divina como Zoe ou fonte de vida dá luz ao seu filho-amante como "bios", a biosfera da vida criada dentro e sujeita ao tempo. O bios é vida criada como natureza e humanidade dentro da natureza. Ele vive no tempo, morre e volta para a fonte da mãe divina. Ela não é feminina e nem masculina, mas é a fonte divina de todas as possibilidades de gênero.

O monoteísmo masculino distorce a história da grande mãe. Cinde a parte divina da natureza, criando uma cisão na consciência humana. O resultado, infeliz, são as polaridades binárias de gênero e a consciência se fundarem pela repressão do outro.

O mito da grande deusa oferece, ainda, outra fantasia da inteireza da psique dentro dos estudos junguianos. Nesse sentido, ele é uma amplificação da fascinação de Jung com o arquétipo do si-mesmo, amalgamado com a pré-história pagã ao invés da cultura cristã. Contudo, o objetivo desse ramo do feminismo junguiano não é a cura dos indivíduos, mas a do cosmos. O sagrado não é um estágio da consciência: ele é uma estrutura na consciência. O modelo para a subjetividade aqui é o de teia da vida, que conecta humanos à natureza e ao divino, consciência ao inconsciente, masculino ao feminino na psique. O sagrado é parte da natureza e seres humanos são parte dessa dança.

> A Deusa Mãe, onde quer que ela seja encontrada, é uma imagem que inspira e enfoca uma percepção do universo como um todo orgânico, vivo e sagrado, no qual a humanidade, a terra e toda a vida no Planeta Terra participam como "filhos dela" (Baring & Cashford, 1991, p. 11).

A deusa e o princípio feminino: algumas conclusões

A conquista do feminismo junguiano (grande teoria)

A despeito da sua bem documentada misoginia, Jung teve pensamentos valiosos sobre gênero e o feminino que foram resgatados pelos sucessores pró-feministas. Essas ideias incluem a exploração do feminino nos símbolos e mitos, a proclamação da presença do masculino e do feminino em ambos os gêneros, o protesto dos danos feitos para a psique e a cultura devido à repressão do feminino e a insistência da individuação plena para as mulheres na prática analítica. Tudo isso não remove o estigma da linguagem redutiva e misógina de Jung, o deslocamento do gênero para o sexo biológico, a equiparação da mulher ao feminino e a identificação do Eros com a consciência difusa. Um problema particular é o posicionamento de Jung sobre a psicologia feminina como oposta e complementar à masculina.

O feminismo junguiano tradicional, considerando os escritos de Jung como uma grande teoria, tem endereçado muitas questões que as feministas criticam na psicologia junguiana. Tem havido um movimento para desconsiderar as mulheres como "o outro lado" da psique masculina e seguir na direção da exploração de suas complexidades e independência da estrutura binária de gênero. A insistência de Jung sobre a contrassexualidade da psique tem sido desenvolvida: termos como *anima-animus* foram revisados à luz das limitações culturais da obra de Jung.

Felizmente, tem havido uma crescente ênfase nos fatores culturais na expressão de gênero, no papel das estruturas patriarcais nas dificuldades psicológicas em mulheres. Como na cultura mais estendida, os termos "mulheres" e "feminino" agora estão separados, ainda que mantenham um relacionamento nebuloso. De um modo geral, o que distingue as feministas junguianas da grande teoria é a consciência de que gênero é, de certa forma, uma categoria estável. Elas procuram a fonte dessa estabilidade de gênero nos textos de Jung ou na fonte preferida dele, as mitologias culturais, ou em ambos, antes de considerar a influência da cultura material.

Feminismo da deusa: uma avaliação

O feminismo junguiano da deusa é uma tentativa feminista de revolucionar o entendimento sobre a psique, cultura humana e história. Para grande parte da cultura ocidental e do feminismo ocidental, o feminismo da deusa é percebido como antipático à política material. Por que as feministas modernas deveriam refazer e reabsorver as histórias antigas da deusa em uma época pós-religiosa, pós-industrial? Se o feminismo da deusa não é para ser uma religião literal (o que não é no feminismo junguiano), então, para que seria?

O feminismo junguiano da deusa pode ser defendido teoricamente e em termos de uma prática material por inúmeras formas pragmáticas. Em primeiro lugar, a defesa teórica baseia-se naquela especulação de Jung sobre as mitologias religiosas tradicionais, de todos os tipos e em todas as culturas, conterem um material arquetípico. Portanto, nenhuma nova atenção dada aos mitos da deusa pode retificar séculos de concentração unilateral do masculino na divindade. Esse foco desigual em um dos gêneros distorceu os potenciais psicológicos de homens e mulheres (indiscutivelmente, em maior detrimento das mulheres).

A prática analítica, na perspectiva feminista do feminismo da deusa, oferece oportunidades para as ficções femininas de empoderamento e agenciamento, pois o feminismo junguiano da deusa trata das questões da psique e da imaginação, e não da substituição literal para uma religião. Para muitas terapeutas e feministas, ele é pouco viável como um braço da teoria feminista, ainda que seja uma forma pragmática e experimental para auxiliar mulheres feridas.

Sugiro denominar o feminismo junguiano da deusa como a literatura de fantasia da psicologia, em dois sentidos. Ele permite que fantasias sensacionais sejam construídas na análise. E, em segundo lugar, em termos literários, permite que os textos exponentes do feminismo da deusa se associem à tradição feminista da ficção científica ou aos romances de fantasia. Por exemplo, os romances feministas de fantasia são próximos, em sintonia e intenção, da obra de E.C. Whitmont.

Considerar o feminismo da deusa como uma ficção feminista de fantasia o coloca na controversa fronteira entre a literatura e a psicologia. O feminismo junguiano da deusa é considerado transgressor e gótico para a psicologia convencional e para a modernidade secular. Ele oferece um feminismo pragmático ao invés de teórico, fornece ficções sobre a subjetividade que acarretam que as noções de gênero e personalidade são consideradas performáticas. O gênero é visto como um processo, como uma forma de drama social e psicológico, ao invés de ser uma entidade central e estável. Ver no capítulo 6 maiores detalhes sobre a associação do feminismo com a literatura e a psicologia na pós-modernidade.

Gostaria de pontuar o valor potencial do feminismo da deusa como um meio para repensarmos os debates cruciais de gênero e cultura fora da (ou menos submetidos à) tradição cultural monoteísta pós-cristã. Em um nível mais profundo, o feminismo da deusa nos permite separar os binários da teoria que têm dominado os debates culturais sobre gênero. Mesmo a grande deusa não é uma versão feminina do monoteísmo, que forma um binômio pela expulsão de tudo que seja um "outro". A grande deusa é imanente na natureza e, necessariamente, experienciada como plural e diferenciada; ela não é transcendente ao mundo material, então, não um a mais do "outro". Nesse sentido, "a consciência da[s] deusa[s]" é múltipla e diferenciada; uma noção capaz de ter um diálogo frutífero com a consciência fragmentada do pós-modernismo (cf. cap. 6).

O feminismo junguiano da deusa é a amplificação mais ambiciosa das ideias junguianas da grande teoria mapeadas na mitologia histórica marginal (ou da revisão feminista da história marginal). É tempo de olharmos para o trabalho dos pós-junguianos sobre gênero através das lentes da caracterização de Jung de sua história como "mito pessoal".

Sumário conclusivo

O feminismo junguiano tradicional se baseia na obra de Jung sobre a grande teoria. Ele estende, revisa e amplifica a noção de gênero e do feminino para criar um conjunto de teorias e práticas, mutuamente apoiador e crítico. O centro dinâmico do feminismo junguiano é a junção da teoria com a prática analítica, frequentemente, mas não exclusivamente com mulheres.

A mitologia é o meio caraterístico de conexão da experiência psíquica individual de gênero com o trabalho de Jung e com a cultura geral. As descrições dos princípios "masculino" e "feminino" são usadas como binários polarizados operando dentro da cultura e estão disponíveis nas psiques de homens e mulheres. O gênero é, portanto, separado do sexo corporal e concebido como plural dentro de um ser humano.

O feminino junguiano da deusa considera as narrativas das deusas como o único meio satisfatório para a expressão e o empoderamento da psique feminina subjugada por tanto tempo. O feminismo da deusa pode ser expandido e formalizado no mito da grande deusa, um mito compreensivo de toda a cultura, psique e tecnologia humanas. Algo que ainda não foi reconhecido no contexto teórico feminino mais amplo, pós-moderno e pós-estruturalista. Antes de entrarmos nessas áreas de contestação, precisamos olhar para o trabalho pós-junguiano sobre o gênero, que é (corretamente) muito desconfiado das certezas do feminismo junguiano tradicional.

Leitura complementar

Geral

Um livro que se separa das proposições misóginas de Jung e revisa sugestivamente o gênero arquetípico é Claremont de Castillejo (1973).

Na obra *Animus and anima*, de 1957, Emma Jung é positivamente incisiva sobre o *animus* negativo de Jung.

Ulanov (1971) é muito influente pelas noções de gênero contrassexual e pela reavaliação da teologia cristã.

Young-Eisendrath, Polly e Wiedemann (1987) criticam, de forma enfática, as limitações de Jung sobre gênero e revisa seus conceitos acerca do empoderamento feminino na individuação.

O princípio feminino

Uma obra progenitora, poderosamente idealizada, do feminismo junguiano, que amplifica as teorias de Jung em torno da mitologia é Harding (1976).

Schierse Leonard (1993) oferecer uma reconstrução cuidadosa dos estereótipos femininos negativos como meio de transformação psicológica.

Uma exploração evocativa do feminino, que associa o mito da análise ao trabalho corporal e teatral é Woodman (1985).

Feminismo junguiano da deusa

Baring e Cashford (1991) reinterpretam profunda e compreensivamente a história e a cultura desde o período neolítico até o momento presente nos termos do feminino junguiano da deusa.

Uma análise popular e influente do lado obscuro do feminino através do mito sumeriano da Inanna pode ser analisada em Brinton Perera (1981).

Paris (1992) é um estudo fascinante sobre as atitudes contemporâneas com relação ao aborto pela perspectiva da deusa ancestral, ao invés de pela cultura moderna pós-cristã.

Uma obra indispensável no estabelecimento do enquadre dessa abordagem é Whitmont (1982).

4
Feminismos junguianos?

> Então é isso que eu empreendi [...] para falar do meu mito pessoal. Eu apenas posso."contar histórias". Se essas histórias são verdadeiras não é o problema. A única questão é se o que eu conto é a minha lenda, minha verdade (Jung, 2019).

> Jung foi inspirado pela *anima*, e essa condição deve necessariamente empoderar aqueles que vêm depois dele para "sonhar o trabalho adiante" [...]. Se aceitamos ou não, os seguidores inspirados nas revisões da *anima*, é uma questão separada (David, 1977).

O capítulo 4 considera o trabalho pós-junguiano acerca do gênero, aquele que não segue a tradição da grande teoria do feminismo junguiano. Sugiro que esse pensamento mais amplo e plural sobre gênero constitui uma evolução dos feminismos junguianos.

A produção dos femininos junguianos se distingue do feminismo junguiano do capítulo 3, por associá-lo aos aspectos do mito pessoal da obra de Jung (cf. cap. 2). Ele abrange um pensamento inovador sobre gênero, teoria e sociedade diferente daquele fortemente ancorado na psicologia junguiana. James Hillman e a psicologia arquetípica, promovida por ele, são as fontes dos feminismos junguianos.

Faz-se necessário olhar para o movimento mitopoético de homens, inspirado pelo poeta Robert Bly e para as suas alegações de ser junguiano sobre gênero. Meu objetivo é mostrar que tais alegações não podem ser consubstanciadas. Além disso, os feminismos junguianos têm ganhado muito com pensadores que estão preparados para adoptar perspectivas de outras disciplinas. Dentre eles, estão incluídos: David Tacey e Andrew Samuels (cujo trabalho tem sido muito influente), o grupo de feministas acadêmicas conhecidas como teóricas feministas arquetípicas e a escola pós-junguiana de psicologia desenvolvimentista. Concluo este capítulo com um exemplo de como o trabalho histórico feminista sobre Jung pode fornecer uma análise da função de gênero em sua obra.

Introdução: feminismos junguianos

Dentro do campo dos estudos pós-junguianos existe o que é popularmente conhecido como feminismo junguiano. Este rótulo denota o trabalho de junguianos sobre gênero e o feminino já abordados nos capítulos anteriores. O feminismo junguiano tradicional, como já argumentei, está conectado ao desejo de Jung de produzir uma grande teoria da psique e da cultura.

Entretanto, há, simultaneamente, uma crescente conscientização crítica do que eu descrevi como o elemento do mito pessoal na obra de Jung. Este se refere à sua tendência a explorar as consequências da natureza incognoscível e escorregadia da psique. Jung, no mito pessoal, tem consciência da impossibilidade da produção de uma única versão imutável e autêntica da mente.

O que conecta a obra dos pós-junguianos neste capítulo é a recusa em considerar Jung como um teórico da grande teoria, cujos princípios elementares podem ser entendidos, mas não questionados. Assim, eles operam dentro da tradição do mito pessoal. Como analistas e pensadores, eles têm respondido às questões em Jung, produzindo obras sobre gênero e feminismo que divergem, explicita ou implicitamente, daqueles que procuram fundamentos definitivos para a psicologia feminina.

Consequentemente, muito do material deste capítulo deriva dos pensadores junguianos que não se identificam completa ou parcialmente como feministas junguianos. O trabalho deles é uma evolução dos feminismos junguianos e deve ser alocado em um contexto mais amplo dos estudos de gênero e feministas.

Nesse ponto, seria útil delinear os amplos desenvolvimentos da teoria feminista contemporânea. Os estudos feministas ganharam projeção na medida em que as mulheres começaram a perceber que os sistemas de conhecimento de todos os tipos, de autoria masculina, como a medicina, a história, a religião, a literatura, a filosofia e a psicologia tinham omitido ou distorcido a representação feminina. A crítica feminista resultante das normas masculinas (previamente disfarçadas como verdades universais dos seres humanos) se tornou a direção fundamental da pesquisa feminista. Neste livro, a crítica feminista do pensamento junguiano sobre as mulheres está localizada, principalmente no capítulo 2, a característica significativa da maior parte da obra junguiana sobre gênero, pós-junguiana, é considerado nos capítulos 3 e 4.

Reconhecendo que não era suficiente meramente criticar os textos de autoria masculina, a teoria feminista entrou na fase da escrita feminina. As mulheres devem se representar escrevendo sobre as suas psicologias, histórias, artes, filosofias e a religiões. Muito do trabalho discutido no capítulo 3 pode ser associado a esse estilo literário de autorrepresentação feminina.

Entretanto, questionamentos vieram, de dentro e de fora, da atividade feminista, se a escrita de uma mulher qualquer poderia representar todas as mulheres, sem nenhum problema. Em primeiro lugar, o feminismo como um movimento político e cultural maior tornou-se mais autocrítico. Ele se conscientizou de que não poderia sustentar uma categoria única e simples de mulher. Diferenças de sexualidade, classe, raça e localização cultural sinalizam que o feminismo tinha que lidar com questões de poder e identidade dentro do próprio grupo. Externamente, o impacto das teorias psicanalíticas, desconstrucionistas e pós-modernistas produziram uma série de questionamentos acerca da ideia do único e unificado si-mesmo. Essa noção da identidade fixa é necessária para a manutenção da ficção do agrupamento descomplicado de mulheres.

Respondendo a essa nova situação política e teórica, o "feminino" tornou-se "feminismos". Não pode haver uma descrição compreensiva e unificada da mulher. A teoria feminista se torna uma aliança estratégica das diferentes abordagens das questões de gênero, identidade, cultura e poder.

Muito me agrada que os estudos junguianos possam, agora, oferecer feminismos junguianos ao invés de um feminismo junguiano. Este livro é dedicado à exploração das novas oportunidades engendradas por essa expansão das possibilidades do feminismo. O que é especialmente importante notar aqui é que foi o próprio Jung quem provocou esse desenvolvimento ao questionar as concepções da teoria dominante sobre impulsos, no que denomino de mito pessoal.

Este capítulo olhará para os feminismos junguianos já existentes dentro da arena criativa do trabalho pós-junguiano sobre gênero. Todos os teóricos poderiam ser considerados como imitadores ao invés de seguidores de Jung. Eles imitam o mito pessoal de Jung, reconhecendo a dificuldade em escrever sobre algo que nunca pode ser precisamente descrito. Eles não amplificaram os preceitos de Jung para algo com a ambição da grande teoria de gênero, psique e cultura.

A partir da caracterização desses teóricos junguianos, considerarei duas escolas pós-junguianas e de Andrew Samuels: a arquetípica e a desenvolvimentista. Essas duas escolas são pós-junguianas no sentido em que Samuels as definiu: operam em diálogo com, mas com uma distância crítica de, o que é comumente aceito como os princípios da psicologia junguiana (que é Jung na grande teoria). A terceira escola, a clássica, tenta seguir Jung mais fielmente, e muitas feministas que a integram estão na tradição descrita no capítulo 3.

É claro que existe um perigo real de tornarmos muito rígida a divisão entre os junguianos teóricos da grande teoria sobre gênero e os alinhados com o mito pessoal aqui mencionados. No capítulo anterior, foram considerados alguns autores muito críticos das limitações de Jung sobre gênero e mulheres. Como Samuels aponta, não há uma divisão clara dentre os analistas junguianos em qualquer uma dessas escolas (Samuels, 1985, pp. 210-212), então, alguns dos teóricos discutidos no capítulo 3 poderiam, de fato, se considerar conectados tanto à tradição desenvolvimentista quanto à arquetípica.

Analogamente, David Tacey, discutido neste capítulo, é um aderente da noção de princípio feminino, uma característica dos junguianos descritos no capítulo 3. Na prática, este capítulo trata daqueles que influenciaram o desenvolvimento dos feminismos junguianos, aqueles autores que revisaram radicalmente as ideias junguianas.

A pesquisa recente dos feminismos de todos os tipos têm focado, frequentemente, no gênero datado historicamente. Este capítulo finda com um exemplo de como a investigação histórica feminista pode iluminar a problemática noção da *anima* de Jung. Como um todo, o capítulo 4 considera a evolução não planejada dos diversos e desafiadores feminismos junguianos, olhando para a crítica das demandas exclusivas do feminismo junguiano tradicional. Os capítulos subsequentes deste livro explorarão as possibilidades futuras dessa teia, interconectada e libertária, denominada de feminismos junguianos.

Questionamentos internos dos estudos junguianos

A **anima** *radical de James Hillman*

A maior conquista de James Hillman oriunda da revisão radical do pensamento de Jung sobre a *anima* é a libertação das mulheres, para sempre, de terem suas qualidades inconscientes evasivas carimbadas como uma inferioridade intelectual feminina. Em dois artigos importantes dos anos de 1970, Hillman recriou a psicologia junguiana. Ele estruturou as suas revisões por meio de releituras críticas dos próprios textos de Jung (Hillman,1973, pp. 113-146).

Explorando conscientemente a dimensão do mito pessoal, Hillman, argumenta que a *anima* não deveria ser condicionada pela tendência de Jung em pensar em opostos. A *anima* não é o lado contra sexual (do sexo oposto) da psique masculina, nem está ela presente apenas nos homens. De fato, a *anima* ou "alma" (terminologia de Jung, também) é a estrutura arquetípica da consciência. Ela é a consciência alinhada, ou vinculada, ao "outro", o inconsciente.

A *anima* é, portanto, a função de relacionamento, como Jung sugeriu, mas não dos relacionamentos, vínculos humanos, como ele pensou. A *anima* se relaciona com a autenticidade mais profunda do inconsciente, afastando-se das limitações simplistas do ego egoísta. Não é para Eros ficar atrelado à *anima*: ele é uma função totalmente separada da sexualidade.

Portanto, as mulheres não carregam a *anima* e nem a alma para os homens. Elas têm as suas próprias almas e, como os homens, devem desenvolver-se psicologicamente por meio do cultivo da *anima* feminina, culturalmente negligenciada. Analogamente, os homens e as mulheres têm acesso igual ao *animus* ou "espírito".

A estrutura do ego é definida pelo mito do herói, uma narrativa que ensina a desprezar e reprimir a *anima* feminina. Entretanto, é a *anima*, e, não o ego, a base verdadeira da consciência. Ela se afasta do ego dominador na direção do impenetrável outro da psique. Atuando por meio de imagens psíquicas, a *anima* objetiva que o ego sacrifique seu desejo de controle. O domínio do ego inclui o controle do significado. Ter consciência anímica significa estar ciente do meu inconsciente. Significa que teoria e conhecimento devem ser provisoriamente suspensos e sujeitos à contínua testagem e revisão. A teoria só pode ser um mito pessoal.

Hillman nomeia a sua *anima* de arquétipo da psicologia e fazedora de alma. Para ele, nem a *anima*, nem o *animus* podem ficar restritos ao singular ou ao plural; esta é a natureza elusiva dos seres psíquicos. Melhor, *anima-animus* atuam o casamento psíquico interno e são as perspectivas pelas quais cada um deles é conhecido. Então, a *anima* é frequentemente vista como "uma", não por causa da sua essência, mas porque ela é vista pelas lentes condicionadas para enxergar várias.

Hillman é explicito sobre a imitação dele de Jung, no seu modo de escrever psicologia como um mito pessoal; ele conclui no seu segundo artigo: "Este ensaio é uma atividade mítica da *anima* vindo como uma atividade crítica do *animus*" (Hillman, 1974) Ao anunciar que não está produzindo essencialmente uma grande teoria (uma atividade do *animus*), Hillman desenvolve o mito pessoal de Jung escrevendo com autoconsciência; ele se afasta de Jung e dos seus preconceitos culturais não reconhecidos sobre gênero.

Para ilustrar melhor o feminismo junguiano, começo com a revisão de Hillman da *anima* no contexto da escola pós-junguiana que ele, principalmente, inspirou: a psicologia arquetípica.

O feminismo da psicologia arquetípica: uma escola pós-junguiana

Dentre os principais psicólogos arquetípicos estão: Patrícia Berry, Paul Kugler, David L. Miller e Edward S. Cassey[14]. A psicologia arquetípica se alia ao pós-estruturalismo e pós-modernismo (apresentados nos capítulos 5 e 6) marcando dois cortes distintos com a teoria junguiana ortodoxa. Em primeiro lugar, ela redefine a ideia central de Jung sobre arquétipo. Jung define arquétipo como uma possibilidade herdada para formas e significados, representável apenas por imagens psíquicas culturalmente influenciáveis.

Ao invés disso, os psicólogos arquetípicos rejeitam a ideia da existência pretérita do arquétipo. A imagem em si é real. A imagem arquetípica (que pode ser qualquer imagem psíquica) é o arquétipo em sua realidade primária. Ela é mais confiável do que as percepções pretenciosas do ego.

---

14. Para mais sobre psicólogos arquetípicos, cf. Barnaby e D'Acierno (1990, pp. 307-340).

Em segundo lugar, psicólogos arquetípicos, conscientemente, recusam-se a considerar a autoridade de Jung como o mestre teórico. Hillman, em seu livro *Healing fiction* [Ficções que curam] (Hillman, 1983b), explora o lado do mito pessoal de Jung como alguém que se curou, a si mesmo, por meio da ficção do seu imaginário psíquico. A partir desse reconhecimento, Hillman alega que o escritor se abre para a interação com a psique ficcional, do mesmo modo que Jung, produzindo um trabalho teórico terapêutico, enquanto as imagens ficcionais direcionam e dão forma às ideias dele/dela (Hillman afirma que foi a *anima* quem moldou seus ensaios críticos sobre ela).

O entrelaçamento entre a teoria e a ficção permite que a psicologia arquetípica forneça um corpo sutil e sofisticado de obras expressamente destinadas a subestimar as asserções dogmáticas sobre gênero, papéis de gênero e feminino. É particularmente interessante, para o feminismo junguiano, a subestimação do ego pela psicologia arquetípica: ele é um produto do mito do herói imaturo, sujeito às desilusões do patriarcado em uma fantasia sem fundamento.

A ideologia patriarcal depende da compreensão do feminino como uma inferioridade. O feminino passa a ser uma categoria imprecisa que meramente denota o "outro" ao que o dominante "pai" considera como significativo ou autêntico. Portanto, a repressão do inconsciente, pelo ego, torna-se um ingrediente definidor de todas as ideias patriarcais.

A psicologia arquetípica acredita que o desenvolvimento do ego em uma pessoa jovem (de ambos os sexos) é estruturado sobre o mito do herói conquistador e repressor de tudo o que é "outro". O desenvolvimento do ego é particularmente suscetível à repressão da *anima*-alma feminina. Pela condenação das reivindicações do ego, de ser o modo autêntico da subjetividade, e pelo reconhecimento da ligação entre o ego-herói e as atitudes sociais patriarcais, a psicologia arquetípica, verdadeiramente, contribui para o feminismo junguiano.

Outra contribuição feminista feita pela psicologia arquetípica é o surpreendente endosso do politeísmo, da crença em muitos deuses e deusas. Contudo, não se trata da junção do feminismo junguiano da psicologia arquetípica com o feminismo da deusa do capítulo anterior. Abandonar a noção de um arquétipo antecedente produtor de suas imagens significa que a psicologia arquetípica não está se oferecendo para socorrer as deusas. Ou colocando de outra forma, considerar imagens como arquétipos primários (de forma a frustrar a vontade do ego em convertê-las em interpretações) implica a valorização da imagem ao invés de tentar de reduzi-la a algo verbal.

Assim, de forma a manter o privilégio das imagens psíquicas acima do ego, é necessária uma contínua submissão à sua numinosidade e ressonância psíquica. Hillman denomina tal atitude de politeísmo mental. Significa atribuir um sentido maior de realidade ou importância às imagens. O politeísmo dele não é a veneração de um coletivo de deuses em algum lugar lá fora. O politeísmo, como vimos no capítulo 3, fornece uma oportunidade real para o feminismo desfazer as exclusões patriarcais escrita no monoteísmo. Ele valida um outro estilo de ser, um diferente e feminino, ainda que o feminismo junguiano da psicologia arquetípica tenha as suas limitações.

Por exemplo, o desejo de dissolver as maestrais reivindicações do ego não pode ser sempre recebido pelo feminismo com absoluto entusiasmo. Enquanto a descrição teórica do patriarcado com seu repúdio explícito for um projeto feminista, o ego também é lugar da racionalidade. A razão é parte do pensamento claro sobre igualdade e justiça na sociedade. O feminismo não pode renunciar à razão e à justiça. A tentativa de rebaixar o ego como órgão principal da consciência é, de fato, dissolver a distinção entre racional e irracional.

Esse pode ser um movimento eticamente feminista se ele remover a mancha de inferioridade do feminino como o outro irracional. Se isso levar as alianças e conexões além da estrutura binária de si-mesmo/outro ou racional/irracional, então ele sugere feminismos que abarcam as diferenças de todos os tipos, sem privilegiar um tipo sobre os outros. O perigo da dissolução da distinção conceitual entre racional/irracional é a perda potencial do engajamento político racional com as hierarquias de poder existentes.

As possíveis consequências negativas da psicologia arquetípica sobre as investidas contra o ego estão relacionadas a outro fator de inibição do feminismo. A forma com que a imagem psíquica é valorizada reflete a modulação cultural da subjetividade e do gênero, não a inscrita teoricamente, mas a praticamente castrada. Hillman assevera sobre o arquétipo como imagem: "qualquer imagem denominada de 'arquetípica' é imediatamente validada como universal, trans-histórica, fundamentalmente profunda, generativa, altamente intencional e necessária" (Hillman, 1983a, p. 13).

De outro modo, os psicólogos arquetípicos sinalizam que, mais ou menos, qualquer imagem psíquica pode ser considerada como arquetípica. De fato, isto valida a diversidade cultural, dado que não há fundamentação para sugerir uma hierarquia das imagens que as pessoas deveriam experienciar. Por outro lado, a valorização da imagem como superior ao ego implica que toda a localização cultural é desvalorizada. O testemunho do ego da história e da cultura é ignorado. O termo usado por Hillman é "trans-histórico" e ele é inimigo daqueles feminismos engajados com as condições materiais.

Paradoxalmente, ao retornar à definição de Jung de arquétipo, sugiro que haja uma estruturação da subjetividade que engaje o feminismo interessado na formação cultural e material da identidade de gênero. O arquétipo sem-forma fornece energia criativa: a imagem resultante é também moldada pela integração, social e corporal, do sujeito em uma cultura.

Por exemplo, as formas de maternagem têm variado enormemente na história e dentre as culturas. Uma imagem arquetípica da mãe compartilhará dessa diversidade por ser formada por uma subjetividade específica, em um dado momento histórico, social e cultural. Ela pode ser examinada como uma manifestação da inefável multiplicidade do arquétipo e como testemunha de uma condição material específica.

Ao repudiar os aspectos transcendentes do arquétipo de Jung e pontuar a autenticidade superior do inconsciente e da alma, a psicologia arquetípica produziu um feminismo com dimensões radicais, ainda que relativamente estreitas. Como acabei de mencionar, ele não exauriu o potencial das ideias de Jung para gerar outros feminismos. O poeta e inspirador do movimento mito poético masculino, Robert Bly, se interessa pela obra de James Hillman[15]. Ninguém pode acusar o movimento mito poético masculino de feminismo. Entretanto, a disseminação popular do que ele pensa que deve ser o tratamento junguiano de gênero necessita de algumas considerações.

Robert Bly e o movimento mito poético masculino

Robert Bly e seus seguidores acreditam que o feminismo tem castrado os homens. Eles esperam usar os arquétipos jun-

---

15. Sobre o relacionamento entre James Hillman e Robert Bly, cf. Tacey (1977), Barnaby e D'Acierno (1990).

guianos masculinos de forma a iniciar os seres vitimizados em um autêntico patriarcado profundo. A principal publicação deste movimento em desenvolvimento é *Iron John* [João de ferro], de Bly. Esta obra foi sucedida por outros volumes, com boa vendagem, que prometem acesso aos arquétipos do "homem profundo" ou do "guerreiro interno"[16].

Um episódio, especialmente provocativo, em *Iron John* [João de ferro] que pode nos dar o tom antifeminista do contexto: Bly instiga a iniciativa masculina daqueles que já alcançaram o patriarcado interno a "levantarem ou mostrarem a espada" nos relacionamentos com as mulheres (Bly, 1990, p. 4). Calculadamente, ele assevera: "nessas sessões iniciais, era difícil para muitos dos rapazes distinguir entre mostrar a espada ou machucar alguém" (Bly, 1990). Minha reação imediata à espada de Bly é que esta é uma escrita socialmente irresponsável. Se "espada" não é a violência, então, seria uma ameaça de violência? Seria uma simples licitação para a dominação ou seria uma metáfora da pureza da superioridade fálica da razão masculina? Na melhor hipótese, o livro de Bly tem como consequência a humilhação implícita e explícita das mulheres. Na pior hipótese, ele inspira reações antifeministas. Bly é muito facilmente compreendido por legitimar formas regredidas e ingênuas do patriarcado.

O movimento mito poético masculino também trai Jung. Usurpa seus termos teóricos para tentar justificar a possível recriação das relações socais do início do século XX entre homens e mulheres. Bly e seus seguidores não são fiéis a Jung, em termos da grande teoria (por isso eles são apresentados neste capítulo), dada a perigosa super simplificação dos arquétipos.

---

16. Dois textos sobre o movimento mito poético masculino são Bly (1990) e Moore e Gillette (1990).

Para o movimento mito poético masculino, um arquétipo é para os homens uma identidade de gênero masculina heroica marcada profundamente no inconsciente, onde a terrível contaminação da modernidade feminista não tem acesso. Tal noção não é a da teoria junguiana: para Jung, os arquétipos não são imagens herdadas. Para Jung, um arquétipo não tem gênero fixo, ele não é uma imagem estável, inalteradamente preservada através das gerações. Ele pode apenas ser conhecido por meio de imagens arquetípicas que engajam-se criativamente com a cultura. Bly transforma os arquétipos em estereótipos de gênero reacionários.

Infelizmente, a popularidade do movimento mito poético masculino dentre os homens, brancos e confusos, resulta na suspeita injustificada, das feministas não junguianas acerca da teoria junguiana como um todo. Felizmente, os estudos junguianos têm produzido refutações poderosas a Bly: *The political psyche* [A psique política][17], de Andrew Samuel e, extensivamente, em *Remaking men* [Refazendo o homem] (Tacey, 1977), estudos junguianos sobre a masculinidade, em diálogo colaborativo e progressista com o feminsmo.

Utilizando perspectivas de outras disciplinas

David Tacey: masculinidade e feminismo

Uma das relações mais próximas com a teoria feminista é o corpo de trabalho conhecido como estudos de gênero. Para ser socialmente eficaz, o feminismo precisa de homens e mulheres questionando as asserções sobre o gênero e os relacionamentos deles com a cultura e o poder. A despeito da aderência

17. Para maior discussão acerca do movimento mito poético masculino, cf. Bly (1993, pp. 183-195).

de David Tacey às noções do princípio feminino, seu pertence a este capítulo devido à sua ambição declarada de construir uma ponte entre as teorias arquetípicas e os estudos masculinos progressistas. Os estudos de gênero e do masculino têm sido particularmente dependentes das representações de gênero materialista e socioconstrutivista.

A posição de Tacey é a de que o pensamento junguiano progressista ganha com a entrada dos estudos de gênero de orientação materialista. Tal teoria tem a função útil de prevenir perigosos lapsos nostálgicos, tal como o movimento mito poético masculino, para o qual ele fornece um criticismo afiado e penetrante. De outro modo, os estudos masculinos precisam de Jung porque o materialismo não é suficiente. Não é suficiente para explicar o envolvimento passional da psique com o gênero, nem para suprir energia psicológica para uma mudança social real.

Para Tacey, o gênero é reproduzido socialmente por meio da ideologia. Entretanto, a ideologia não é apenas um instrumento das forças materialistas, dado que ela tem uma base arquetípica. Tacey confirma seu apoio aos objetivos sociais do feminismo. Como muitos feministas, ele considera que o projeto político ainda está longe de estar completo.

Em termos junguianos, Tacey compreende o feminismo como um devir bem-vindo oriundo do princípio feminino depois de séculos de repressão e difamação. A tarefa dos homens é reconhecer a sua dor psicológica diante da perda das fantasias do patriarcado. Os homens precisam desenvolver uma consciência mais elevada no interior de si mesmos abraçando seu feminino interno. Procurar o feminino interior por causa do desenvolvimento da consciência não é advogar a descida para a *anima*-como-mãe. Tacey está bem ciente dos perigos políticos, para homens e mulheres progressistas, da identificação da feminilidade com o materno. Melhor colocado, pela reavaliação da ligação psicológica e sociológica com o pai, os filhos e filhas podem experienciar, psicológica e socialmente, uma forma mais evoluída de feminismo. Tacey imagina uma *anima* que seja produtora de estilos múltiplos e diversos de gênero para a psique e sociedade.

O modo com que Tacey traz o elemento arquétipo para a compreensão da mudança social, é um potencial notável para o feminismo junguiano. O "pai ausente" (matéria de muita angústia nos estudos masculinos) está faltando, literal e emocionalmente, para os filhos. Tal figura é "derivada da perda e desaparecimento da autêntica 'energia paterna' no nível arquetípico" (Tacey, 1977, p. 43).

O déficit arquetípico não é a consequência lamentável do feminismo. Ele ocorre em razão do declínio da crença no patriarcado, que não é o mesmo que a sua ausência. É tarefa do homem individual e da psicologia progressista revigorar o arquétipo paterno pelo aprendizado do descarte do patriarcado como o único modo viável de masculinidade ou de paternidade. Abraçar a *anima* feminina superior é o caminho para um estilo mais sustentável, flexível e vivaz do gênero masculino.

Também curiosa é a narrativa de Tacey acerca de questões e problemas encontrados nos estudos masculinos acadêmicos materialistas. A dinâmica arquetípica pode ser modelada pelos mitos. Tacey descreve o patriarcado como Cronos: amedrontado pela predição de que será suplantado por um filho, devorava seus filhos e filhas. As crianças do mito representam os múltiplos e libertos estilos de gênero.

Em termos psicológicos, o devorador Cronos está impedindo outros estilos de masculinidade (dos seus filhos Zeus,

Poseidon e Hades) e de outras formas femininas (de suas filhas Héstia, Deméter e Hera) nascerem. O fato de Cronos consumir o novo indica que um único complexo arquetípico assumiu o controle e que tudo na pisque e na sociedade está submetido por um estilo ditatorial. É disso que, precisamente, se trata o novo estudo da masculinidade: libertar, os estilos de masculinidade e feminilidade reprimidos ou devorados, do complexo hegemônico, devorador do todo, denominado de patriarcado.

Ainda, Tacey é crítico dos estudos masculinos, daquilo que ele denomina de "deslocamento mitológico" (Tacey, 1977, p. 49). Ele aponta para a hostilidade direcionada ao pai e a sobrevalorização nas relações maternas como uma falta para um fim desejável do mito de Cronos. O que acontece no mito de Cronos é que Zeus liberta seus irmãos enganando o seu pai e toda a heterogeneidade (arquetípica) dos deuses e deusas se solta. O que parece estar acontecendo nos estudos masculinos, diz Tacey, é deslize do campo do mito de Cronos para seduções perigosas do Édipo. Este amaldiçoado, denominado de herói, mata o seu pai, para melhor aproveitar os abraços proibidos da mãe.

Tacey aponta que Freud, tão onipresente na teoria de gênero, tem medo do destino de Édipo. A hostilidade do pai e a redução do feminino, apenas voltado para o materno, não são respostas. Para Tacey, os teóricos de gênero têm sido barrados por um mito na psicanálise, o de Édipo, no qual o feminino é confinado à mãe. Se os teóricos progressistas e feministas olhassem para Jung, descobririam um arquétipo feminino não confinado ao materno.

Tacey é um verdadeiro imitador de Jung ao usar a metodologia do mito pessoal. Nada que o feminismo pontue como valioso do pensamento pessoal ou teórico, ele, como Jung, descreve seu próprio engajamento psíquico com gênero.

Descreveria o trabalho de Tacey como uma contribuição estimulante aos feminismos junguianos, a despeito e pelo do foco dele na masculinidade. Uma teorização junguiana da masculinidade que se destina a promover a luta social do feminismo é, em si, uma atividade feminista. Evidenciar o elemento pessoal na teorização e na identidade de gênero não é ser essencialista por demandar garantias do masculino eterno. Ele se estende e dá lugar para outros de todos os tipos.

Teóricos feministas de outras disciplinas olhando para Jung

Demaris S. Wehr. O livro de 1987 de Demaris S. Wehr, *Jung and feminism: liberating archetypes* [Jung e feminismo: liberando os arquétipos] parece, inicialmente, adotar uma visão redutiva e desconfiada da complexidade de seus dois tópicos. Ela propõe uma oposição entre feminismo (significando, aqui, gênero como culturalmente contextualizado) e Jung/junguianos, para quem, ela assevera, "o feminino é de fato biológico, inato e até ontológico [do ser]" (Wehr, 1987, p. 10).

Uma redução da teoria junguiana a um essencialismo biológico no qual gênero é separado virtualmente da influência cultural (inferido por ontológico), o que pode ser corroborado pelos relatos preconceituosos de Jung e por alguns dos feminismos junguianos discutidos no capítulo 3. Wehr cita Ann Ulanov sobre a irredutibilidade do princípio feminino mesmo se for submetido a alguma distorção cultural.

Essa oposição direta entre o feminismo construtivista culturalista de gênero e a teoria junguiana, completamente essencialista conservadora, não pode ser mantida em um exame minucioso e cuidadoso do trabalho de Jung (cf. cap. 2), nem isso seria justo para alguns dos feministas junguianos metafísicos do capítulo 3. Wher coloca esses pontos, de forma mais sutil, ao fazer considerações sobre os arquétipos de Jung.

A principal contribuição do trabalho de Wehr está na ligação que ela faz de insights da teologia para a sociologia do conhecimento. Isso permite que ela interprete as descrições de Jung sobre o gênero dos arquétipos, como carregados por uma realidade condicionada socialmente e experienciada pela cultura patriarcal. Ela interpreta muitas das descrições do próprio Jung sobre gênero como um espelhamento dos estereótipos culturais. O perigo inerente à teoria junguiana é que as descrições das expressões arquetípicas em uma cultura patriarcal podem ser tidas como verdades atemporais acerca das mulheres. A criação da grande teoria (meu termo e não de Wehr) no feminismo junguiano do princípio feminino é um exemplo desse congelamento de ideias socialmente condicionadas em códigos restritivos e inflexíveis.

No entanto, Wher não é uma crítica feminista materialista, a princípio, como a sua posição sobre a teologia feminista indicaria. Ela procura uma união produtiva entre Jung e o feminismo, baseando-se no potencial da psicologia junguiana para explorar as experiências religiosas positivamente. Além disso, ela percebe o potencial da psique junguiana para curar aqueles machucados pelo patriarcado.

Sem usar termos, Wehr delineia um feminismo junguiano mantendo apenas aspectos do mito pessoal de Jung. Ela valoriza o Jung que aborda a psique como fazedora de significados, intrinsecamente religiosa, criativa e culturalmente engajada. Esse Jung ela distingue do grande-teórico que fez pronunciamentos redutivos sobre mulheres.

Naomi R. Goldenberg. Naomi tem uma abordagem fascinante de Jung. A partir de uma perspectiva feminista, ela acusa os junguianos de simplificarem a complexidade textual dos escritos dele. De fato, ela acusa muitos dos estudos junguianos pela condensação, em apenas, na grande teoria (Goldenberg, 1990), um ponto com o qual eu concordo.

Diferentemente das feministas junguianas tradicionais, Goldenberg não encontra potencial para redenção na teoria do arquétipo transcendente, talvez porque ela ainda o considere como determinante de gênero. Ela argumenta que os "estudiosos do feminismo devem examinar a ideia de arquétipo no pensamento junguiano, se for para o sexismo ser confrontado em sua base" (Goldenberg, 1990, p. 10). Ela parece sugerir que a cultura pode desempenhar um papel no gênero psíquico para os junguianos. Este posicionamento não é uma consequência necessária da teoria dos arquétipos, como já demonstrei. Para Goldenberg, as alternativas para questionar a noção de arquétipo de Jung são: ou aceitar o sexismo patriarcal como imutável ou procurar por "arquétipos" femininos (como no feminismo da deusa). Ela não gosta desta última opção devido à separação do gênero dos condicionamentos culturais.

Ela parece ter caído em uma armadilha, por ela mesma identificada. A interpretação de Jung, exclusivamente pelo modo dogmático dele, perde a possibilidade dos arquétipos andróginos, os quais são representáveis apenas por meio das imagens arquetípicas influenciadas culturalmente.

Onde Goldenberg tenta encontrar o feminismo junguiano, ela encontra a posição adotada por de James Hillman, na psicologia arquetípica. Ela se afasta do arquétipo transcendente como tal, em favor do puro arquétipo como imagem. A despeito das influências de Hillman, a ênfase de Goldenberg é bem diferente pela insistência em manter a imagem arquetípica como um veículo da expressão cultural. A cultura e a história têm um papel formativo na geração das imagens na psique. Este feminismo junguiano é a combinação de três elementos: o questionamento de Jung como o mestre-teórico, a ênfase da psique como criativa e religiosa e, em terceiro lugar, um papel proeminente para a cultura na formação da subjetividade e do gênero.

Teoria arquetípica feminista

Tanto Wehr quanto Goldenberg estão associadas ao projeto interdisciplinar da teoria arquetípica feminista, muito bem representado pelo livro *Feminist archetypal theory: interdisplinary revisions of Jungian thought* [Teoria arquetípica feminista: revisões interdisciplinares do pensamento junguiano] (Lauter & Schreier Rupprecht, 1985), editado e prefaciado por Estella Lauter e Carol Schreier Rupprecht. A despeito da reconhecida conexão com a psicologia arquetípica, existem diferenças cruciais dentre as abordagens destas feministas acadêmicas oriundas de diversos campos do saber: religião, psicologia, literatura e artes visuais. Portanto, faz-se necessário que este livro use o termo psicologia arquetípica para os movimentos inspirados por Hillman, e use teoria arquetípica feminista para se referir àquelas e àqueles estudiosas e estudiosos referidos no trabalho de Lauter e Rupprecht. Ambas, a psicologia arquetípica e a teoria arquetípica feminista, rejeitam o arquétipo transcendente para a imagem imanente. A partir deste ponto, as diferenças começam a emergir.

A introdução feita por Lauter e Rupprecht descreve a convergência das acadêmicas e de seus métodos por meio de conferências acadêmicas realizadas no final dos anos de 1970 e início dos anos de 1980. É interessante notar que enquanto Hillman condensa o arquétipo na imagem, Lauter e Rupprecht adicionam o trabalho de Erich Neumann, de 1959, propondo que estas imagens serão coloridas pela cultura (Neumann, 1959, p. 82).

A partir dessa herança, deliberadamente dupla, a teoria arquetípica feminista pode insistir na questão da pressão da sociedade e da ideologia registradas na imagem psíquica. Isso permite que a teoria arquetípica feminista se situe como uma intervenção feminista na área das ciências humanas. Ela oferece representações inovadoras e até emancipatórias para a categoria das mulheres.

> No caso da teoria feminista, se considerarmos o arquétipo não como uma imagem cujo conteúdo é congelado [...] mas como uma tendência para formar e re-formar imagens em relação a certos tipos de experiências repetidas, então o conceito poderia servir para esclarecer e distinguir as preocupações que têm persistido por toda a história humana (Lauter & Schreier, 1985, pp. 13-14).

Tal teoria se conecta de maneira interessante com um bom número de ansiedades e questões contextuais dos feminismos contemporâneos. À primeira vista, a teoria arquetípica feminista parece ser essencialista por integrar o incontestável grupo denominado de mulheres dentre as culturas e por toda a história. Mas esse não é realmente o caso. As mulheres na teoria arquetípica feminista produzem imagens culturalmente condicionadas, preservando e expressando qualquer forma de diferença, inclusive aquelas de raça, sexualidade, cultura, história, saúde e idade.

Não há nenhum fundamento na teoria arquetípica feminista para a geração de normas, de como as representações das imagens devem ser, de hierarquia dentre elas e, por extensão, dentre as mulheres. Assim, para o feminismo junguiano, um arquétipo não pode ser nunca totalmente conhecido "até todas suas manifestações" – passadas, presentes e futuras – serem trazidas à luz" (Lauter & Schreier, 1985, p. 14). Isso é o mesmo que asseverar que ele nunca pode ser totalmente "conhecido". Portanto, nenhum modelo ideal ou fundamental pode ser produzido.

Lauter e Rupprecht, de modo análogo, não asseveram qualquer absoluta ou simples diferença entre as imagens produzidas pelas mulheres e aquelas derivadas da psique masculina, a despeito de traços de essencialismo nas suas pesquisas sobre "questões distintivamente femininas" na citação acima. A teoria arquetípica feminista está no domínio consciente da teoria junguiana, em que a psique é vitalmente conectada ao corpo, mas não governada por ele. Lauter e Rupprecht argumentam que o contexto experiencial da imagem é necessário para a sua discussão (uma imagem psíquica não pode simplesmente ser explicada, porque isso seria a negação da sua qualidade primária imaginária, como Jung teria concordado).

O contexto experiencial da imagem arquetípica pode incluir o corpo, mas o corpo não pode ser considerado como a fonte transcendente do significado da imagem. Qualquer coisa que o corpo seja está também sujeito às fantasias arquetípicas. Algumas dessas fantasias podem ser distorcidas pelo patriarcado. Outros desafios para a categoria do corpo sexualizado como uma entidade natural em oposição ao gênero cultural serão considerados no capítulo 6.

Certamente, a teoria arquetípica feminista repudia Jung como uma autoridade patriarcal e o que Rupprechet denominou como a "prisão-domiciliar da linguagem" (Schreier Rupprecht, n.d.). A linguagem patriarcal é especialmente aparente nas descrições de Jung sobre o *animus* das mulheres (para exemplos, cf. cap. 2). Rupprechet cunhou o termo *animidade* [*animity*], para significar o processo de "se tornar amigo da alma" ou do inconsciente, de forma a substituir as restrições do binário de Jung, *anima-animus* (Lauter & Schreier Rupprecht, 1985, pp. 227).

A teoria arquetípica feminista é um feminismo junguiano dedicado a descobrir traços no inconsciente das mulheres nas artes, além das fronteiras culturais. Ela pode ser socialmente orientada quando estiver procurando por pressões e efeitos culturais dentro da psique feminina. Entretanto, ela nunca poderá ser um feminismo materialista, porque mantém a noção junguiana central da existência de uma alteridade criativa no inconsciente. As imagens psíquicas serão afetadas por, mas nunca determinadas pela cultura ou pelo testemunho do ego.

O que a maioria dos feminismos junguianos, provavelmente, terão em comum é a conceituação de Jung sobre a alteridade transformadora e irredutível do inconsciente. A teoria arquetípica feminista combina esses princípios com a renúncia, bem-sucedida, de hierarquias dentre as mulheres e de suas imagens como arquétipos.

Psicologia desenvolvimentista: uma escola pós-junguiana

A psicologia desenvolvimentista junguiana é uma das três escolas pós-junguianas descritas dor Andrew Samuel (1985). Ele descreve aqueles que se dedicam a manter as técnicas de Jung (a escola clássica), aqueles que estão modificando a teoria dos arquétipos (psicologia arquetípica) e aqueles que procuram uma reaproximação criativa com a tradição freudiana (escola desenvolvimentista).

O que caracteriza a teorização junguiana desenvolvimentista é a reconsideração das semelhanças e diferenças entre Jung e Freud e os psicanalistas pioneiros depois de Freud. A psicologia desenvolvimentista é, especialmente, interessada nas representações freudianas sobre a primeira infância. Na psicanálise das relações objetais de Melanie Klein, Wilfred Bion, Donald Winnicott e John Bowlby, aqueles que a seguiram. Pensar sobre a primeira infância usando as relações objetais, levanta considerações sobre transferência e contratransferência na análise.

A transferência significa o modo como o analisando projeta, sem intenção, a perturbação interna dele/dela sobre o analista. De fato, o analista se torna uma tela para uma parte da psique do analisando. Freud percebeu que a transferência teria um papel vital na cura-pela-fala. A contratransferência é um movimento recíproco, por parte do analista, Jung foi o primeiro clínico a constatar que a psique do analista também estaria engajada na transferência inconsciente e que ela poderia ser um instrumento valioso.

A despeito do desejo da psicologia desenvolvimentista junguiana de construir pontes entre a prática psicanalítica e o legado junguiano, diferenças reais se mantém. A teoria freudiana é redutiva, focada no passado, coloca ênfase nos estados iniciais da infância como a cena a ser, primariamente, investigada. Em contraste, Jung advoga por uma noção prospectiva e voltada para o futuro da psique. Os sonhos e sintomas são norteadores da futura evolução da personalidade. O que a pessoa se tornará é muito mais importante do que de onde ela ou ela vieram ou estiveram.

Consequentemente, embora Jung tenha se contentado em incluir a estruturação edípica em seu esquema teórico, os anos iniciais de uma pessoa nunca podem ter importância tão extremada. São os encontros criativos, prospectivos com os potenciais superiores do inconsciente que Jung considerou como os primeiros princípios.

A teoria da relações-objetais deriva da psicanálise freudiana com uma modificação crucial. Onde, para Freud, a criança é primeiramente motivada por instintos [pulsões], nas relações-objetais a criança tem desde o nascimento a capacidade para se relacionar com seus cuidadores. Aqui o objeto assume dois significados: ele é a pessoa com que a criança procura se relacionar e é um conjunto de motivações atribuídas ao outro pela criança (embora na realidade estejam na criança).

Ao sugerir que a criança desde o nascimento tem uma habilidade para interação com seus cuidadores, a teoria das relações objetais se aproxima de Jung e de sua crença no potencial herdado para certas capacidades mentais. A psicologia desenvolvimentista junguiana já identificou paralelos sugestivos e frutíferos nas ênfases de Melanie Klien e Jung sobre o vínculo mental precoce com a mãe.

Como Hester McFarland Solomon aponta, a linguagem de Klein sobre a apreciação do bebê por sua mãe como um objeto parcial, e não como um espelho separado do "outro", pode ser traduzida para a linguagem junguiana como a imagem arquetípica da mãe (Solomon, 1997). Essas imagens são formadas por meio das primeiras experiências da criança [bebê] com o corpo da mãe. Quando Klein sugere que a fantasia da criança [bebê] produz noções alternadas de seio "bom" e "mau", Jung oferece o aspecto duplo do arquétipo materno como nutridor e destrutivo.

Embora estas duas posições sejam divergentes, na psicologia desenvolvimentista junguiana, Jung e Klein não precisam se divorciar completamente. No mapeamento da psique infantil, as ideias de Klein sobre o objeto parcial se referem, de um modo amplo, ao estado paranoico da criança antes dela atingir a consciência de ser um eu separado e único. As imagens irracionais e memórias da maternagem são reprimidas no inconsciente e podem ser revividas na análise posterior.

Jung tem uma noção mais rica e mais romântica da mãe nutridora destrutiva. Ela habita o inconsciente da pessoa e se dedica ao futuro crescimento da personalidade, até mesmo em sua forma destrutiva. A psicologia desenvolvimentista continua sendo junguiana pela manutenção da criatividade direcionadora para o futuro dos pais arquetípicos. E ainda, a ligação com a teoria das relações objetais lhe confere um método que pode colocar o foco sobre a interação inicial da criança e dos cuidadores (mãe ou pai) na análise.

Ao colocar os arquétipos de Jung no contexto do desenvolvimento psicológico inicial, os pensadores desenvolvimentistas não estão contradizendo Jung. Eles estão, meramente, revertendo a sua preferência por enfocar a segunda metade da vida.

Um resultado da psicologia desenvolvimentista é a possibilidade das feministas junguianas se entenderem com as teóricas feministas da psicanálise freudiana (para mais detalhes, cf. cap. 5). Já é possível ver como o tratamento Jung/Klein da mãe pode ser usado criticamente para examinar o investimento psicológico de um sujeito na maternagem e no seu papel na pessoa emergente. Tal feminismo junguiano-kleiniano seria aberto para a exploração do processo sociopsíquico da mãe literalmente encorpada. Ele também poderia procurar expandir o significado de "mãe" na psique, não limitando sua riqueza à experiência real do ego.

Se a mãe pode ser criativamente revisada, então o gênero também pode se libertar das deficiências da história pessoal e/ou da modulação pelas convenções de uma sociedade em particular. Como uma forma de exploração futura das feministas junguianas que focam no desenvolvimento infantil, considerarei, brevemente, parte do trabalho de Andrew Samuel sobre o pai (cf. Samuels, 1989, 1993).

Andrew Samuel sobre gênero e teoria (para o feminismo)

As afinidades de Andrew Samuel com a escola desenvolvimentista têm contribuído para uma análise fundamental acerca da relação paterna de um modo amistosamente feminista. Gradativamente preocupado em associar ideias junguianas com políticas progressistas de tendências-esquerdistas, o projeto atual de Samuel, que associa política e psicologia, tem sido influente e visionário[18]. Crítico do quase exclusivo enfoque na interface mãe-criança das relações objetais, o tratamento da paternidade de Samuels sugere possiblidades para o pensamento pró-feminista sobre o papel do gênero na sociedade. Apenas parte do seu trabalho produtivo para os feminismos junguianos podem ser tocados aqui.

Como outros teóricos junguianos sobre gênero, Samuels é cético quanto aos preconceitos culturais de Jung em relação às mulheres, inclusive quanto ao lapso dele no essencialismo corporal sobre gênero. Enquanto não se descartar os conceitos de *anima-animus*, ele argumenta, as imagens contrassexuais na psique são metáforas da alteridade, e não representações de um conjunto particular de características de gênero. Uma imagem de um ser com uma outra anatomia representa o que é correntemente desconhecido ou pode, talvez, ser incognoscível. A relação entre consciência e *anima-animus* não é para ser confundida pelo endosso do estereótipo de gênero. "A diferença entre você e a sua *anima* e seu *animus* é muito distinta da diferença entre você e uma mulher e um homem" (Samuels, 1993, p. 104). Samuels é bastante suspeito do que ele chama de feminismo junguiano, os praticantes da grande teoria do capítulo 3. Ele é particularmente crítico da concentração no princípio feminino, o que considera teórica e politicamente incorreto. Ele é teoricamente incorreto porque amplifica a fantasia de Jung dos opostos de gênero em algo proporcionalmente mais

18. Samuels (1993, 2001) é um exemplo particular de reavaliação de Jung na esfera política, poder e psicologia.

teológico. "Se assume que exista algo eterno sobre feminilidade e, portanto, sobre as mulheres; e que as mulheres, portanto, demonstram certas características transculturais e ahistóricas; e, que podem ser descritas em termos psicológicos" (Samuels, 1993, p. 98). O resultado político é que a contribuição cultural para o gênero é ignorada, pois o feminismo junguiano objetiva uma simples reversão da posição de poder. Essa oposição é temperada por Samuels pela sua cuidadosa avaliação de porque os estudos junguianos sentiram a necessidade de amplificar o princípio feminino. O motivo e a forma mais inflados de feminismo da deusa fornecem meios para celebrar as mulheres dentro das ideias de Jung, assim como, fornecem um ponto a partir do qual se possa criticar a cultura patriarcal capitalista. Samuels reconhece que o feminismo da deusa pode ter um papel pragmático ao gerar um imaginário que lida com a dor e luta das mulheres, se ele for empregado como uma metáfora. Se tal terapia se tornar literal, pelas reivindicações das eternas qualidades femininas, ela corre o risco de se tornar essencialista e prescritiva (Samuels, 1993, pp. 98-100).

Samuels não se considera um feminista junguiano. Em parte, porque ele considera o feminismo junguiano uma entidade única que se aglomera em torno da noção do princípio feminino (ele ainda não pensa em termos de feminismos junguianos). Também devido ao seu apego às causas progressistas mais amplas do que a causa das relações de gênero, o rótulo de feminista seria muito constritivo. Entretanto, parte do trabalho de Samuels fornece um enquadre para o feminismo junguiano revisar o gênero em um diálogo criativo com a psicanálise.

Primeiro, o que Jung denominou de *anima-animus* está igualmente disponível para homens e mulheres – não existe a questão de a mulher ser alienada do pensamento lógico e intelectual. Ele também marca a necessidade do questionamento sobre a heterossexualidade inata, uma posição implícita no inconsciente coletivo andrógino de Jung. Samuels prefere repensar a noção freudiana da sexualidade infantil, indeterminada ou perversa, como "uma visão em que se tem disponível toda uma variedade de posições em relação ao papel de gênero – sem o recurso da ilusão da androginia" (Samuels, 1993, pp. 104-5).

Em *The plural psyche* [A psique plural], Samuel descreve seu posicionamento teórico como pluralismo, advindo de psicologias distintas, sem tentar sintetizá-las ou estruturá-las em uma hierarquia comparativa. Tal modelo teórico é, explicitamente, parte de um projeto político: ele oferece uma forma de engajamento com diferenças de todos os tipos entre pessoas de diferentes gêneros, etnicidades e classes e, também, entre diferenças no interior da psique individual. Esta postura é uma chamada implícita para os feminismos junguianos, mas não é exclusiva do feminismo junguiano.

Essencialmente, Samuels sugere, em *The Plural Psyche* [A psique plural], que as dificuldades da paternidade podem levar a uma certeza de gênero que se torna problemática para filhos e filhas. "Pai" é uma relação criada, não é biológica (Samuels, 1993, pp. 71-71). A paternidade é predominantemente psicológica e cultural. O papel construído do pai (originalmente biológico) impacta a condição entre mãe e criança e a converte no relacionamento cultural mãe-criança.

O reconhecimento do pai construído socialmente permite uma melhor compreensão da relação maternal como uma contingência social. O pai não precisa ser o homem biológico que gerou a criança. Considerá-lo como tendo sido criado por um relacionamento, possibilita que Samuels proponha a existência de um pai-de-qualquer-sexo; "outros", mulheres inclusive, podem construir esse papel.

A principal questão com a paternidade, em termos de gênero, é um sentido de falta, do pai deficiente, de alguma forma, o que pode levar ao congelamento psicológico das identidades de gênero. Porque, um vínculo insuficiente com o pai leva o feminino a se centrar, exclusivamente, na mãe com apenas um único papel. A feminilidade equiparada à maternidade esmaga as possibilidades de gênero em convenções estreitas que machucam tanto os filhos quanto as filhas.

O que as filhas também precisam, argumenta Samuels, é o que ele chama de devolução erótica pelos seus pais (Samuels, 1993, pp. 82-85) A energia emocional do pai deve conter a sexualidade de modo a oferecer para a sua filha um sentido de identidade emocional e psicológica, além da maternidade. Isto não é para sancionar a atuação [*acting-out*] da sexualidade entre pais e filhas: incesto literal é prejudicial inequivocadamente (Samuels, 1993, p. 82).

Apesar de ser aparentemente "freudiano" considerando emoção e energia psíquica como sexual, Samuels é igualmente junguiano, sugerindo que a energia erótica pode vir a significar alguma outra coisa: possibilidades de gênero mais plurais. O valor da devolução erótica entre o pai e seus filhos é uma versão de gênero mais imaginativa, mas pode resultar em uma confusão de gênero. Samuels convoca uma prática analítica que possibilite que a pessoa conviva com a tensão entre confusão de gênero (que possibilita o gênero a retrucar a norma social, ainda que cause dor) e a certeza de gênero (necessária para a sensação de estabilidade ainda que tenda a se ancorar nas expectativas tradicionais de gênero) (Samuels, 1993, p. 94).

O feminismo junguiano desenvolve um conceito libertário de paternidade, de modo vitalmente conectado à psicanálise freudiana. Mantém-se como feminismo junguiano pelo uso da noção de movimento para o futuro da psique, assim como pela consideração do inconsciente, criativo-plural, reorientador das convenções de gênero restritivas.

A criatividade do inconsciente ajuda Samuels, em *The political psyche* [A psique política], quando ele procura por uma libertação política do pai na sociedade. Esse pai pode mitigar os efeitos restritivos do pai fálico de Jacques Lacan, responsável pela formação social e perpetuação do patriarcado. Samuels cria o pai da confusão de gênero que se confronta com o pai simbólico, da certeza de gênero, de Lacan (Samuels, 1993, p. 131). O próximo capítulo abordará, mais profundamente, as oportunidades dos feminismos junguianos ao reinterpretar Lacan.

História, feminismo e Jung

Gostaria de finalizar este capítulo sobre a obra existente dos feminismos junguianos com um exemplo das possiblidades da crítica feminista histórica de Jung, baseando-me na discussão de Samuels sobre a confusão de gênero.

Nos capítulos 1 e 2, mostrei como o envolvimento do mito pessoal de Jung com as mulheres médiuns revelaram a política de gênero na gênese da sua psicologia. As mulheres na vida e na obra de Jung foram substituídas pelas características da *anima*, a parte feminina da psique masculina. A atração de Jung pelas médiuns mulheres não foi uma simples fascinação por uma certa personalidade feminina, a despeito das suas repetições, mais tarde na vida, com as mulheres tipo médium, Sabina Spielrein e Toni Wolff. De fato, a atração de Jung pelas médiuns parece estar ligada ao desejo dele mesmo querer se tornar o médium do seu trabalho posterior. O médium continua como uma mulher em sua vida emocional, na pessoa de Toni Wolff.

Muito significativamente, Jung se torna altamente mediúnico ao contactar suas figuras internas inconscientes, notadamente a sua *anima*. A política de gênero marca a psicologia junguiana como uma teoria masculina, que redefine os excessos problemáticos do espiritismo, predominantemente associado às mulheres. Em termos de gênero, temos uma psicologia de autoria masculina procurando neutralizar seu próprio "outro" (feminino), fenômeno mental que até agora desafia a explicação científica.

O que é o "outro" para a mente racional, teórica do ego, é o inconsciente. A imagem principal de Jung para o inconsciente é a da *anima* feminina. Ele assume o papel de médium a fim de postular o relacionamento teórico com o outro feminino. O feminino como uma mulher real é substituído, na teoria junguiana, pelo feminino como *anima*, o "outro" da teoria e do pensamento claro.

Essa crítica feminista, historicamente baseada, precisa reconhecer a ambivalência em Jung, no interior de sua história psíquica e pessoal. Oscilações entre o desejo dele pela mulher médium e a assunção do papel de uma médium feminina, culturalmente definida. Nos termos de Samuel, ele estava traçando um *continuum* entre "certeza de gênero" e a "confusão de gênero".

Na medida em que o médium é culturalmente marcado como uma posição feminina (pela prática estabelecida e porque é o "outro" da medicina ortodoxa prevalente), a psique de Jung também engendra o médium persistentemente na sua vida emocional como uma mulher tipo médium. Jung se move entre a certeza de gênero fascinado com o feminino como uma outra pessoa separada e a confusão ao assumir a posição de médium feminina nele mesmo, de modo a ficar mais próximo de seu "outro" interno.

Certamente, é significante que, quando ele próprio se torna um médium, Jung coloca foco na *anima* feminina, como se ele precisasse do inconsciente para ser feminino para tentar proteger seu ego (masculino) de ser suplantado por ela, de modo a manter o ego masculino. Talvez a sua tendência para pensar em termos de gêneros opostos, obviamente com ênfase na *anima*, como um inconsciente oposto e divergente da sua consciência absolutamente masculina, demonstra uma vulnerabilidade interna. Mostra a necessidade de fortalecimento da identidade dele contra o caos ameaçador da confusão de gênero.

A teoria da *anima* de James Hillman sugere abandonarmos o ego heroico masculino e buscarmos uma consciência baseada na *anima*, vinculada ao inconsciente e ao feminino. Talvez Jung já tivesse alcançado essa posição na sua confusão de gênero entre o seu desejo pela, e o seu desejo de ser, a médium feminina atrelada aos espíritos e aos poderes do inconsciente.

Sobretudo a oscilação de Jung entre confusão de gênero (como médium) e a certeza de gênero (rigidamente definida no seu consciente como uma racionalidade masculina, que condensa as ideias sobre mulheres na sua *anima* inconsciente) é a uma versão da tendência dupla dele para a grande teoria e o mito pessoal. Os conceitos que compõem a grande teoria se apoiam bastante na tensão dos opostos, especialmente nos opostos estruturados como gênero. A grande teoria é, portanto, o produto da motivação da certeza de gênero, enquanto o mito pessoal reconhece a impossibilidade da redução da alteridade do inconsciente em um conjunto de conceitos simétricos, e poderia ser interpretado como uma lealdade pessoal de Jung à confusão de gênero.

Os estudos junguianos podem ter demorado para reconhecer a situação, mas, agora, eles já embarcaram na era dos feminismos junguianos. Eles servirão para mitigar a diversidade do feminismo junguiano, influenciados pela grande teoria, mapeados no capítulo 3. O capítulo 5 dará prosseguimento ao interesse da psicologia arquetípica no pós-estruturalismo e no engajamento positivo da psicologia desenvolvimentista com a psicanálise. Considerarei os novos feminismos junguianos pelo viés do desconstrutivismo e das teorias de gênero das pós-freudianas, duas áreas proeminentes no debate feminista mais amplo. Depois, no capítulo 6, considerarei os potenciais da leitura junguiana da alquimia e do corpo. A partir desses, delinearei o papel junguiano nas principais questões feministas: da narrativa, do gótico, do sublime e do pós-modernismo.

Sumário conclusivo

O pensamento junguiano pró-feminista sobre gênero seguiu adiante, oriundo da criação da psicologia de todas as mulheres, conhecido como feminismo junguiano e indo para os mais diversos e diferenciados feminismos junguianos. Associo os feminismos junguianos ao aspecto do mito pessoal na obra de Jung, porque ele permite, ou até promove, o desenvolvimento das ideias junguianas que se recusam a tratar Jung como a autoridade da grande teoria.

Duas escolas pós-junguianas, a arquetípica e a desenvolvimentista, podem ser associadas ao mito pessoal por adotarem uma dimensão reflexiva e autocrítica de Jung para estruturar os feminismos. Nenhuma dessas escolas se define, essencialmente, como feminista. Em ambas as escolas dos estudos junguianos e em outras disciplinas, há o tratamento crítico da masculinidade, que, agora, conecta Jung aos debates progressistas sobre gênero. Esse ato é uma contramedida, bem-vinda, à simplificação excessiva e reacionária de Jung.

Enfim, a pesquisa feminista localizada historicamente pode colocar Jung no contexto das suas ansiedades culturais contemporâneas acerca do gênero e das mulheres, psicologia e o status da teoria endossada institucionalmente. O feminismo que procura uma aliança com os feminismos teóricos (devido à diferença e a um contexto cultural único) encontra no mito pessoal de Jung uma voz que lhe responde. Além de ser o progenitor do feminismo junguiano monolítico pela sua tendência a considerar gênero com "um", Jung é o responsável pelos feminismos junguianos.

Leitura complementar

A anima *de James Hillman e a psicologia arquetípica*

Para ter contato com um pensamento engajador, que faz uma reavaliação persuasiva da *anima* de Jung de modo simpático à análise feminista, cf. Hillman (1973) e Hillman (1974).

Hillman, (1983a) é uma introdução acessível da psicologia arquetípica; contém uma bibliografia compreensiva da obra de James Hillman até 1983.

Feminismos junguianos nas ciências humanas

Barnaby e D'Acierno (1990) trazem uma coleção fascinante com ensaios de outros psicólogos arquetípicos influentes, como Paul Kugler e a feminista arquetípica e teórica Carol Schreier Rupprecht, além de uma discussão de mesa-redonda incluindo Robert Bly.

Para um criticismo cáustico das limitações de gênero, combinadas com uma chamada para um feminismo mais orientado arquetipicamente, procurar Goldenberg (1990).

Tacey (1977) diz tudo que você precisa saber sobre o movimento masculino mito poético e o que está errado com ele. É de fácil leitura e tenta convencer o leitor a juntar os estudos acadêmicos masculinos com a teoria junguiana progressista.

Um livro que simplifica demais a "oposição" entre Jung e o feminismo, mas que traz argumentações valiosas da integração dele com o pensamento feminista nas ciências humanas é Wehr (1987).

Teoria arquetípica feminista

Lauter e Rupprecht (1985) apresentam uma introdução compreensiva para este importante feminismo junguiano. O trabalho inclui ensaios sobre literatura, arte visual e terapia feminista.

Psicologia junguiana desenvolvimentista e Andrew Samuels

Uma chamada para o pluralismo abraçar os estudos junguianos, que advoga pelos feminismos junguianos sem usar o termo está em Samuels (1989). É uma obra muito inovadora e progressista sobre gênero no contexto de Jung, Freud e seus legados.

Uma leitura fascinante e otimista que junta psicologia e política, muito acessível, mistura abordagens políticas e psicológicas de gênero é Samuels (2001).

Young-Eisendrath e Dawson (1997) contém introduções úteis para as escolas arquetípica e desenvolvimentista, com uma bibliografia extensiva.

5
Feminismos junguianos na desconstrução e feminismo pós-freudiano

> Os nomes que eu dou não implicam em uma filosofia, mas, mesmo assim, não posso impedir que vociferem contra esses esquemas terminológicos, como se se tratasse de dogmas intocáveis [como se eles fossem metafísicos] (OC 16/2, § 537).

> A ambiguidade da *anima*, mensageira do inconsciente, pode aniquilar um homem de uma vez por todas (Jung, 2019, p. 223).

Este capítulo olha para Jung à luz de dois movimentos poderosos na teoria feminista: a desconstrução e o feminismo pós-freudiano. Ele considera a obra de Jung em relação ao trabalho de Jacques Derrida e do feminismo psicanaliticamente orientado de Luce Irigaray, Hélène Cixous e Julia Kristeva. Pretendo apontar a relação entre Jung e a desconstrução, que expandiria oportunidades para os feminismos junguianos. Mostrarei como o feminismo influente de Irigaray, Cixous e Kristeva estabelece ecos e correspondências com o trabalho de Jung, sem diminuir as diferenças reais dentre eles.

Introdução

O capítulo anterior colocou as inovações dos pós-junguianos sobre gênero no contexto da diversidade da teoria feminista, assim como sobre as formas de escrever o mito pessoal de Jung. A teoria feminista evoluiu distanciando-se da aceitação da simples categorização de "todas as mulheres em todos os lugares". Ela se direcionou para a compressão da multiplicidade das diferenças de identidade de gênero. Esse desenvolvimento do feminismo deve-se muito aos encontros produtivos entre a desconstrução e a psicanálise[19]. Esses encontros podem ser caracterizados de duas formas: como a teoria feminista "aprende com" e como "faz uso estratégico" desses recursos intelectuais complexos.

Com a desconstrução, o feminismo aprendeu sobre as questões filosóficas dos tipos de conhecimento que, por muito tempo, difamaram o feminino, como parte da estruturação deles como "verdade", "ciência" ou "filosofia". A linguagem, para a desconstrução, não é um instrumento transparente para comunicação ou conhecimento. Em outras palavras, é uma entidade instável, que constrói formas culturais frágeis e contesta a possibilidade de um si-mesmo com gênero e unitário. Consequentemente, a desconstrução pode ser usada estrategicamente pelas feministas para subestimar as ideologias tradicionais ou os mitos que tenham historicamente oprimido as mulheres.

Com a psicanálise freudiana, as feministas aprenderam a considerar a subjetividade e o gênero como uma teia de estruturação psíquica e social, que nunca é fixa ou completa. O cenário interior de uma pessoa é sempre um processo contínuo. A despeito da crença de Freud sobre a irrevogável inferioridade da mente feminina, a psicanálise, especialmente a estendida na obra de Jacques Lacan, fornece oportunidades para as feministas explorarem a dor psíquica do patriarcado e imaginarem modos de repensar o gênero[20].

---

19. Para mais sobre desconstrução e uma introdução a Derrida, cf. Norris (1991).
20. Para uma introdução a Lacan, cf. Bowie (1991).

As assim denominadas feministas francesas Luce Irigaray, Hélène Cixous e Júlia Kristeva têm desempenhado um trabalho significativo conectando estrategicamente a desconstrução e a psicanálise[21]. O que muitas das teorias feministas ainda não fizeram é trazer a psicologia de C.G. Jung para essa arena fértil. Portanto, este capítulo objetiva, primeiramente, interpretar Jung em relação à desconstrução. Enfocarei algumas das principais ideias das feministas francesas que perecem ressoar com as reações complexas do próprio Jung ao gênero.

Um aspecto do meu método precisa ser cuidadosamente mencionado: não estou tentando "converter" Jung na desconstrução nem argumentar que a psicologia dele é, na realidade, uma versão inicial de feminismo de Irigaray, Cixous e Kristeva. Ao invés disso, proponho explorar os ecos, as correspondências e diferenças entre o trabalho de Jung e essas áreas, pela causa dos feminismos junguianos.

Seria uma traição à complexidade da Obra Completa de Jung, tentar absorvê-lo em algo que foi rebatido ou contradito em algum aspecto de sua obra (pois ele nunca poderia ser um desconstrutivista puro e, certamente, não seria um feminista intencionalmente). Qualquer tentativa de transformar um pensador em um feminista, ignorando partes significativas de seu trabalho, seria, analogamente, uma traição semelhante ao princípio feminista de respeito à diferença"].

Primeiramente, este capítulo precisa apresentar a desconstrução e o seu contexto nos movimentos culturais no estruturalismo e no pós-estruturalismo.

21. Para uma introdução ao trabalho de Luce Irigaray, Hélène Cixous e Julia Kristeva, cf. Moi (1985).

O que é estruturalismo, pós-estruturalismo e desconstrução?

O estruturalismo foi um desenvolvimento nas ciências sociais e humanas que considera o significado cultural como um produto das fundamentais e, muitas vezes não percebidas, estruturas[22]. Uma unidade cultural, seja uma família padrão, um romance ou até uma simples palavra, adquire significado apenas em relação às outras unidades culturais em sua sequência social específica. Ao invés de uma entidade cultural individual processar a própria identidade e significado, o significado é construído involuntariamente a partir do relacionamento do item individual cultural com o inteiro sistema estrutural.

Por exemplo, o romance *Middlemarch* não tem significado intrínseco. A cultura atribui significado a ele porque ele difere de *Adam Bede* (outro romance de George Eliot) e porque ele ocorre dentro da categoria de romances britânicos do século XIX, o romance como um todo, literatura, narrativa de prosa e o sistema da linguagem. Dentro do romance, as estruturas construirão significados pelas palavras e sentenças apenas em relação às outras palavras e sentenças. *Middlemarch* não tem o seu próprio e único relacionamento com a realidade, a verdade ou com o mundo.

Para o estruturalismo, a linguagem não é uma janela transparente para o mundo. A linguagem é concebida como um sistema que constrói significados e diferenças dentre as palavras. As unidades culturais, incluindo as palavras, operam como sinais, cujo significado é organizado pelo princípio como um sinal que difere do seu adjacente. Por exemplo, a palavra *fog* [névoa] significa o que é, porque ela não é *dog* [cachorro] ou *bog* [brejo].

---

22. Para uma introdução ao estruturalismo, cf. Barry (1995). Para explorar o pós-estruturalismo, cf. Wolfreys (1999).

A palavra como sinal trabalha pela sua diferença em relação às outras palavras, e não por qualquer ligação com a realidade. Aqui está a confusão. A coisa real a qual a palavra se refere é denominada de referente e não faz parte do sistema linguístico.

Sinais de todos os tipos são divididos em dois aspectos: o significante, a forma material (as letras nesta página, no caso das palavras escritas) e o significado, a significância cultural. No caso do sinal *fog* [névoa], o significado é a minha compreensão do que seria *fog* [névoa]. Isto não é a substância em si mesma, é o referente, o que fica fora, totalmente separado, do mecanismo da linguagem.

Pós-estruturalismo é uma mudança radical das estabilidades do estruturalismo. O estruturalismo pressupõe que os sistemas culturais, que por mais separados da realidade ou da natureza que sejam, mantêm o significado longe da oscilação ou do balanço; o pós-estruturalismo renuncia a qualquer tipo de certeza. A análise estruturalista assume uma relativa estabilidade das estruturas subjacentes e dos códigos culturais. O pós-estruturalismo empurra algumas dessas pressuposições para um ponto de crise.

O estruturalismo separa linguagem e cultura da crença na relação natural da palavra com a realidade. O pós-estruturalismo, por sua vez, dá o próximo passo, separando o significante do significado. Onde não há nenhuma ligação natural. O significante e o significado, a marca material e o significado atribuído, não ficam grudados. Eles deslizam entre si, então, o significado está sempre se deslocando quando as palavras são usadas. Como resultado, o significado, a linguagem e a cultura têm que ser reconsiderados como radicalmente instáveis. Se as palavras não significam com confiança, então, as formas de conhecimento e poder expressos pelas palavras, também, não podem ser fixas, não podem ser consideradas como estáveis ou verdadeiras, imutáveis. A instabilidade da linguagem significa que até a subjetividade, inclusive o reconhecimento de quem eu sou, não é seguro. Se o significado está sempre se deslocando, então, também está a autoexpressão: quando eu falo, eu não posso atribuir um significado confiável a mim mesmo e nem mesmo uma narrativa segura sobre quem eu sou. A subjetividade é revelada como um produto da linguagem. Como a linguagem, ela é frágil e sujeita ao deslocamento.

A desconstrução é a forma do pós-estruturalismo associado ao trabalho de Jacques Derrida acerca da linguagem (Norris, 1991; Derrida, 1976). A análise estruturalista demonstra que muitas formas culturais ocidentais dependem do sistema binário de oposições para construir seus significados. As oposições binárias trabalham pela exclusão de um termo, definindo, assim, o outro termo. Por exemplo, "homem" ganha seu significado por ser estruturado como "não feminino".

Outros binários culturais comuns são: masculino/feminino, corpo/mente e natureza/cultura. Em tal estrutura, um termo, inevitavelmente, se torna privilegiado em relação ao outro, em uma hierarquia. Um dos termos se torna o "outro", cuja exclusão define a categoria anterior. Tais hierarquias binárias podem ser, frequentemente, vistas em noções atribuídas ao senso comum, tal como a crença tradicional sobre a inferioridade das mulheres.

Christopher Noris definiu a desconstrução derridiana como uma atividade hostil às oposições binárias: ela "procura desfazer tanto a ordem atribuída às prioridades quanto o próprio sistema conceitual de oposições que torna a ordem possível" (Norris, 1991, p. 31). O que Derrida aponta são as bases metafísicas das crenças sobre a linguagem como um sistema estável de significados. Tradicionalmente, a filosofia apoiou-se na oposição binária entre a oralidade e a escrita, na qual a oralidade é considerada como superior porque a presença do narrador atua como um garantidor do "seu" significado. A escrita [escritura], por outro lado, não tem o autor presente, para dar suporte às suas palavras, ficando, frequentemente, aberto a uma má interpretação.

Esta oposição binária dá origem ao logocentrismo, cuja ideia é a de que existe um significado pleno e presente da palavra. Uma palavra pode significar, inequivocamente, o que ela diz e dizer o que ela significa. O logocentrismo, argumenta Derrida, é metafísico porque ele é um objeto de crença e não de uma consequência lógica[23]. Isso porque, de fato, a fala não é anterior à escrita. É o sistema linguístico conservado pela escrita que dá à fala a capacidade de significar alguma coisa, em primeiro lugar. O logocentrismo apoia-se na suposição do significado seguro que a natureza escorregadia do sistema linguístico não pode fornecer. Portanto, o logocentrismo é metafísico, algo posicionado fora do mundo verificável.

Contra o logocentrismo metafísico, Derrida demonstra o deslocamento do significado ao deslocar significantes sobre os significados. A despeito da pretensão cultural logocêntrica de que as palavras têm significados estáveis, esse realmente, não é o caso. Qualquer sistema cultural que deseje manter alguma semelhança de unidade entre significante e significado necessita de um poderoso termo divino, uma palavra com o significado definitivo, irrevogável (como Deus, verdade, homem, materialismo) que pretenda fixar todo o resto do sistema de significação.

---

23. Uma explicação útil do método da desconstrução na linguagem pode ser encontrada em Eagleton (1996, pp. 110-130).

O termo divino atua como um significante/significado transcendental, pois ele tenta transcender a capacidade inerente da linguagem de deslocar e transbordar a sua carga de significado. Uma vez que o sinal transcendente possa mostrar ser um mito (uma forma de logocentrismo metafísico), os sinais são revelados como operadores do princípio da diferença entre cada um (a posição estruturalista) e deferidos (adição pós-estruturalista). Eles deferirão um significado fixo infinitamente, em um deslocamento contínuo do significante sobre o significado.

Ao invés de ter um sistema definido de estruturas, como se fosse um cristal, a linguagem tem a qualidade da mudança eterna de um líquido que derrama e dissemina significados. Essa qualidade líquida da diferença e da deferência, Derrida amalgamou em seu novo termo, *différance*. Ela expressa a sua percepção acerca da instabilidade radical da linguagem e, portanto, da cultura, do conhecimento e da subjetividade humana. Os sistemas que subjazem aos códigos culturais que os estruturalistas eram tão orgulhosos de terem descoberto, de fato, são ficções muito frágeis em suas reivindicações de organizarem verdades e significados. A desconstrução faz o que a palavra indica: ela mostra que os textos [escrituras] simultaneamente constroem e desconstroem, o que elas clamam oferecer, os conhecimentos e os significados.

A desconstrução de Derrida dos modos com que os textos constroem a noção de verdade mostra que as oposições binárias não são categorias naturais, mas ficcionais. As oposições binárias sempre necessitam de um suplemento ou de alguma coisa externa (algo metafísico) que é, portanto, oferecido como o princípio originário. Porém, esse suplemento, de origem metafísica não é um ponto fixo de autorização; a desconstrução revela que ele é produzido pelo próprio texto. A denominada origem é, na realidade, um suplemento gerado pelo texto ou sistema cultural (um texto [escritura], para Derrida, engloba todas as formas de significação humana), em uma tentativa, vã, de estabilizar a capacidade de significação. Na desconstrução, tudo que os textos podem fazer é demonstrar a própria natureza metafórica deles. Eles são incapazes de oferecer uma versão fixa e transparente da verdade. As teorias de todos os tipos se tornam uma outra variação literária ou ficcional. Interpretando, desconstrutivamente, as teorias são críticas de suas próprias tentativas de falar com autoridade.

Nesse ponto, o interesse do feminismo pela desconstrução se torna explicável. Como uma técnica de dissolução do poder das filosofias, que se apoia nas oposições binárias que reprimem o feminino, a desconstrução é inestimável. O feminismo torna-se ambivalente acerca da desconstrução, quando ele se refere ao desejo de fortalecer a subjetividade feminina e faz *lobby* para mudança política. Aqui, o impacto da desconstrução de categorias tais como "mulheres" tem uma eficácia bastante duvidosa. Se a subjetividade está tão poluída pela *différance*, então, termos como "mulheres" não têm um significado estável; a desconstrução pode ser útil como um reconhecimento das múltiplas diferenças, ainda que tenha sua limitação como credo político. Afinal, se a categoria "mulheres" for considerada como uma ficção, então quem levará à sério as argumentações sobre as mulheres na força de trabalho?

Portanto, as teorias feministas tendem a adotar a desconstrução com cautela e apenas parcialmente. A desconstrução é empregada como uma técnica para desafiar as instituições e ideias patriarcais. Ela não é irrestritamente adotada como uma posição filosófica do feminismo.

Talvez a adoção parcial da desconstrução pelo feminismo tenha levado à sua existência dupla na cultura crítica contemporânea. Críticos de várias correntes têm adotado a desconstrução como um método para desatar textos e destronar significados institucionalizados. Derrida pontuou que a caracterização da desconstrução, como apenas um instrumento crítico, não percebeu implicações mais amplas do seu trabalho.

> A desconstrução [...] não é um método, nem é um conjunto de regras ou de instrumentos [...]. Por um lado, não existe uma "desconstrução aplicada". Mas, por outro, não existe nada mais, pois a desconstrução não consiste em um conjunto de teoremas, axiomas, instrumentos, técnicas ou de métodos. Se a desconstrução, então, não é nada por si só, a única coisa que ela pode fazer é aplicar, ser aplicada à alguma outra coisa [...] não existe desconstrução, a desconstrução não tem nenhum objeto específico [...] a desconstrução não pode ser aplicada e não pode ser *não* ser aplicada (Wolfreys, 1999)[24].

Nesta compreensão da desconstrução, ela não é uma técnica, mas, como Julian Wolfrey coloca, ela é um "evento" dentro de textos e estruturas (Wolfreys, 1999, p. 278). É lá, se estamos cientes disso ou não. As interpretações desconstrutivas são revelações de crises irrepetíveis de significados dentro/sobre os textos. Ainda mais, Derrida demarca o limite do jogo da desconstrução quando argumenta que o pensamento metafísico é inescapável. Sempre existirá, em cada leitura desconstrutivista, um resíduo metafísico irredutível que é impermeável à desconstrução.

Se o feminismo já interferiu na domesticação da filosofia de Derrida, como um método crítico cuja natureza radical pode ser restringida, então vale a pena considerarmos a desconstrução tanto como uma técnica quanto como um evento relacionado com Jung.

---

24. A entrevista de Derrida pode ser encontrada, integralmente, em Brannigan, Robbins e Wolfreys (1996).

Jung e o estruturalismo, pós-estruturalismo e desconstrução

Retornando para Jung, a teoria dos arquétipos como princípios básicos estruturantes herdados da psique enquadra Jung na tradição estruturalista. Certamente, os arquétipos não são estruturas no sentido de entidades fixas, pois eles, definitivamente, não são imagens herdadas. O que os arquétipos geram na psique individual varia bastante de acordo com as circunstâncias pessoais, sociais e culturais. Os arquétipos são estruturalistas por sugerirem um código subjacente (se for mensurável).

Jung é particularmente estruturalista quando argumenta que os arquétipos são como as estruturas que subjazem às famílias de plantas: elas não existem materialmente, mas são energias que modelam as formas em relacionamento vigente (OC 9/1, § 309n.). Jung, o estruturalista, é também Jung, o teórico da grande teoria, o arquiteto de uma reapresentação sistemática da psique e da cultura. Contudo, como já mencionei, existe um outro Jung, aquele do mito pessoal.

Jung no pós-estruturalismo e na desconstrução

A desconstrução tem polarizado aquilo que denominarei, para os objetivos deste livro, de "método feminista" e "evento filosófico". Feministas e outros críticos motivados politicamente podem escolher limitar as consequências da desconstrução para fins estratégicos. O quanto a teoria pode estar consciente de sua própria desconstrução é uma outra questão.

Os escritos de Jung, especialmente acerca do "mito pessoal", estão e não estão cientes de seu próprio potencial de desconstrução. Esse estado ambivalente de consciência é parte das propriedades singulares da psicologia e do feminismo de Jung, por isso é fundamental para a concepção dele de psique. Portanto, considerarei as possibilidades de Jung se tornar um pensador da desconstrução (não um desconstrucionista *per se*), sempre tensionado pelas motivações logocêntricas e por ser um teórico da grande teoria.

Quando Jung escreve com autoridade sobre a *anima-animus* e a psique feminina sintonizada com Eros, ele está sendo logocêntrico assumindo que esses nomes têm significados plenos, presentes e estáveis. No sentido de Derrida, ele está sendo metafísico; no meu, um teórico da grande teoria.

De outro modo, o Jung do mito pessoal não é simplesmente desconstrucionista. O que denominei de mito pessoal cobre uma variedade de atitudes não totalizantes. A primeira citação do início deste capítulo inclui uma refutação desconstrutivista, ao conceber uma teoria ou uma filosofia como metafisica. O mito pessoal também representa a sua crença de que a teoria tem seu escopo limitado pela psicologia pessoal do teórico. Isso é, crucialmente, uma asserção bastante não desconstrucionista de que a sua teoria é um mito pessoal verdadeiro, porque ela é a verdade da sua própria psique, a história de seu próprio ser, é pessoal e verdadeira para ele mesmo.

A teoria como mito pessoal acena para a desconstrução se ela apontar para uma ficção construída. Jung frequentemente escreve sobre o seu mito pessoal como uma verdade localizada, pessoal e verdadeira para ele, como a sua metafísica particular. A ideia aqui é a da coexistência de verdades locais separadas da subjetividade de cada pessoa, o que alinha Jung ao pós-modernismo, mais obviamente, do que à desconstrução.

Frequentemente, ao escrever no estilo do mito pessoal, Jung é menos pós-estruturalista em seu tom, mais apto a proclamar um conhecimento fixo sobre sua *anima* inconsciente. A primeira citação no cabeçalho deste capítulo mostra Jung em seu disfarce desconstrutivista quando não está pensando sobre si mesmo: "Os nomes que eu dou não implicam uma filosofia, mas, mesmo assim, não posso impedir que vociferem contra tais esquemas terminológicos, como se se tratasse de dogmas intocáveis [como se eles fossem metafísicos]" (OC 16, § 537). Depois, existe uma expressão de sua experiência com a *anima* em seu mito pessoal que pode ter consequências agudas e essencialistas para as mulheres e gênero. Uma atitude essencialista de gênero, especialmente por clamar pelo conhecimento de que "todas as mulheres são deste jeito" é obviamente logocêntrico e metafisico em termos desconstrucionistas. "A ambiguidade da *anima*, mensageira do inconsciente, pode aniquilar um homem de uma vez por todas" (Jung, 2019, p. 212).

Previamente argumentei que, quando Jung descreveu o início de sua distinta teoria após a descoberta da *anima*, a luta pelo significado tomou a forma de uma luta contra o feminino. Em um mesmo movimento que é, simultaneamente, profundamente desconstrucionista e essencialmente metafisico, a *anima* é caracterizada como uma mulher não confiável e que insiste sobre arte quando Jung queria achar/fundar uma ciência. Ela é a chave; é representada como a origem da psicologia de Jung – no sentido duplo, de sua psique criativa interior e origem do seu sistema de ideias.

Inevitavelmente, para Jung, o inconsciente é mais significativo na psique e não pode ser apropriado por ela. Consequentemente, a teoria enquanto um sistema racional é uma filha do ego e não pode conter integralmente o que é definido como inconsciente. O inconsciente tem uma alteridade irredutível à definição e à sistematização da teoria.

Ao fundamentar a sua teoria sobre o outro do inconsciente como o feminino, Jung é um essencialista que faz uma manobra desconstrucionista. O deslocamento ocorre, em seus escritos, entre a alteridade feminina como o inconsciente dele e a alteridade feminina (mulheres) como mais inconscientes do que os homens. O que é simultaneamente uma desconstrução é que a alteridade feminina é também localizada (e citada) como além do escopo das percepções de seu ego. O feminino está dentro, como a *anima*, como sua inferioridade irracional e fora daquilo que é inconsciente na teoria: o inconsciente da psicologia junguiana como a grande teoria.

A alteridade feminina é o suplemento de Jung gerado em sua psique que intenciona gerar tanto a psique quanto a teoria. O feminino faz isso porque a *anima* representa no inconsciente a *fonte* da psique, inclusive a fonte do ego.

Nesse sentido, o feminino é a metafísica irredutível que não pode ser desconstruída fora da psicologia de Jung – seu mito pessoal, seu si-mesmo interior e sua grande teoria – porque ele é a origem, o outro absoluto e o além disso. O feminino irredutível é o outro em todos os lugares desconstruindo os conceitos metafísicos de Jung ou o termo divino (porque o inconsciente não pode ser totalmente definido pelo ego e desafiará as tentativas do ego em mapear com segurança a psique) que ficou congelado no pensamento de Jung como uma alteridade como inferioridade do feminino como mulher.

Alguns aspectos da obra de Jung na grande teoria e no mito pessoal geram a dicotomia entre a feminilidade radical, que se recusa às limitações e às definições do ego, e o essencialismo sexista. O feminino é o outro absoluto, o estrangeiro, nem é mesmo limitado por gênero. O feminismo é, também, a função estereotipificante e essencializadora da escrita da *anima*. A grande teoria e o mito pessoal se implicam e entrelaçam mutuamente, circunscrevendo as motivações desconstrutivas internas da psicologia de Jung na alteridade irredutível e criativa do inconsciente.

Além dos elementos da desconstrução, a grande teoria produz conceitos metafísicos em seu impulso para organizar os significados da psique e da cultura em um sistema que pode atingir a autoridade. O mito pessoal, de outra maneira, busca ser reconhecido como verdade local da própria experiência psíquica de Jung, paradoxalmente, se sente legitimado a contaminar a sua autodescrição com preconceito cultural.

Jung pode argumentar que a sua *anima* tem qualidades inferiores porque ela se posiciona em um relacionamento binário e oposto ao seu intelecto superior, refletindo a sua própria experiência com mulheres. Sua justificativa para o preconceito essencialista subsequente é que isso é apenas uma verdade local da teoria como mito pessoal. É seu texto sobre a *anima* que fornece o ponto mais agudo do seu deslocamento entre a grande teoria e o mito pessoal, pois a *anima* é tanto o incognoscível, o "outro" (feminino) irredutível da teoria, quanto o preconceito cultural essencialista reforçado nela.

Uma última palavra sobre o inconsciente como a metafisica irredutível da psicologia junguiana. O conceito de inconsciente permanece metafísico, pois ele é a proposição dos escritos junguianos que não pode ser evitada: o inconsciente é incognoscível, inapreensível; portanto, não pode ser teorizado, traduzido pelos termos racionais do ego. Jung foi explícito quanto a isso: "o conceito do inconsciente não propõe nada: ele designa apenas meu desconhecimento" (Jung, 1975, p. 411). Ao conceber a sua irredutibilidade metafisica como incognoscibilidade, a teoria junguiana se torna desconstrutivista ao ponto de questionar a desconstrução como um método, revelando-se como um evento. Se o metafisico irredutível da teoria junguiana é o feminino inconsciente da desconstrução, isso é o mesmo que dizer que a desconstrução é metafisica. É verdade. Desconstrução é metafisica quando é um método, um conjunto de instrumentos valiosos para serem aplicados, ao invés de apenas um evento. As ideias junguianas revelam o resíduo metafisico dentro da desconstrução.

Antes de olharmos, um pouco mais, para a desconstrução junguiana, é válido retornarmos a Jung no modo da grande teoria. Ali ele é bastante logocêntrico na apresentação de suas ideias. A teoria dos arquétipos sugere múltiplos deuses do significado na psique. Jung até fornece seu próprio signo transcendental no si-mesmo. O arquétipo governante que, prestativamente, sempre se manifesta como uma imagem-divina, como se confirmasse suas propriedades logocêntricas. Esse é Jung teórico estruturalista da grande teoria, ao invés do desconstrucionista. Na psique junguiana da grande teoria, a imagem arquetípica é um significante derivado de seu significado-arquetípico. Tudo se submete ao arquétipo superior do si-mesmo com o seu potencial de estruturação da unidade e da totalidade da subjetividade.

A revolução intelectual do Iluminismo favorável à racionalidade cimentou a tendência das oposições binárias no pensamento sobre a mente humana. Jung, o teórico da grande teoria, demonstra a sua herança iluminista organizando a sua teoria em pares de opostos. Todos os conceitos importantes são arranjados como binários constituídos mutuamente, tais como consciente/inconsciente, ego/*self*, *anima*/*animus*, Eros/Logos, extroversão/introversão.

Entretanto, seria correto mencionar o que alguns teóricos, como Christopher Hauke, dizem. Que a psicologia junguiana se dedica ao criticismo e à desconstrução das formas iluministas de consciência (Hauke, 2000, pp. 1-17). Dada a irrefutável presença do inconsciente desconstrucionista (o inconsciente constrói tanto quanto desconstrói significados, perpetuamente desafiando os conceitos estáveis do ego), os pares de opostos de Jung são designados a desconstruir a si mesmos. O processo pelo qual a psique constrói e destrói, desconstruindo relações entre termos opostos, Jung denominou de individuação.

Novamente, um outro olhar para as imagens arquetípicas sugere uma conexão logocêntrica dos arquétipos, relembra a ênfase de Jung em considerar as imagens como primordiais. Considerar as imagens como primordiais significa não ceder às intepretações do ego, traduzindo-as em palavras. As imagens psíquicas direcionam a atenção para os aspectos desconstrutivos incognoscíveis da psique.

De outra maneira, os conceitos dos arquétipos e das imagens arquetípicas são logocêntricos e da grande teoria. As imagens arquetípicas são significantes sem significado fixo ou conhecido. Elas estão sujeitas aos deslocamentos e negadas da completude logocêntrica. O que Derrida alega sobre a linguagem encontra um notável eco na descrição de Jung da imagem psíquica. As imagens arquetípicas demonstram a *différance*, distinguindo-se entre si e, eternamente, deferindo de um significado fixo.

De fato, dada a significância do inconsciente de Jung para a sua psicologia como um todo, poderíamos argumentar que na linguagem derridiana os conceitos existem como rasuras. Os significados teóricos, como o que de qualquer coisa, não podem ser garantidos, portanto, são apagadas as demandas pela verdade fixa e dominante. Em *Writing and diffrerence* [A escritura e a diferença], Derrida associa Freud à sua desconstrução pela alteridade radical do inconsciente psicanalítico, a despeito do logocentrismo estar presente nos escritos freudianos. Gostaria de sugerir que há aspectos do trabalho de Jung que têm uma relação ainda mais próxima ao projeto da desconstrução.

Um obstáculo para considerar Jung como um pensador da desconstrução é o uso que ele faz da linguagem científica, em particular o uso de palavras como "fatos" e "evidência empírica". Frequentemente, Jung descreve a si mesmo como um empirista, em parágrafos adjacentes às asserções em que ele não oferece nenhuma teoria ou filosofia e em que o inconsciente é "inconcebível" (OC 16, § 541-542). Aqui, ele está se apresentando como um relator direto dos fatos, ao invés de um fiandeiro desviante de teoria. Esse tal empirismo deve ser mais bem examinado.

O empirismo é um método científico e filosófico que valoriza a importância do observável, do mensurável, dos dados quantificáveis e replicáveis. Sobretudo, ele inclui a ideia de que há uma realidade objetiva exterior ao observador. Os métodos para estudar essa realidade podem ser eles próprios os objetivos e as hipóteses resultantes podem ser comprovadas ou desaprovadas em experimentos replicados repetidamente.

O problema com o empiricismo de Jung é que ele toma como "evidência empírica" e "fatos" as imagens psíquicas, os sonhos e os sintomas psicológicos. Isso constitui o que ele denomina de psique objetiva, significando que o inconsciente é capaz de produzir tais materiais sem referência e sem advir do ego subjetivo. Isso não é o empirismo clássico, isso não constituem fatos científicos, pois as imagens psíquicas são internas e pessoais. Por definição, tais imagens não estão disponíveis para estudos objetivos, dado que elas não são replicáveis e, de fato, nada objetivas no sentido usual. Prefiro o termo psique autônoma à psique objetiva de Jung.

Se Jung não é empirista no sentido científico clássico, isso não deve prejudicar o seu valor para a psicologia e o feminismo atuais. Também significa que a linguagem altamente logocêntrica do seu empirismo não precisa diminuir o seu potencial como um pensador da desconstrução.

Pensamento junguiano na desconstrução e feminismo

Então, quais são as perspectivas do Jung desconstrucionista com o feminismo junguiano? De uma forma geral, a vertente da desconstrução do trabalho de Jung o habilita para uma crítica feminista sobre seus próprios pronunciamentos pertinentes ao gênero: sexistas, essencialistas e logocêntricos. As posições misóginas e culturalmente estereotipadas sobre as mulheres de Jung podem ser criticadas dentro da própria teoria junguiana.

Em primeiro lugar, os pós-junguianos apreenderam o potencial para reenquadrar Jung em engajamentos mais progressistas sobre gênero. Em especial, a psicologia arquetípica, deliberadamente, repensa Jung no contexto pós-estruturalista. Rejeitando o aspecto metafísico dos arquétipos, ficando com as imagens e usando o inconsciente junguiano para disputar a autoridade de seus preceitos, a psicologia arquetípica se declara como um desenvolvimento pós-estruturalista simpático ao feminismo.

Em segundo lugar, a leitura desconstrucionista de Jung, oferecida até agora neste capítulo, aponta para outras formas de se examinar "o feminino", como ambos: uma recusa radical de formas fixas de conhecimento e como um resíduo essencialista dos escritos de Jung. Um feminismo junguiano poderia continuar explorando textos junguianos importantes, dadas as suas formas ambivalentes no enquadre de gênero.

Uma terceira forma na qual o feminismo poderia empregar estrategicamente o Jung desconstrucionista seria usar as suas teorias para interpretar as questões feministas externas. Tomemos, por exemplo, a eterna questão feminista: o gênero é uma essência inata ou, em sua totalidade, construído culturalmente. Essa oposição binária interna do feminismo poderia ser desconstruída, via Jung, provocando implicações mútuas sobre essência *versus* construção cultural e histórica.

Ao invés de oposições fixas entre o essencialismo e o construtivismo social, torna-se claro que, se o gênero é totalmente formado socialmente, então isso é ser essencialista de outro modo. Se a história é determinada totalmente pelo gênero, então ela também está em uma posição essencialista; a essência se desloca da biologia para a história. Pensar sobre os arquétipos pode ajudar. Na linguagem desconstrutivista, o binário essência inata/essência histórica do gênero não pode impedir o resíduo metafisico da essência biológica ou histórica. O relacionamento entre os arquétipos e as imagens arquetípicas fornece um outro caminho para se pensar esse binário arquetipicamente. O resíduo metafísico inerente aos arquétipos como energias criativas e não como marcas fixas de identidade de gênero. As imagens arquetípicas são criadas pelo diálogo entre a herança biológica e a cultura.

Como um resíduo metafisico, os arquétipos se mantêm radicais, pois eles são os irredutíveis incognoscíveis do inconsciente, que desfazem a compreensão do ego sobre gênero. Ao estruturar gênero como um diálogo criativo com o incognoscível, no qual a história e a cultura têm um papel formativo, versões mais radicais e feministas de Jung podem ser observadas.

Desconstrução junguiana como um evento

Para Derrida, a desconstrução não pode ser aplicada e não pode não ser aplicada. Esta noção de algo existindo apenas em ação ou na prática e, portanto, não como um conjunto separado de princípios, estabelece um eco forte em Jung. Argumentei que o imaginário psíquico junguiano e os sonhos mostram correspondências com o pensamento de Derrida sobre linguagem, seus deslocamentos e a *différance*. Sobretudo, Jung lembrava com frequência para seus leitores que o imaginário psíquico deve ser considerado com o cenário, as circunstâncias pessoais da pessoa que as gerou. O imaginário psíquico não deve ser extirpado de seu contexto para demonstrar princípios gerais, embora, Jung, como teórico da grande teoria, estivesse preparado para fazer exatamente isso.

Portanto, seria possível argumentar pelo eco desconstrucionista que a psicologia junguiana não pode ser aplicada e não pode não ser aplicada. O Jung que insiste na contextualização não está pensando na história cultural individual. Ele está tentando manter vivo o enraizamento dos sonhos e das imagens com o incognoscível radical do inconsciente (do analista e do analisando). Para Jung, a psicologia junguiana não existe exceto pela sua aplicação a um texto psíquico particular dada a presença desconstrutivista do inconsciente ("presença" aqui aponta para o resíduo metafísico), o "outro" dentro da teoria. Na prática junguiana, o trabalho com sonhos é a desconstrução como um evento. "A imagem é concreta [...] apenas quando é vista em seu contexto habitual [...] devemos deixar ela se manter como uma coisa orgânica com toda a sua complexidade" (OC 9/1, § 307).

Finalmente, o que eu sugiro sobre o eco entre Jung pós-estruturalismo e desconstrução pode ser mostrado brilhantemente pela substituição de "psicologia junguiana" por "pós-estruturalismo" e "psique" por "linguagem", na seguinte citação:

> [pessoas] assumem que pós-estruturalismo é o conhecimento da linguagem quando seria mais seguro considerá-lo como um argumento contra a cognoscibilidade da linguagem, aquilo que muda a atenção do conhecimento da linguagem para a linguagem do conhecimento (Currie, 1999).

Colocando esta citação em termos junguianos, ela se torna:

> [pessoas] assumem que psicologia junguiana é o conhecimento da psique quando seria mais seguro considerá-la como um argumento contra a cognoscibilidade da psique, aquela que muda a atenção do conhecimento da psique para a psique do conhecimento.

Jung e feminismo pós-freudiano

Jung e Jacques Lacan

Com a desconstrução, não estou tentando traduzir Jung completamente em pressuposições e conclusões de outros teóricos, pois isso seria desacreditar na complexidade e a *différance* do trabalho de Jung. Entretanto, pela causa dos feminismos junguianos, existem ecos sugestivos entre Jung e a releitura de Freud por Lacan. Por exemplo, Jung e Lacan eram estruturalistas quando consideravam que elementos estruturantes pré-linguísticos estavam presentes no inconsciente. Lacan, como Jung, considerava a identidade consciente como fundamentalmente dependente do inconsciente. Onde Jung, de modo otimista, gosta de se concentrar no potencial da totalidade conferida pela união com o inconsciente; Lacan, pragmaticamente, fala da falta. Para ambos os teóricos, tal união como inconsciente é impossível (exceto por momentos breves de êxtase) e o foco do desejo de uma pessoa.

Apesar das ideias principais de Lacan diferirem das de Jung de modos cruciais, os lacanianos consideram que a criança antes do complexo de Édipo existe em um estado, denominado de imaginário e em um vínculo simbiótico com a mãe. Nesse momento, a mãe não tem gênero, pois ela é pré-edípica, antes da cisão necessária da psique em definições de gênero. O imaginário começa na criança pelo que Lacan chama de estádio do espelho.

Aqui, a criança começa a ter a percepção de si (dele ou dela) talvez como um espelho real, ou talvez como um espelhamento do relacionamento com o cuidador. Fazer a conexão com a sua própria imagem (como algo que a criança tem agenciamento) é começar a imaginar os seus próprios limites corporais. A criança se desidentifica de ser uma pessoa unificada. Ocasiona-se, assim, o início da separação da ilimitada profusão representada pela imersão no materno.

O complexo de Édipo irrompe quando o pai (o pai pode ser o pai biológico ou qualquer outra terceira força na órbita do vínculo mãe-criança) efetua a separação da mãe pré-edípica. Por meio do complexo de Édipo, a criança entra no que Lacan denomina de ordem simbólica da cultura e da linguagem com um ser separado e com gênero. O que o complexo de Édipo faz é separar a subjetividade da criança ao renegociar os vínculos com os dois pais.

O medo da castração implica o reconhecimento de que a fusão com a mãe agora é proibida. A cisão da subjetividade ocorre quando a criança reprime no inconsciente o imaginário e a profusão materna. Desta forma, o relacionamento ego-inconsciente é estruturado por um eterno desejo de completude da subjetividade eternamente perdida pela repressão do vínculo materno.

O que, especialmente, tem um apelo para as feministas pós-lacanianas é a conexão que Lacan estabelece entre subjetividade, linguagem e gênero. De fato, na cisão edípica o pai assume a forma metafórica na ordem simbólica como a lei do pai, impulsionando a criança a adentrar na ordem simbólica e afastando-a do domínio fusional do imaginário. Na ordem simbólica estão a linguagem, as convenções e os símbolos valorizados por uma cultura particular.

Para as feministas, Lacan oferece uma explicação para a subjetividade de gênero como construção e fisicamente muito implicada pela forma com que as culturas reproduzem constrições sobre identidade de gênero. A cisão edípica resulta na aquisição da posição de gênero e na aquisição da linguagem. O pênis freudiano se torna para Lacan o símbolo do falo paterno, com o qual homens e mulheres assumem um relacionamento de gênero distinto. Se entramos na linguagem pela cisão, então, a linguagem se torna, ela mesma, a marca da falta da totalidade psíquica. A linguagem é movida pelo desejo.

Para Lacan, o deslocamento pós-estruturalista do significante sobre o significado é resultante da pressão do desejo insaciável da pessoa. Ele, ou ela, está procurando a totalidade que foi reprimida para sempre no inconsciente. O desejo de conter o incontível é o desejo pela inatingível, fixa e completa subjetividade.

Irigaray, Cixous e Kristeva são feministas pós-freudianas e pós-lacanianas que trabalham com a desconstrução para investigar gênero, subjetividade e linguagem. Antes de considerar a entrada junguiana em seus trabalhos, seria importante considerar um exemplo de uma revisão pós-junguiana de Lacan, pela causa do feminismo e por políticas progressistas.

Revisão pós-junguiana de Andrew Samuel, de Lacan e do pai

No capítulo anterior, descrevi parte do trabalho de Andrew Samuel sobre a paternidade como especialmente produtivo para o feminismo junguiano sobre identidade de gênero. Em *The political psyche* [A psique política] (Samuels, 1985, p. 212), endereça-se a política do pai em Lacan como o progenitor da ordem simbólica, da fixidez, da convenção e das noções estreitas de gênero.

O pai em Lacan é a função paterna da estruturação psíquica, não é uma pessoa em particular. Ainda que o seu papel seja comunicar a ordem simbólica com os valores dominantes da cultura, o que implica que ele seja considerado como repressor e patriarcal. A função paterna inscreve a identidade de gênero. Isso ocorre nos dois gêneros, a despeito de que, em ambos, falte o falo; pois este tornou-se um objeto da fantasia da onipotência e da subjetividade completa, impossível depois da cisão psíquica do estágio edípico. Entretanto, para o masculino, não ter o falo é um tipo de ter e a tarefa do feminino é ser o falo do masculino.

A interpretação que Lacan faz do pai aloca o privilégio patriarcal na masculinidade em relação à linguagem e à cultura. De fato, o simbólico é o domínio do significante masculino e repressão do feminino como imaginário. O feminino pode ser encontrado no domínio do outro, sem o qual o simbólico não pode existir. Ele não é nativo do simbólico, da casa da linguagem, da representação e convenções culturais, o feminino não pode ser significado.

Em termos junguianos, a atribuição do simbólico como masculino pelo falo como um significante privilegiado tem que mudar.

Se acrescentarmos a perspectiva junguiana ao simbólico lacaniano, então, algo mais criativo e produtivo para o feminino pode ocorrer. Para Jung, a repressão é apenas uma parte da formação do simbólico. O inconsciente criativo andrógino é também ativo no nascimento do ego consciente. Para os junguianos, o falo pode aumentar o poder do simbólico, mas ele será uma contribuição cultural e não psíquica. Se a cultura confere poder ao falo e à masculinidade, então, isso afeta a formação da subjetividade, mas não por qualquer estruturação baseada no corpo.

Para um junguiano, o corpo feminino é tão capaz quanto o corpo masculino para se tornar um símbolo de poder. Isso porque, embora o corpo contribua para o significado, ele não o governa. O inconsciente andrógino da desconstrução é um ingrediente necessário ao simbólico cultural em termos junguianos. Podemos argumentar que para o simbólico junguiano, o feminino não é excluído, pois ele já está lá na androginia dos arquétipos. De fato, Andrew Samuel marca justamente esse ponto sobre a *anima-animus* como metáforas anatômicas da alteridade (Samuels, 1993, p. 131).

Samuel sutilmente evoca a mitigação junguiana de Lacan ao teorizar sobre a interação entre certeza de gênero e confusão de gênero (cf. cap. 4). As ideias junguianas permitem que o falo opressivo de Lacan seja considerado como um produto cultural, não como um fator psíquico necessariamente determinante. A ideia de que uma paternidade mais engajada pode permitir uma incursão criativa da confusão de gênero é uma demonstração prática de como o falo lacaniano inerte politicamente pode ser repensado. "A existência da confusão de gênero, em si, sugere que nem o simbólico e nem o comportamento social são dados e, portanto, podem ser questionados" (Samuels, 1993, p. 140). A possibilidade da confusão de gênero prova que o falo patriarcal lacaniano marca definições fixas no simbólico e, especialmente, no gênero, não é a única possiblidade para o paterno. Na confusão de gênero, o pai pode se tornar um meio para uma política progressista pró-feminista. Como consequência, o foco excessivo na mãe pré-edípica (que nem sempre contribui para o feminismo) pode ser abandonado.

Samuels menciona estudos observacionais sobre mãe-bebê que corroboram a sua argumentação de que a representação de Lacan do falo paterno separando, implacavelmente, a fusão mãe-bebê é em si uma fantasia cultural (Samuels, 1993, p. 141).

A fascinação do feminismo com Lacan se explica pelo seu aparente antiessencialismo que demostra que gênero e identidade social são construções. Entretanto, o antiessencialismo é bastante distorcido pela crença do falo como o principal marcador linguístico. O falo tem apenas uma relação de fantasia metafórica com o corpo masculino, com nenhum dos dois sexos o possuindo na realidade. Samuels, persuasivamente, pontua o eternalismo da representação lacaniana da função paterna: ela assume um modelo remoto de portador-de-autoridade paterna, que não é mais necessário (Irigaray, 1977).

O Jung visível na recuperação de Samuels do pai, para uma política progressiva, é o Jung pensador da desconstrução, cujo inconsciente radicalmente problematiza o masculino e as demandas egoistas do pai que quer dominar o significado. Jung é também atormentado pelo eternalismo do seu modelo teórico, caracterizado pelo não conhecimento de semelhanças aos estilos antiquados de gênero. Aqui, retornamos novamente, a sua *anima*, que vem obscurecer a sua visão sobre as mulheres, consideradas estrangeiras ao pensamento lógico e mais adequadas para vida dedicada aos cuidados dos outros. Um outro método para exploração do eternalismo de Jung é pela crítica de Luce Irigaray ao falo lacaniano.

Luce Irigaray e a anima fálica

A iniciação na ordem simbólica de Lacan implica a cisão da subjetividade pela entrada da linguagem e o assentamento da diferença sexual em torno do falo simbólico. O trabalho inicial de Luce Irigaray foi muito crítico quanto ao binarismo do gênero em Lacan. Pelo falo simbólico, o masculino tem a fantasia do falo e o feminino deve ser o falo para o masculino. Tal noção binária, estrutura o gênero na fantasia relacionada à diferença sexual. Nenhum dos gêneros têm o falo simbólico, de forma não problemática, pois ele advém da cisão irrecuperável das fantasias do imaginário de completude e suficiência da pessoa (Irigaray, 1977, p. 29).

A estruturação de Lacan da formação de gênero é a de um binário que prende o feminino em apenas desempenhar a função de espelhamento para o masculino. Para Irigaray, isso significa que o pensamento lacaniano é, na realidade, somente sobre um sexo, o masculino. O feminino não existe dentro da teoria lacaniana. Em *This sex wich is not one* [Este sexo que não é só um sexo: sexualidade e *status* social da mulher], Irigaray argumenta que o feminino não é um porque a sexualidade feminina é múltipla e, portanto, não pode ser contida na lógica binária da simetria com o masculino. Também, o sexo feminino não é um porque a "mulher não existe" (Irigaray, 1992, p. 1) nas limitações do pensamento lacaniano. Esse conhecido questionamento feminista a Lacan encontra um eco produtivo em Jung na problemática questão da *anima*.

Em primeiro lugar, na psicologia junguiana a *anima* assume muito da função fálica descrita por Lacan. O inconsciente junguiano é autônomo e orientado para uma finalidade. A cisão edípica não é o meio extremo que gera a subjetividade egóica, dado o papel das energias arquetípicas do inconsciente.

Ao invés de termos o inconsciente em uma condição amorfa e que fatalmente cinde, o inconsciente junguiano é cooperador: ele quer parir o ego.

Como o órgão principal do inconsciente masculino, a *anima* (modelada em primeira instância sobre as imagens psíquicas da mãe real) desempenha um papel ativo na separação da criança durante período vincular pré-edípico. É, principalmente, a *anima* quem forma o papel oposto e complementar na estruturação binária de gênero. A *anima* funciona como o falo lacaniano.

O que também é aparente nos escritos de Jung sobre a *anima* são as suas propriedades expansivas quando ela vem obscurecer e essencializar as ideias de Jung acerca do feminino e das mulheres. Ao descrever a própria *anima* e tecer generalizações para descrever seu papel na subjetividade masculina, Jung sugere que as mulheres são, e devem ser, as portadoras das imagens anímicas para os homens. Na verdade, a *anima* não é apenas o falo no sentido lacaniano de impulsionar a criança para o simbólico e atuar como principal marcador da diferença sexual. A *anima* é adicionalmente fálica, pois ela é o que o masculino ambivalentemente tem e é o que o feminino ambivalentemente deve ser para o masculino.

A partir desse ponto de vista da generalização de Jung, a partir da sua própria *anima* para a caracterização da psicologia de todas as mulheres, podermos dizer conjuntamente com Irigaray que o feminino não existe dentro da escrita junguiana. Isso nos leva de volta ao duplo aspecto do feminino em Jung quando ele olha através das lentes da desconstrução: a essencialização da *anima* e o absoluto, o irredutível "outro". É a radical desconstrução das propriedades dos arquétipos que permite novas formas de se repensar Jung para os feminismos.

A transcendência sensível de Irigaray e a alquimia junguiana

A alquimia junguiana será tratada com mais detalhes no próximo capítulo. De um modo geral, ela consiste na projeção da individuação psíquica sobre certos processos materiais do mundo externo. Jung acreditava que o os alquimistas medievais que passaram a vida tentando converter chumbo em ouro estavam inconscientemente tentando acelerar as suas próprias individuações projetando seus inconscientes arquetípicos na matéria dos tubos de ensaio. A obra de Jung sobre alquimia elicia numerosos ecos com o feminismo pós-freudiano, como os seguintes argumentos demonstram.

Irigaray argumenta que a teoria de Lacan é apenas um exemplo da remoção do feminino nas sociedades patriarcais. Tal remoção é, em grande parte, uma questão cultural e está enraizada nas religiões que celebram a masculinidade de uma forma singular, na forma fálica. Em um simbólico dominado por tal concepção monolítica de gênero, o que se faz necessário é uma forma para a representação do feminino excluído. Ela chama por uma gramática simbólica das mulheres.

A gramática proposta representaria a multiplicidade feminina e seria fora e independente da herança masculina monoteísta. Faz-se necessário reconhecer duas transcendências: uma transcendência múltipla feminina que se soma ao masculino "um". Transcendências, para Irigaray, são gramáticas da subjetividade estendida, possíveis na espiritualidade e na religião, em uma que tenha sido culturalmente esquecida.

> O homem tem sido dividido entre duas transcendências: a da sua mãe e a de Deus – qualquer tipo de deus que possa ser. Estas duas transcendências são, sem dúvida, relacionadas, mas isto é algo que ele se esqueceu [...]. Ele nasceu

> de um outro que é sempre o Outro – o inapropriado. Por séculos, pelo menos na denominada civilização ocidental, esta transcendência raramente foi reconhecida como tal (Irigaray, 1993, p. 116).

A "transcendência sensível" de Irigaray é uma reinvenção do feminino transcendente enraizado no corpo. Essa transcendência é material e materna, uma forma de injetar carne e sangue na ordem simbólica. Ela encoraja homens e mulheres a contemplarem o mistério que cada um representa para o outro (Irigaray, 1991a, p. 46).

Essa é uma chamada para o feminino se inserir na ordem simbólica, na gramática da cultura. Não será preciso ir até o feminismo da deusa junguiana para encontrar correspondências. É verdade que o feminismo da deusa, em particular o mito da grande deusa como uma divindade com múltiplos gêneros, imanente e encarnada tem uma grande semelhança com as intenções de Irigaray. Entretanto, os princípios centrais que atravessam a tradição junguiana e a inovação de Irigaray também são encontradas no trabalho de Jung.

Primeiramente, o transcendente materno, intimamente conectado ao corpo, é inerente à descrição de Jung da maternagem arquetípica. Para a criança-bebê, a mãe se torna a primeira portadora das imagens arquetípicas, principalmente, a mãe como arquétipo materno e *anima*. Ao conceber a mãe como uma imagem arquetípica estruturada por conexões corporais, Jung libera a psique materna de apenas apontar, retrospectivamente, para a regressão. A mãe arquetípica compartilha de toda a pluralidade múltipla e das ressonâncias numinosas das imagens arquetípicas. Isso significa que a mãe pode representar o divino, a espiritualidade, o corpo e, crucialmente, a direção futura da psique da pessoa, assim como o passado.

Além de fornecer a transcendência sensível no arquétipo materno, Jung também fornece uma gramática simbólica e plural do gênero em sua obra sobre alquimia. Por meio da ideia da projeção de conteúdos psíquicos internos, Jung interpreta os textos alquímicos como se eles fossem registros de sonhos. A alquimia depende da linguagem de gênero: do sol masculino e da lua feminina, ou Sol e a Luna/Lua. A transcendência sensível de Irigaray clama por uma linguagem de fogo e água que possa derreter (em termos teóricos, para desconstruir) os sólidos fálicos que o masculino exacerbou na cultura ocidental (OC 16/2, § 402). Isso não é uma atribuição essencialista da solidez do masculino e da fluidez do feminino. Melhor, isso é uma tentativa estratégica que capacita as mulheres para articularem identidade de gênero quebrando a estrutura binária que mantém a cultura masculina.

A linguagem alquímica do Sol e Luna, de Jung, analogamente, não é uma fixação essencialista de identidade de gênero, mas, ao invés disso, é uma dissolução das formas binárias. Alquimia é a gramática do derretimento, aquecimento, dissolução, coagulação em novas combinações. O gênero é uma parte integral deste processo fluido ígneo. O mercúrio é geralmente descrito como uma figura ativa, potente, masculina, mas também como ígneo, aquoso e feminino[25].

Existe um verdadeiro sentido no qual a alquimia junguiana permite uma revisão radical de gênero tanto no simbólico quanto no imaginário. Ele oferece ressonâncias especiais para todas as três feministas francesas.

Hélène Cixous e Jung: a escrita feminina e o teatro da subjetividade

Explicitamente atrelado a Derrida, o projeto de Hélène Cixous visa desfazer a ideologia logocêntrica das oposições bi-

25. Para mais sobre Cixous, "dado" e "próprio", cf. Moi (1985).

nárias, procurando por uma nova linguagem feminina da multiplicidade e da *différance*. Um diálogo pode imediatamente começar com Jung quando Cixous argumenta que as oposições binárias mostram o trabalho da morte na supressão do feminino plural. Os usos complexos de Jung dos termos binários, ora desconstrutivista (o feminino como o incognoscível outro), ora essencialista (o feminino não existe, exceto para ser a reflexão da *anima* de Jung) são trazidos à mente.

Em um ensaio inicial, Cixous define duas economias psíquicas trabalhando na cultura e na teoria: o dado e o adequado[26]. O primeiro é o espaço da desconstrução, no qual o significado não pode ser fixado ou estruturado em uma hierarquia. O último é o domínio do adequado, é o impulso para a classificação, das teorias binarias rígidas e da hierarquia. Ele se torna essencialista quando se associa ao medo masculino de castração. Conectaria o dado e o adequado, ao inconsciente desconstrutivista de Jung e à *anima* fálica, respectivamente.

Cixous influenciou fortemente a teoria feminista com o que ela chamou de escrita feminina (Shiach, 1997). Primeiramente, a ideia de escrita feminina reconhece a sua dívida à escrita de Derrida sobre a *différance*. O que possibilita à escrita ser um contínuo deslocamento de significados e a dissolução das asserções teóricas que amarraram o significado a uma subjetividade unitária de gênero. A escrita feminina é a inclusão deliberada da *différance* em uma escrita que desfaz as oposições binárias patriarcais. Ela se alegra em revelar os significados.

Denominar essa escrita de feminina é defini-la como uma questionadora radical da filosofia e da cultura, algo que não pode ser contido ou descrito compreensivelmente. Então, o

26. Para mais sobre escritura feminina, cf. Moi (1985).

feminino aqui é o incognoscível, o outro inapropriável. A escrita feminina corresponde, portanto, ao imaginário arquetípico junguiano, aos sinais que denotam o inconsciente como o outro absoluto feminino.

Essa argumentação se baseia no inconsciente feminino junguiano, dado que ele se caracteriza por ser o "outro" da consciência masculina orientada para o Logos. O inconsciente é feminino, também, pois é aquilo que não existe dentro da teoria junguiana, da mesma forma com que a psique excede e questiona a teorização do ego.

Cixous também associa a escrita feminina ao espaço imaginário pré-edípico, o domínio do que ainda não tem gênero, do ilimitado, da mãe pré-edípica. Isso a permite considerar a escritura feminina advinda da fonte materna. Ela usa a linguagem do mito e da bíblia para imaginar o feminino, aqui significando todas as posições subjetivas possíveis. Como uma tentativa de recapturar a fusão carnal com a mãe, a escrita feminina é, também, do corpo, é a estrita do leite materno.

Novamente aqui, existem inúmeras possibilidades para esse pensamento pós-lacaniano extrair potenciais feministas das ideias de Jung. Como foi observado, a escrita feminina como *différance* se assemelha à escrita das imagens arquetípicas, que trabalham pela diferença entre si e pelo eterno deferimento da completude logocêntrica única do potencial de significados dos arquétipos. Quando Cixous associa a escrita feminina ao corpo materno no imaginário, ela ainda tem que invocar fontes do simbólico para procurar pela pluralidade de significados reprimidos na linguagem. Para Cixous, o imaginário não pode simplesmente ser representado na arte ou na escrita: ele é um estado perdido para todos sujeitos pós-edípicos. A literatura e a arte apenas podem representar indiretamente o paraíso perdido da subjetividade sem limites. Deve ser lembrado que é a cisão edípica da subjetividade e a entrada no simbólico que permite qualquer forma de linguagem e de representação.

Uma ideia comum dentre as feministas francesas é de que o mito religioso representa uma tentativa da cultura de recapturar o estado de graça e de completude pessoal perdida para sempre no imaginário. Jung concordaria bastante com elas, ainda que permaneçam diferenças cruciais. O imaginário dele é o reino numinoso das imagens arquetípicas e não pertence meramente à história passada da pessoa. É constituinte da psicologia junguiana a pressão das imagens arquetípicas para empurrar o sonhador para frente, para estruturar o futuro destino da pessoa e não tratar apenas do passado reprimido.

Portanto, é necessário perceber similaridades e diferenças quando Cixous usa o mito, a música e a poesia procurando dirigir a atenção para a plenitude materna que foi cortada pela aquisição da linguagem. A alquimia junguiana é uma outra narrativa gramatical designada para mostrar a atividade criativa do inconsciente como fonte e desafios da linguagem simbólica e da cultura. Como o mito para Cixous, a alquimia para Jung, é uma gramática do processo inconsciente que remodela a subjetividade e o gênero.

Certamente, uma outra *différance* entre a escrita feminina e Jung pode ser observada no que o simbólico junguiano diverge do lacaniano. Como mencionei antes, o papel proativo e autônomo dos arquétipos andróginos significa que o simbólico junguiano não exclui o feminino de seus significados. O efeito dos arquétipos é de tornar o corpo feminino capaz de simbolizações tão poderosas quanto o falo lacaniano. Assim como o papel dominante do falo de Lacan é uma fantasia cultural na perspectiva junguiana, também o feminino está sempre potencialmente lá no simbólico junguiano, mesmo se a cultura tenha tradicionalmente desencorajado a representação feminina.

Pode-se argumentar que as interpretações mitológicas na escrita feminina de Cixous são, como a transcendência sensível de Irigaray, uma tentativa de formulação de algo parecido com o simbólico junguiano – um no qual ambos os sexos (e noções não binárias de gênero) podem ser igualmente representados. A despeito das pretensões binárias da grande teoria, o simbólico junguiano – está continuamente em processo de desconstrução do feminino do inconsciente junguiano – é capaz de descartar as oposições binárias logocêntricas em favor da inerente multiplicidade das imagens arquetípicas.

A escrita feminina tem um duplo sentido relacionado ao trabalho de Cixous: ela é uma representação que se esforça para evidenciar a *différance* derridiana e é uma evocação da completude materna imaginária. Cixous acredita que essa escrita é mais natural para as mulheres. Analogamente, o inconsciente junguiano é feminino como o outro incognoscível e irredutível da teoria junguiana (que produz a *différance* nas imagens arquetípicas) e é feminino como a primeira estruturação das energias arquetípicas em relação ao corpo materno pré-edípico na infância.

Além de usar mito e poesia, Cixous, também, cita o teatro como um espaço no qual a linguagem do corpo pode desfiar a linguagem verbal do simbólico patriarcal lacaniano (OC 14, § 706). No teatro, o gesto, a imagem, a voz e o eco podem subjugar as convenções das formas tradicionais de narrativas por mostrarem como os falantes se constituem e se contradizem mutuamente. Cixous usa o teatro para representar a subjetividade como um processo dramático capaz de reconhecer a *différance*: o si-mesmo com gênero se constitui pela *performance* e não pode demandar nem fixidez nem autenticidade.

Não desejo sobrevalorizar a ligação com Jung, mas é fascinante descobrir seu movimento análogo de considerar a subjetividade como um teatro interno. Há uma diferença, Cixous enfatiza o gênero como culturalmente performado pela interação do sujeito com as pressões psicossociais modeladoras. Em contraste, Jung minimiza a influência da cultura em suas descrições do drama arquetípico. Ele sugere que a *performance* do gênero é algo puramente interno. Entretanto, na teoria junguiana, o imaginário psíquico é enfaticamente tido como não isolado da influência social.

Jung torna-se teatral ao descrever a imaginação ativa, a sua técnica terapêutica, em que o ego é encorajado a relaxar a vigilância permitindo que o inconsciente dirija as fantasias. Ele sugere que este estado deve ser considerado com uma peça na qual o ego, idealmente, se desloca de observador para ator. O diretor é, claro, o inconsciente criativo. "Se o observador compreende que o seu próprio drama está sendo performado [...] ele, portanto, se sente compelido [...] a tomar parte na peça [...]" (Adams, 1998). As diferenças entre Cixous e Jung, aqui, estão mais marcadas do que no grau surpreendente de correspondência entre a escrita feminina e a escrita arquetípica. Cixous trabalha o teatro real como um espaço cultural de desconstrução da identidade de gênero e de poderosas teorias específicas, como a psicanálise. Jung, em contraste, descreve uma forma de terapia que se concentra no teatro do mundo interno. Ele acredita que o drama interno deve ser abraçado em prol da autenticidade pessoal atingida pela individuação.

Entretanto, ambos, Cixous e Jung, sugerem que a subjetividade e o gênero podem ser imaginados performaticamente. Cixous instiga a ideia na direção da *différance* e Jung na direção das noções logocêntricas da autenticidade. Contudo, o Jung que busca a subjetividade autêntica por meio de uniões cada vez mais profundas com o inconsciente arquetípico é apenas o Jung da grande teoria. Desse modo, ele demonstra um apego logocêntrico a termos como individuação, que tem um significado fixo. Dada a persistência basilar do inconsciente desconstrutivista junguiano, o teatro de Jung do ser e do gênero pode estar ecoando produtivamente com o teatro de Cixous da utilização feminista da *différance.*

Julia Kristeva e Jung: o semiótico e o tempo das mulheres

Para Julia Kristeva, o feminino é definido com aquilo que é marginalizado pelo simbólico patriarcal (Moi, 1997). Isso não é gênero não problematizado que é vivenciado por pessoas na história. A partir das restrições lacanianas, Kristeva examina, de uma forma particular, o imaginário pré-edípico no qual a criança-bebê existe em um vínculo não diferenciado com a mãe. Kristeva denomina este estágio da fusão materna como semiótico. Depois da entrada no simbólico, o semiótico é reprimido, mas mantêm-se interno para incomodar e questionar as representações simbólicas. Kristeva percebe o trabalho do semiótico na poesia e na arte modernista.

O semiótico é associado, estruturalmente, ao corpo materno. É o materno pré-edípico, então deve conter o potencial para ambos os gêneros, dado que ele ocorre antes das definições simbólicas e da compreensão do gênero como um binário exclusivo. Portanto, o semiótico não é o feminino. Aproxima-se, em alguns aspectos, da escrita feminina, de Cixous, em sua natureza pré-edípica; Kristeva difere de Cixous consistentemente ao separar o materno pré-edípico dela da feminilidade como um gênero. O semiótico pré-edípico é uma posição, anterior à significação simbólica, para a qual ambos os gêneros podem buscar um relacionamento (Kristeva, 1986).

Claro que uma vez que o semiótico fale compreensivamente pela escrita ou pela arte, ele adentra no simbólico, na casa da linguagem e das convenções estéticas. Como resultado, o semiótico materno pode apenas ser discernido por um código duplo: ele persiste nas formas de arte e de cultura que permitem que a sua influência caótica atrapalhe, atravesse, contrarie as convenções simbólicas. Em uma demonstração inicial da separação do semiótico do gênero e do sexo corporal, Kristeva encontra exemplos de pulsações semióticas na escrita de homens modernistas.

É útil tomar a abordagem pluralista para Jung e Kristeva, aquela que examina as diferenças, assim, como os ecos entre esses dois teóricos. A maior distinção a ser feita entre Jung e Kristeva é sobre o paterno simbólico. Para os junguianos, o simbólico é arquetípico e também paterno; de fato, o falo se torna um completo significador cultural e não um unicamente privilegiado. Arquétipos são andróginos, como a mãe pré-edípica; arquétipos têm um papel mais ativo no nascimento do ego do que no semiótico pré-edípico de Kristeva. Em Jung, a cisão edípica é muito menos determinante para a subjetividade. De fato, o simbólico junguiano tem uma relação mais íntima com o semiótico do que o de kristeviano-lacaniano.

A função materna em Jung pode ser distorcida pelo simbólico dominado pelas convenções culturais de uma herança patriarcal, mas ele não é eternamente sem compreensão. O materno dele é apenas sem compreensão quando se refere ao pré-edípico. O materno de Jung faz mais. O que é reprimido no estágio edípico permanece na psique como um materno proativo que continua nutrindo e cortejando o sujeito por toda a vida. O que é reprimido e sem compreensão é apenas a mãe pré-edípica, que é meramente uma dimensão da mãe arquetípica.

As imagens simbólicas posteriores da mãe não precisam ser referenciadas na função paterna em dois sentidos. Primeiro, não precisamos considerar o falo como privilegiado dentre as imagens que moldam o ego e que são influenciadas arquetipicamente. Segundo, as imagens simbólicas da mãe não precisam se referenciar ao passado de forma alguma. Elas podem estar em contato com as energias do inconsciente/semiótico, dirigindo a subjetividade para frente para a individuação. Ao invés de apontarem para trás, para a mãe pré-edípica, as imagens arquetípicas da psique também apontam para as futuras intimações do si-mesmo numinoso.

É claro que, uma vez que Jung escreveu sobre as imagens arquetípicas da mãe, elas se tornam ainda mais alojadas no simbólico, pois agora elas são imagens traduzidas em palavras e submetidas a futuras distorções culturais das representações convencionais da maternagem. Na medida em que Jung escreveu sob a cultura patriarcal, o simbólico de seus textos pesa na direção do paterno.

Contudo, as imagens arquetípicas como imagens psíquicas (antes de serem traduzidas em palavras simbólicas) podem ser consideradas como uniões mais produtivas entre o semiótico e o simbólico. As imagens psíquicas participam da experiência cultural da pessoa, elas são inserções no simbólico, elas são consideradas, principalmente, como significantes do inconsciente desconstrutivista incognoscível, elas são semióticas (e, para Kristeva, pré-edípicas).

Em *Women's time* [Tempo das mulheres] Kristeva fornece uma compreensão do semiótico materno em termos históricos e culturais (Kristeva, 1986, p. 210). Ela argumenta que o simbólico tem se dedicado à concepção de tempo como linear na arte e filosofia. Ele produziu a ideia de "história" como uma sucessão de eventos recordáveis. A narrativa linear de tempo é masculina porque o simbólico é paterno e devido ao privilégio histórico atribuído aos homens.

Contra o tempo linear, ela coloca o tempo das mulheres, como cíclico e monumental. O tempo das mulheres é o tempo da semiótica materna, dada a ideia de a pessoa existir em uma história linear que acaba na morte com a entrada no simbólico. Também é tempo das mulheres quando elas desejarem ser mães. O tempo reprodutivo assume características de circularidade e eternidade.

Kristeva não está essencializando todas as mulheres como mães, pois a mãe pode ter uma variedade de posições culturais. Ao invés disso, ela argumenta que o elo entre as mulheres e o semiótico materno precisa ser teorizado, a menos que o feminismo se torne um substituto para a religião ao invés de ser uma agência para uma mudança política. Previamente, ela sugeriu que o feminismo trabalhou com o tempo como masculino e, depois, com o feminino. Agora, é necessário desconstruir este binário.

O feminismo inicialmente procurou igualdade perante a lei. Ele queria que mulheres se tornassem sujeitos iguais na história linear masculina. A segunda onda feminista asseverou a diferença das mulheres e o separatismo. A união das mulheres com o tempo cíclico arcaico direciona-se para uma religião, ao invés de ser um movimento político.

Diferentemente de Irigaray e Cixous, Kristeva não confia na linguagem da religião e da transcendência. O feminismo da deusa junguiano seria exatamente contra o que ela está argumentando em *Women's time* [Tempo das mulheres]. Ela deseja que o feminismo se insira na história como uma recusa radical da aceitação das limitações subjetivas do tempo linear. Ela acaba chamando pelo fim da oposição binária de gênero, por descrevê-

-lo como metafísico no sentido derridiano. O gênero binário é um objeto de crença, não uma necessidade lógica inerente. Ao invés de tentar uma revolução baseada na fabricação de "um bode expiatório vítima e fundadora de uma sociedade" (Kristeva, 1986, p. 210), deveríamos analisar dentro de cada subjetividade "as potencialidades de vítima/carrasco que caracterizam cada identidade, cada sujeito, cada sexo" (Kristeva, 1986, p. 210).

Para os junguianos, a "solução" de Kristeva para o tempo de gênero se parece muito com a individuação. A recusa radical de Kristeva da identidade de gênero envolve uma reconciliação com a violência interna de cada um (seria a sobra junguiana?) e com a capacidade de representar o papel de vítima. O que é fascinantemente implícito no pensamento de Kristeva é o meio com o qual a maternagem a permite pensar em envolver fisicamente a subjetividade como prospectiva (como a de Jung). O desejo das mulheres em ter filhos no futuro e imaginar um futuro para eles. Elas se preparam fisicamente para a maternagem como algo prospectivo, mesmo que nutridas (para Kristeva) por agitações retrospectivas pré-edípicas. Isso não é uma simples assimilação de Jung ao *Women's time* [Tempo das mulheres], é preciso olhar mais para Jung, para o feminino e o tempo.

É interessante que Jung associa o feminino do inconsciente com o tempo não linear. A *anima* é imortal e fora do tempo, ele conclui (OC 9/1). Certamente, a identificação do semiótico com o feminino e a importância que Jung atribui à *anima*, não é a posição de Kristeva. Para levarmos o feminino de Jung mais longe, retornarei brevemente ao Jung-desconstrutivista. O "feminino" semiótico dele é basilar e essencializador, o inconsciente desconstrutivista "feminino" e a amina são generalizações femininas.

A *anima* imortal é supostamente a figura principal do inconsciente masculino e do feminino dele. Jung não escreveu muito sobre a psicologia das mulheres, mas o tratamento dele do mito de Deméter-Core sustenta uma conexão com *Women's time* [Tempo das mulheres] (OC 9/1, § 306-320). Essa é a história do rapto de Perséfone por Plutão, o deus do submundo. Deméter, a mãe dela, deusa da agricultura, eventualmente resgata Perséfone. Jung considera esse mito como uma narrativa sobre a conexão orgânica do tempo cíclico das mulheres por meio dos efeitos psicológicos da maternagem.

> A experiência consciente da [maternagem] produz o sentimento de que a sua vida é distribuída dentre as gerações [...] o que traz com isto a sensação de *imortalidade*. A vida individual [...] se torna o arquétipo do destino das mulheres em geral (OC 9/1, § 188).

Como Kristeva, Jung concebe o tempo materno como cíclico, arcaico, imortal, residindo no inconsciente e no vínculo psíquico materno com a maternidade. Diferentemente de Kristeva, Jung revela um deslizamento cultural no seu eternalismo, o modo com que a sua teorização é afetada por estilos antiquados de gênero que considera natural o eterno. Por exemplo, a sua teorização acerca do tempo materno torna-se colapsada, amalgamada, com o destino de todas as mulheres. Não há uma combinação da história linear masculina com o mito feminino e eternidade para as mulheres de Jung! O simbólico junguiano pode ser teoricamente capaz de fornecer a função feminina e materna. Isso não significa que Jung seja confiável para prover isso.

Os feminismos junguianos podem oferecer duas respostas a esta breve incursão no amplo e complexo trabalho de Kristeva. A primeira resposta advém do feminismo da deusa, o qual Kristeva, enfaticamente, rejeitaria. A sedução exclusiva no tempo das mulheres é separatista, essencialista e intrinsicamente desengajada das múltiplas noções de diferenças culturais. Ela o considera como algo que provavelmente produz formas opressivas de organização social baseada na mulher como bode expiatório.

Mitigando-se, seria possível argumentar que a atribuição de gênero ao simbólico junguiano pelo feminino da deusa não precisa ser construído de uma maneira essencialista. O mito da Grande Deusa é uma forma inflacionada de moldar a mãe pré-edípica como imanente na natureza e na psique, então, anterior à cisão em dois gêneros opostos. Ele pode direcionar a psique prospectivamente para formas plurais de identificação de gênero.

A segunda resposta junguiana para Kristeva apoia-se em um simbólico junguiano mais desconstrutivista. A desconstrução feminista e os feminismos franceses se uniram ao reconhecerem que a psicologia de Jung se dedica à tarefa (impossível) de pensar no "outro". O trabalho de Jung insiste em privilegiar o inconsciente incontrolável desconstrutivista mesmo em suas mais ambiciosas tentativas de construir proposições fixas para a grande teoria.

O que este capítulo tentou demonstrar é que Jung, ao pensar no outro, envolve-se intimamente com o feminino de dois modos. O feminino de Jung é o princípio do inconsciente como uma incognoscibilidade, a metafísica irredutível que é encontrada em qualquer teoria, mesmo na desconstrução. O outro feminino, que persegue a grande teoria e o mito pessoal, é o lapso para a misoginia e essencialismo, comum nas generalizações da sua *anima* e que faz pronunciamentos reducionistas sobre as mulheres.

Tal eternalismo dentro da teoria junguiana pode ser considerado como o simbólico, distorcido patriarcalmente, invadindo a esfera própria do semiótico e do incognoscível. Isso não deve impedir pesquisas futuras sobre Jung, desconstrução e feminismo pós-freudiano. Estou advogando por uma pesquisa feminista que respeite as diferenças entre as teorias. Esses feminismos buscam vínculos temporários e estratégicos com ecos e correspondências, todos em busca do feminino elusivo.

Sumário conclusivo

A teoria de Jung dos arquétipos estabelece uma relação com o estruturalismo e a desconstrução. A afinidade junguiana com a desconstrução é mais sugestiva para o feminismo. Entretanto, existem divergências cruciais entre Jung e a desconstrução na grande teoria e no mito pessoal. A aplicação de noções desconstrutivistas em Jung produz um feminino de uma indefinibilidade basilar e ideias essencialistas sobre as mulheres.

A teoria feminina psicanalítica (via desconstrução) oferece uma variedade de perspectivas sobre Jung e gênero. O criticismo pós-freudiano do pensamento dominante masculino na psicanálise – como a crítica de Irigaray sobre o falo de Lacan e de Cixous sobre o domínio do apropriado – pode ser usado para a compreender a essencialização da *anima*. De um outro modo, Jung pode oferecer uma alternativa mais fluida sobre gênero e um simbólico mais permeado pelo semiótico do que o de Lacan ou do feminismo pós-freudiano.

O feminismo junguiano influenciado pela desconstrução e pelo feminismo pós-freudiano é capaz de imaginar formas mais "femininas" de teorização. Ele oferece conexões com a transcendência derivadas do corpo materno (Irigaray), da escrita feminina e da *performance* de gênero (Cixous), do semiótico como domínio do materno e do tempo das mulheres não linear (Kristeva).

Leitura complementar

Para estruturalismo, pós-estruturalismo e desconstrução

Uma introdução acessível para essas áreas complexas é Barry (1995).

Uma introdução mais demandante, contendo ensaios dos principais teóricos, inclusive de Derrida, pode ser vista em Wolfreys (1999).

Sobre feminismo pós-freudiano

O leitor iniciante dessas três feministas francesas não poderia fazer melhor do que ler essas três estudiosas. São introduções particularmente úteis: Cixous (1994), Whitford (1992) e Kristeva (1986).

Sobre Jung

Aspectos psicológicos da Core (OC 9/1, § 306-320) é um ensaio raro e interessante de Jung, se concentrado nas mulheres como seres separados e não apenas portadoras da *anima*.

Rowland (1999) interpreta Jung de uma maneira feminista, política e desconstrutivista em relação à literatura contemporânea.

6
Feminismos junguianos pós-modernos

> Aqui, Mercúrio na forma feminina é a Rainha e ela é o "céu" em que o sol brilha (*Mysterium coniunctionis*).
>
> O sublime [...] é aonde a mulher vai além de seus próprios limites e sai do lugar (Nead, 1997).

Este capítulo argumenta em favor de Jung no pós-modernismo. Ele acessa o potencial das contribuições junguianas para uma variedade de feminismos pós-modernos em termos do corpo, do sublime, da narrativa e do gótico. O trabalho de Jung em alquimia será apresentado antes de ser explorado no contexto dos debates pós-modernos sobre o corpo e o gênero.

Meu objetivo é explorar modos pelos quais o gênero se torna o ponto em que Jung mais resiste ao pós-moderno, onde ele mais se fixa em certezas opostas. Um escrutínio cuidadoso dos escritos de Jung não pode concluir, simplesmente, que ele seja anti-pós-moderno sobre gênero, dado que o feminino é essencialista ao mesmo tempo em que é antiessencialista – portanto, sublime.

Este capítulo descreve o papel do gênero na transição do Iluminismo do século XVIII para o pós-modernismo da era contemporânea. É um prelúdio do endereçamento das questões de Jung na pós-modernidade quando se enfoca o vexado assunto do feminino dele. A principal ênfase é dada para as noções de corpo, negligenciadas por Jung, mas surpreendentemente afinadas ao pós-modernismo. Uma atenção especial é dada para a noção do corpo sutil psicológico. Compararei e contrastarei o corpo sutil junguiano com o corpo discursivo de Judith Butler. Os argumentos são construídos para permitir a possibilidade de um corpo junguiano pós-moderno.

Um Jung feminista pós-moderno pode ser também discriminado pelas noções do sublime herdadas pelo pós-modernismo dos românticos. Sugiro que isso possa fornecer um gênero junguiano como um espaço continuamente aberto para a transformação social e política.

O reverso da sublime incognoscibilidade do pós-modernismo é a sua proliferação de narrativas provisórias e experimentais. Para tal contribuição ao feminino, os conceitos junguianos podem ser considerados como performando estruturas narrativas (não da forma teatral) nos feminismos das deusas e nos romances feministas.

A seção final deste capítulo sugere que, embora Jung tenha muito a dizer ao pós-modernismo, do ponto de vista de gênero, ele pode ser mais bem descrito como um autor gótico. Essa sugestão apoia-se na tendência de Jung em questionar, explodir e, ainda persistentemente, revisitar as narrativas binárias quando ele se endereça a masculinidade e a feminilidade. Finalizo com uma nota sobre ecofeminismo e ciberfeminismo. Existe um futuro para Jung no feminismo?

Introdução

Os dois capítulos anteriores olharam para a história do feminismo, como ele se desenvolveu em uma aliança pelas diferenças ao invés de ser um corpo único, representativo da categoria das mulheres. Uma dupla pressão inspirada por essa nova diversidade: a política das bases e a teoria da academia. Uma política cada vez mais complexa dentre as mulheres, devido ao crescente reconhecimento das diferenças de classe, sexualidade, raça, etnicidade, começou a romper corpo ideal integrado do feminismo. Simultaneamente, as pensadoras feministas estavam investigando o impacto de teorias como o pós-estruturalismo, a desconstrução e os feminismos psicanalíticos pós-lacanianos.

A política e a teoria convergiram após perceberem que a crença em um si-mesmo consciente, estável, cognoscível, com gênero fixo e fundante de todo o conhecimento verdadeiro do mundo, não era mais sustentável. A psicanálise pós-lacaniana e a desconstrução detoraram o mito de que havia dois gêneros imutáveis: masculino e feminino; elas também refutaram a noção de que haja qualquer coisa fixa e certamente cognoscível sobre a questão humana. E, se quem eu sou não é uma base para o conhecimento, se as assunções conscientes não têm um *status* garantido, então o conhecimento e as crenças sobre o mundo se tornam problemáticas e instáveis. A sociedade ocidental entra no pós-modernismo.

Da perspectiva das necessidades do feminismo, a principal característica do pós-modernismo é que ela se aplica às condições da sociedade e da cultura[27]. Misturando as teorias e a prática social, o pós-modernismo é onde as experiências sociais se tornam indistinguíveis da construção das ideias. De fato, no

27. Para mais sobre pós-modernismo, cf. Brooke (1992).

pós-modernismo é impossível dizer se a fragmentação social e a incoerência produzem o pensamento pós-moderno ou ele é produzido por ele.

Não estou sugerindo que o Iluminismo pré-moderno não teve ganho com o feminismo. De fato, todos os movimentos feministas ocidentais devem às narrativas iluministas de liberdade humana e igualdade. A condição do feminismo na pós-modernidade é a condição necessária para a enganchamento da herança iluminista de objetivos políticos em uma sociedade pluralista na qual as mulheres não podem mais ser consideradas como um simples grupo. A sociedade pluralista pós-moderna precisa explorar novas implicações dos termos pós-moderno e feminista.

Ainda mais onde não há um conjunto de regras, a arte e as práticas estéticas assumem uma nova significação. Dado que o pós-modernismo trata da falta de regras seguras e de pontos fixos na filosofia, na cultura e na sociedade, não é surpreendente que as teorias pós-modernas não se encaixem entre si como um todo coerente. A arte e a estética são construtos humanos que sempre foram geradas nas bordas do consenso filosófico e social. Portanto, a arte no pós-modernismo assume a tarefa de encarnar ou representar o ponto no qual as ideias distintas e frequentemente controversas das práticas sociais, as necessidades sociais e o capitalismo colidem e assumem uma forma material.

Nessa situação, uma das áreas mais férteis para o feminismo pós-moderno pode ser encontrada nas obras de arte, ou, no caso de C.G. Jung, no ponto em que o seu sistema de ideias fica além das fronteiras científicas. Pode-se considerar que a obra de Jung se afina ao pós-modernismo quando ela para de se colocar como uma base segura do conhecimento fixo do ser humano. Jung conversa com a pós-modernidade quando renuncia à grande teoria e entra no território da metáfora, da especulação e da literatura.

O pós-modernismo caracteriza-se pela diminuição do poder das grandes narrativas. Aqueles sistemas de conhecimento cuja herança retrocede ao século XVIII, período conhecido como o Iluminismo da cultura ocidental. As grandes narrativas são construídas para organizar e fundamentar o conhecimento e o questionamento científico em bases filosóficas seguras. Elas incluem o empirismo científico (ciência fundamentada na evidência material) e os ideais de progresso humano embrincados na crença da civilização ocidental[28].

Certamente, fazer uma generalização extensiva de que o pós-modernismo "é caracterizado pela diminuição do poder das grandes narrativas" é, de fato, oferecer uma outra grande narrativa – sobre o declínio delas. O que revela a cumplicidade do pós-modernismo com a modernidade que o procedeu. O declínio das grandes narrativas pode ser considerado como uma outra instância de narrativa apocalítica de término que distingue o cristianismo e o marxismo.

Meu objetivo neste capítulo é explorar o modo com que Jung se opõe e facilita o pós-modernismo, enfatizado no gênero. Muitos dos pronunciamentos reducionistas dele sobre o feminino podem se alinhar às credenciais iluministas pós-modernas. O protomodernismo dele oferece algo positivo e energizante no campo do pós-modernismo. O pensamento pós-moderno é uma arena que tem sido frequentemente dominada pelo niilismo pós-materialista.

Quando me refiro à motivação de Jung para a grande teoria, penso nos momentos de sua obra em que ele pretende se fundamentar nas grandes narrativas, tais como quando ele se refere ao seu empiricismo (cf. cap. 5), e, crucialmente, quan-

---

28. O sentido pós-moderno de "grande narrativa" está se perdendo ou minguando, mas foi reintroduzido por Lyotard (1979).

do ele mesmo fornece uma grande narrativa para a psicologia junguiana. Jung argumenta que a sua psicologia é uma descrição viável da cultura, da religião e dos problemas humanos (os importantes!) ele é Jung, o homem do Iluminismo moderno. A sua grande teoria assume o *status* de uma grande narrativa.

Porém, como mostrei, também há o Jung do mito pessoal. Este é o Jung que admite o pessoal na construção de uma psicologia. Associar os dois Jungs é a preposição principal do outro absoluto do inconsciente, para qualquer tipo de teorização. A grande teoria e o mito pessoal são fatalmente atravessados pela concepção metafísica de Jung do inconsciente como a fonte criadora do si-mesmo consciente.

Esse inconsciente é metafísico, no sentido religioso, quando Jung o considera como tendo um papel religioso transcendente na psique dos seres humanos. Ele é também metafísico no sentido derridiano quando permanece fundante do sistema de ideias de Jung – que ele considerava como autoevidente pelas suas descrições de psique autônoma (para ele, era objetivo). Em termos derridianos, o inconsciente de Jung é um suplemento – uma ideia importada que fornece uma base para todos os outros conceitos (Eagleton, 1996, pp. 110-130; Rowland, 1999, pp. 17-24).

Existe uma consequência particular por considerar o inconsciente incognoscível como um suplemento metafísico radicalmente desintegrador. Esta consequência é a fundamentação pós-moderna da teorização de Jung. Se o inconsciente for verdadeiramente inconsciente, como Jung frequentemente insiste, então ele deve abandonar o *status* de grande teoria, de grande narrativa, com a exceção, crucial, de sua própria presença ser um resíduo metafísico. Se o que é incognoscível for o mais importante, a afirmação da teoria ser um conhecimento dominante e definitivo, certos conceitos como os arquétipos seriam rebaixados radicalmente. De fato, a presença que fundamenta a psicologia junguiana (como grande teoria e mito pessoal) é uma ausência fundadora.

O efeito desintegrador do inconsciente sinaliza que nenhuma proposição teórica pode clamar ser a verdadeira; ela, na melhor hipótese, é uma tentativa provisória e metafórica para descrever uma situação particular. A despeito da modernidade desejar flertar com as grandes narrativas do Iluminismo, o que é especialmente sugestivo para um Jung pós-moderno será encontrado nos escritos. A percepção autoconsciente da falta de uma base inteligível e segura para argumentações teóricas está entrelaçada em sua obra. "Ao dizermos, pois, que consciente e inconsciente se unem, já exprimimos também que se trata de um processo inimaginável" (OC 14/2, § 207). O pós-modernismo e o gênero fazem demandas mais complicadas de Jung. O tratamento dele da alquimia e as suas noções da contribuição do corpo para a vida psíquica são boas perspectivas a partir das quais acessamos as contribuições de Jung para o pós-modernismo e gênero.

Este último capítulo argumenta a favor de Jung como um pensador valioso para o pós-modernismo e como um parceiro em potencial dos feminismos pós-modernos. Não surpreende, dada a experiência dos capítulos anteriores, que é no gênero que Jung faz menos pronunciamentos pós-modernos. Esses estão em seu essencialismo sobre a natureza das mulheres que pretende ser um conhecimento fundamental e mantenedor das características estruturais do Iluminismo. Jung toma diretamente do Iluminismo as grandes narrativas preconceituosas: as qualidades desejadas da razão e da lógica são do gênero masculino e, são opostas e contrárias à irracionalidade feminina estrangeira.

A despeito dessas limitações aparentes de Jung para os feminismos pós-modernos (e, certamente, o feminismo não pode ser um no pós-modernismo), como já sugeri anteriormente, existe uma verdadeira oportunidade de que sua obra também possa ser parceira, não uma agente principal, da teoria feminista pós-moderna. Os momentos em que a psicologia dele mais reconhece seus limites é onde o inconsciente é mais sutilmente evocado em sua obra, na alquimia e no corpo; são momentos em que os preconceitos essencialistas de Jung se tornam inviáveis no interior do seu trabalho.

Um exemplo do potencial para um feminismo junguiano pós-moderno é o uso de suas ideias para fornecer uma forma de narrativa para a arte, como em um romance. Isso seria usar Jung como uma tecnologia de representação estética sem importar com o seu trabalho como grande teoria. Tal arte não poderia evocar a sua psicologia como um veículo para verdades essencialistas diretas. Jung contribui com um método de estruturação que não tenta outorgar fundamentações fixas de conhecimento[29].

Tais romances usam o antifundamentalismo latente de Jung para retirar seu próprio essencialismo sobre o gênero, em particular, nas descrições que ele faz da *anima*. É interessante não ser necessário nos deslocarmos para as artistas feministas para descobrir que as ideias junguianas estão sendo usadas como estratégia narrativa pós-moderna. O próprio Jung fez isso, esporadicamente, nos textos da alquimia, e na sua história sobre fantasmas (Jung, 1982a, pp. 143-152).

A penúltima parte deste capítulo sugere que do ponto de vista do feminismo pode ser interessante associar Jung ao góti-

---

29. Para romances pós-modernos com uma abordagem feminista de Jung, cf. Atwood (1996), Roberts (1983), Methuen e Roberts (1990).

co ao invés de identificá-lo mais com o pós-modernismo[30]. Em seu relacionamento ambíguo com o Iluminismo e o pós-modernismo e com a sua reiterada dificuldade com o feminino, o gótico pode fornecer um refúgio para Jung e todos os seus fantasmas femininos.

Jung sobre a alquimia

A alquimia foi a tentativa de transformação de chumbo em ouro. Compreensivelmente, foi um passatempo comum nos períodos históricos em que as ideias filosóficas e religiosas sugeriam que isto era possível. Floresceu na Europa ocidental nas eras medieval e moderna. Sabe-se que a alquimia existiu desde o século I da Era Comum. Embora a alquimia tenha atraído desonestos e outros que procuravam apenas por fortuna, a devoção dos alquimistas sérios aos seus trabalhos experimentais deu vez a inúmeros avanços científicos. A alquimia é reconhecida como a antecessora da química moderna, da qual seu nome é derivado.

Essa é a visão popular da alquimia. O que é menos conhecida é a dimensão filosófica e religiosa da alquimia[31]. O pensamento iluminista e pós-iluminista separa a mente da matéria. Considerando os elementos químicos e os metais como inertes, como substâncias mortas, a alquimia acreditava em um *continuum* entre o que era material, psicológico e sagrado. Mente, matéria e espírito estão conectados. O mundo dos alquimistas era almado [animado]: a centelha divina residia na matéria, estava nas profundezas da alma humana e na divindade transcendente.

30. Para mais sobre o gótico, cf. Botting (1996).

31. Para mais sobre a dimensão religiosa e filosófica da alquimia, cf. Burckhardt (1967, pp. 11-22).

Transformar chumbo em ouro, em um nível, era uma operação altamente lucrativa e, para o verdadeiro alquimista, era o refinamento e a retirada do espírito divino da prisão da base material. A base de chumbo era conhecida como *prima materia*, ou substância básica, que poderia ser transformada em uma forma dourada sagrada, frequentemente denominada de pedra filosofal. A operação toda serviria simultaneamente para refinar a alma do alquimista. O objetivo da alquimia era alcançar a forma filosófica divina tanto da *prima materia* do metal quanto do temperamento básico melancólico, ou seja, da alma humana ainda não transformada.

Quando lemos os textos alquímicos, é impossível saber se os alquimistas acreditavam que eles estavam fazendo o ouro químico real ou se tal linguagem seria uma metáfora para uma realidade divina, ou ambos. A materialidade literal ou a teologia metafórica não são alternativas. Melhor, os alquimistas viviam em um mundo almado, em que o divino não estava apenas "lá em cima" e "separado" (transcendente); ele era, também, imanente da matéria e da mente humana.

Embora possa parecer que a alquimia viva em uma dimensão totalmente diferente da fragmentação e da descrença do pós-modernismo, esse não é realmente o caso. O que talvez possa interessar aos pós-modernistas na alquimia é que esta ciência pré-iluminista se recusa a separar a consciência da matéria. Isso corre em sentido contrário ao empiricismo iluminista, a grande narrativa científica também é desafiada na pós-modernidade. Na alquimia, a consciência que observa é, inevitavelmente, capturada pelo processo material, da mesma forma que a ciência pós-moderna assevera que o observador afeta o fenômeno observado. Analogamente, era de grande interesse para Jung a insistência da alquimia de que o processo também deveria acontecer na própria alma do alquimista.

Jung veio a acreditar que a alquimia era, de fato, a projeção do que ele identificou como individuação (OC 12). Alquimistas estavam profundamente envolvidos com a matéria em seus tubos de ensaios pois eles projetavam os conteúdos de seus próprios inconscientes sobre eles. Quando os alquimistas falavam de substâncias morrendo e ressuscitando, se unindo e dissolvendo, eles estavam fazendo algo equivalente à autoanálise e facilitando as suas próprias individuações. Nesse sentido, os textos alquímicos são equivalentes aos sonhos enquanto registros de material psíquico. A única diferença entre os sonhos e a alquimia é que o trabalho alquímico é projetado externamente na matéria.

Quando duas pessoas estão envolvidas na alquimia, o processo é equivalente a uma análise junguiana ortodoxa. Transferência e contratransferência são reconhecidas mutuamente e usadas como ponto de partida para o desenvolvimento psíquico.

Usei a palavra "equivalente" ao descrever o alinhamento das ideias de Jung com a alquimia porque, de outro modo, Jung poderia tecer uma grande teoria sobre a alquimia, considerando-a como prova de seu conceito de individuação. Entretanto, a falta de fixidez e de enraizamento nos escritos sobre alquimia tornaram difícil para Jung empregar a alquimia como evidência científica da validade universal da sua psicologia.

Os escritos alquímicos de Jung estão conscientes de que a habilidade dele para teorizar apoia-se nos escritos alquímicos tanto quanto ela é a explicação deles. Ele relata que a alquimia lhe oferece "uma abundância de símbolos" (OC 14/2, § 445) da psique e que lhe sugere "processos simbólicos" (OC 14/2, § 447) para a crucial união de opostos. Ainda mais, a alquimia lhe tornou possível "descrever o processo de individuação em seus aspectos mais importantes" (OC 14/2, § 447) de uma forma que material de casos clínicos não poderiam. Consequentemente e paradoxalmente, Jung pode pontuar que é mais junguiano quando está escrevendo sobre a alquimia do que quando está descrevendo seu próprio trabalho clínico com pacientes. A alquimia permite que ele elabore acerca do infinitamente variável processo de individuação de modo que os casos correntes de pessoas reais não poderiam.

Isto é um pequeno, mas significativo deslocamento na descrição dos fundamentos da psicologia. Deveria ser fundamentada sobre estudo clínico ou sobre leituras místicas? Certamente, Jung não rejeita a sua teorização baseada na clínica, nem a sua motivação para a grande teoria. Entretanto, quando ele sugere que a alquimia fornece evidências mais inteligíveis do que material de caso clínico: "um mosaico de segmentos, sem começo nem fim" (OC 14/2, § 447), ele esclarece a diferença entre a alquimia e a sustentação convencional da psicologia. Tal deslocamento é significativo no contexto do pós-modernismo ante fundamentação e ante empírico.

Jung escreveu com convicção que as suas ideias poderiam descrever as manifestações alquímicas, mas não poderiam explicá-las completamente. O incognoscível inconsciente permanece como o ponto de partida. Ele descarta teorias absolutas e cognoscíveis sobre a psique, de modo que um dia a sua psicologia será definida como metafórica e simbólica, como ele acreditava que a alquimia era.

Uma última palavra sobre a alquimia de Jung e que introduz o corpo junguiano. Jung dividiu o processo de individuação na alquimia em três estágios. No primeiro, a união com o inconsciente seria estruturada por formas opostas de gênero, a psique oferece a figura do "outro", como outro gênero, a *ani-*

ma/animus. Esta união é tipicamente descrita como casamento, tornando-se um casamento sagrado por meio de poderes numinosos do inconsciente. No segundo estágio, a psique experienciaria a união com o corpo. Então, aqui uma outra negação ao Iluminismo que separa a mente da matéria, a psique se uniria ao mundo externo[32].

Embora Jung considerasse a alquimia prioritariamente como a projeção da individuação, ele também costumava especular acerca da identidade última entre a psique e a matéria. Esse é um tema familiar para a ciência pós-moderna, como Christopher Hauke explica em sua obra inestimável *Jung and the postmodern: the interpretation of realities* (Hauke, 2000).

Jung sobre o corpo

Teóricos desconfiados do posicionamento antifundamentos do pós-modernismo voltaram-se para o corpo como uma fonte segura de significado. Certamente, o corpo fornece uma base para algumas verdades, agora que a mente a subjetividade já não são confiáveis. As feministas podem ficar tentadas a recorrerem ao corpo sexuado como uma fonte não problemática da verdade. O corpóreo é autoevidente e fixado em contraste com as instabilidades de gênero pós-modernas.

Tal pensamento feminista tem sido rebatido pela asserção de Judith Butler de que o conhecimento do corpo é construído discursivamente[33]. Isto quer dizer que o corpo pode ser uma coisa estável no mundo, mas nossa compreensão sobre ele é submetida a todos aqueles deslocamentos da linguagem e do

---

32. Para os três estágios da união psíquica na alquimia junguiana, cf. Schwartz-Salant (1995).

33. O trabalho de Judith Butler sobre o corpo sexuado como discursivo está em Butler (1990, 1993).

sistema de ideias que poluem outras verdades aparentemente autoevidentes. Crenças sobre o significado do contorno do corpo são construídas pela linguagem de gênero, raça, poder, medicina, ciência e filosofia, como também são os termos mutáveis e traiçoeiros do masculino e do feminino.

O trabalho de Judith Butler sobre o corpo sexuado pós-moderno pode ser utilmente comparado e contrastado ao corpo junguiano. Primeiramente, apresentarei a noção de Jung acerca do corpo.

Como muitos pós-modernos, Jung não considerou o corpo como fonte de significado auto explanatório. O corpo junguiano não é um princípio fundante ou governante. De fato, Jung se referia ao corpo como metafisico porque ele não pode ser conhecido sem a mediação da psique ativa e criativa. Portanto, considerar o corpo como fundante do conhecimento seria um ato de fé que nunca pode ser provado; portanto o corpo é metafisico[34].

Sempre psicologicamente construído (porque a percepção mental do corpo vem por meio da psique), o corpo não é uma fonte objetiva da verdade. Nessa controvérsia, Jung ficaria surpreso por encontrar-se em companhia das feministas pós-modernas. Jung sentia que o corpo deveria ser compreendido, paradoxalmente, tanto como um sistema separado com as suas próprias necessidades e leis, como engajado vitalmente com a psique. O corpo junguiano influencia a psique, ainda que nunca possa ser um fator de comando. Para Jung, o inconsciente incognoscível é sempre primário. Ao tomar o inconsciente como a ideia central em sua psicologia é uma outra forma de assertar que o corpo nunca pode ser conhecido objetivamente.

---

34. O comentário de Jung sobre o corpo como uma categoria metafísica está em uma carta de Jung a Henry A. Murray, de 10 set. 1935, em Adler (1975, p. 200).

O processo inconsciente na psique intervém inevitavelmente na visão da mente sobre o corpo.

As estruturas da psique, os arquétipos, são tanto materiais quanto imateriais. Enquanto materiais, eles existem no corpo no nível dos instintos. Enquanto imateriais, eles têm uma forma transcendente e numinosa; eles não são dependentes do corpo e nem das impressões que recebem do mundo externo para a sua existência[35]. Colocando de uma outra forma, arquétipos têm dois polos: o polo instintivo corporal, que dialoga com os aspectos numinosos e autônomos.

Nem o corpo, nem a dimensão numinosa se controlam mutuamente, embora eles estejam vitalmente relacionados. De fato, o corpo é solicitado pelo ego para lhe dar uma substância para que ele seja mais integrado ao inconsciente, ao invés de ser oprimido por ele. A substanciação do ego pelo corpo não deve ser confundida com o aterramento da psique. O corpo não pode fundamentar a psicologia junguiana como um sistema de ideias, porque o ego não fundamenta a realidade de Jung nem a sua teoria. A fundamentação é sempre dada pelo inconsciente incognoscível.

O que, potencialmente, conecta Jung ao feminismo na questão corporal é a noção de corpo sutil. É o corpo concebido física e imaginativamente. A contribuição psicológica do corpo para a identidade pessoal é o corpo dos sonhos; ele já foi fisicamente processado. E o corpo sutil também é conectado às pressões sociais (sobre a história do fantasma de Jung, cf. abaixo, neste capítulo). Apesar de Jung ter a tendência a minimizar o papel da cultura na formação das imagens psíquicas, o corpo sutil é onde a cultura intervém na construção, dada a absorção

35. Para mais sobre corpo e Jung, cf. Hauke (2000, pp. 175-190).

cultural pelas imagens arquetípicas. O corpo sutil é feito de imagens arquetípicas que registram as impressões corporais.

O corpo sutil junguiano é evidente na obra alquímica. O tratamento extensivo de Jung e a sua dependência da alquimia ajuda-o e atrapalha-o. Ajuda naquilo pelo que Jung não se interessa; a falta da dimensão cultural e histórica dos textos alquímicos possibilita que seus preconceitos sociais não interfiram. Contudo, isto, por outro lado, acaba por não ajudar, dando a falsa impressão de que a individuação pode acontecer separadamente da história pessoal e cultural da pessoa: ela não pode.

A alquimia fornece a Jung uma gramática para os símbolos psíquicos, e não uma justificativa para que o corpo sutil ignore a inscrição cultural. Os arquétipos com as suas dimensões corporais e numinosas são parte da estruturação arquetípica da imagem como corpo, do corpo sutil. A história pessoal e a cultura também desempenham um papel, embora nunca possam se tornar fatores governantes, no paradigma junguiano (lugar reservado da criatividade e do inconsciente incognoscível). A despeito dos próprios interesses de Jung, o corpo sutil junguiano permanece relacionado às ideias culturais e às práticas sociais correntes.

O corpo sutil junguiano é especialmente fascinante pois ele não é uma criação do corpo e nem da mente; ele representa a união de ambos. Portanto, o corpo sutil transcende a característica binária do Iluminismo que separa o corpo da mente. O corpo sutil é aquele ponto em que o corpo e a mente se encontram e onde não se pode atribuir uma prioridade de um sobre o outro. Nem a mente ou o corpo podem ser traduzidos pelo outro. Desta forma, as palavras jamais podem descrever completamente ou evocar o corpo sutil, pois elas são criaturas do ego consciente. Apenas os símbolos podem, pois: "O símbolo não é nem abstrato nem concreto, nem racional nem irracional, nem real nem irreal. É sempre as duas coisas [...]" (OC 12, § 400).

Agora, está na hora de considerarmos os desafios apresentados para Jung pelos termos como 'Iluminismo', 'pós-modernismo' e 'feminismo', antes de procurar por um corpo junguiano pós-moderno.

O Iluminismo, o pós-modernismo e o feminismo

O termo 'Iluminismo' refere-se ao período do século XVIII, quando as grandes narrativas filosóficas, políticas e científicas da modernidade se estabeleceram. Foi especialmente significativa a aderência normativa das sociedades ocidentais às narrativas lineares do progresso civilizador. Tal crença foi reforçada pelas grandes narrativas da ciência empírica, da igualdade e da liberdade entre os homens, cujas noções se baseavam em uma essência comum à humanidade. Como o pós-modernismo se contrapõe, fratura e problematiza a herança intelectual do Iluminismo é interessante explorar essas assunções um pouco mais.

O Iluminismo como um movimento intelectual tem várias caraterísticas definidoras. Elas são resumidas, a seguir:

1. O ser humano possui uma identidade consciente, estável, coerente de si mesmo caraterizada pela racionalidade. A razão é uma qualidade superior que capacita o ser humano a desenvolver um insight privilegiado sobre si e sobre a natureza não humana.

2. A razão estrutura a filosofia. A filosofia resultante pode fornecer fundamentos objetivos, confiáveis e universais para o conhecimento. A razão, portanto, fornece conhecimento sobre os seres humanos e sobre o mundo, que é verdadeiro e estável.

3. A história, a cultura e o corpo não afetam a capacidade da razão de construir um conhecimento objetivo. Desta forma, a razão é transcendente e universal. A razão é conectada às possibilidades de autonomia e liberdade.

4. O conhecimento ancorado na razão é politicamente neutro. Os conflitos entre a verdade, o conhecimento e o poder podem ser resolvidos apelando-se para a razão.

5. A ciência é ancorada na razão e, desta forma, fornece um modelo para o conhecimento. Portanto, a ciência é politicamente neutra e socialmente benéfica.

6. A linguagem oferece uma janela não problemática para o mundo. É um meio transparente para a razão e representação: a linguagem corresponde à realidade. O uso correto da linguagem torna o mundo presente para a consciência. A linguagem não constrói a realidade.

O pós-modernismo questiona todas estas crenças do Iluminismo. As grandes narrativas que suportam ideias da supremacia da razão, a transcendência dela sobre o corpo e a história e a neutralidade da ciência reforçada pelas práticas empíricas (experimentos objetivos repetíveis) – todos estes itens têm sido enfraquecidos ou provados como vulneráveis pelo criticismo pós-moderno. Um ponto particular dessa disputa é a forma com a qual o Iluminismo construiu seus princípios. As grandes narrativas do Iluminismo apoiam-se nas estruturas binárias. Por exemplo, a mente é definida como totalmente distinta do corpo; o cientista observador deve estar totalmente separado do mundo estudado e, crucialmente, a razão deve ser separada do irracional.

Tipicamente, o Iluminismo usa o gênero como uma forma de posicionamento dos binários necessários: a masculinidade é associada à mente transcendente e a feminilidade ao corpo reprodutivo caótico. Em termos clichês, isso torna os homens aqueles que fazem o trabalho importante do pensar, enquanto as mulheres ficam encarregadas das posições inferiores do sexo e da reprodução. O cientista e doutor do sexo masculino opera sobre e não com a natureza feminina passiva (então feminilizada) de seus pacientes. E, certamente, a razão tem o mesmo gênero da suprema qualidade da consciência masculina enquanto o irracional é definido como desviante e feminino.

Três movimentos intelectuais, interrelacionados, criticaram as grandes narrativas iluministas e deslocaram a sociedade ocidental para o pós-modernismo. São eles: a psicanálise, a teoria feminista e a filosofia pós-moderna. Os três questionam os binários fixos sobre os quais o pensamento iluminista depende. A psicanálise questionou a cisão absoluta entre a racionalidade e a irracionalidade, demonstrando o papel modelador do inconsciente até mesmo no indivíduo acordado e racional. O feminismo atacou os binários de gênero, enquanto o pós-modernismo forneceu meios para questionar todos os tipos de pensamentos binários.

As teorias pós-modernas são caracteristicamente desconstrutivistas (cf. cap. 5). Elas desfazem a hierarquia das oposições binárias que se condensam em torno da crença central iluminista – da superioridade masculina da razão ter sido criada pela expulsão e supressão da irracionalidade feminina.

Ao invés das grandes narrativas compreensivas, o pós-modernismo fornece discursos discordantes. Aqui o termo 'discurso' é usado como na obra de Michael Foucault[36]. Um discurso é um corpo de conhecimento que também é uma prática social. Ele é, portanto, uma forma de poder social. Discursos

36. Para mais sobre Foucault, cf. Rabinow (1984, pp. 3-29).

fornecem formas de pensar e de construir significados. Eles não apenas descrevem, mais importante do que isso, os discursos constroem as subjetividades, as relações sociais e o conhecimento do mundo.

Um discurso, enfaticamente, não é neutro politicamente. Ao contrário, ele é parte das relações sociais, históricas e de poder de onde ele emerge. Foucault acreditava que a realidade social consiste em discursos mutualmente constitutivos e discordantes que produzem o poder, a sociedade e a subjetividade. Discursos pós-modernos são desconstrutivistas, pois eles não fundamentam o conhecimento fora de sua própria estrutura. Desta forma eles desafiam os fundamentos das grandes narrativas do Iluminismo.

Feminismo, pós-modernismo e Jung

O feminismo tem uma relação ambígua com o Iluminismo e com o seu oponente pós-moderno. Por um lado, a tendência do Iluminismo a apoiar-se na hierarquia de gênero da razão masculina sobre a irracionalidade feminina tem estimulado teorias feministas dedicadas a promover a era pós-moderna. De outro lado, é do Iluminismo que o mundo moderno herdou ideais de emancipação, liberdade, autonomia e igualdade. As feministas também querem algo semelhante a isso. O argumento de que o pós-modernismo *per se* não preencherá o projeto feminista pode ser consubstanciado pela observação do modo com que o gênero binário do Iluminismo persiste na modernidade e em parte no pensamento pós-moderno.

Algumas filosofias pós-modernas continuam satisfeitas com a irracionalidade do feminino. O que aparenta ser uma mera reversão da hierarquia existente. O outro feminino é, agora, valorizado e lhe é dada a posição privilegiada de lugar da verdade pós-moderna parcial e elusiva. Ela é a verdade pós-moderna, uma mulher encoberta por véus (Waugh, 1992; Jardine, 1993). Do Iluminismo para o Pós-modernismo, a verdade mudou de lado. Antes era propriedade da razão masculina, agora ela é colocada nos braços do outro feminino.

O si-mesmo pós-moderno passa a ser radicalmente dependente dessa irracionalidade, da verdade irrepresentável, mas o contínuo confinamento do feminino ao outro da representação não é o desenvolvimento do empoderamento feminino na esfera sociopolítica. O pós-modernismo, estritamente tradicional, que mantém o feminino como o outro é questionado pela teoria feminista.

O feminismo pós-moderno tem que ser tanto pós-moderno quanto feminista. Não existe um colapso, uma junção simples, destes dois termos. A produção do diferente é, ainda, aliado aos feminismos, que substitui um movimento feminista único, é um sintoma do pós-modernismo. Também há um desejo contínuo de se repensar os termos 'pós-moderno' e 'feminismo' e seu relacionamento. O feminismo pós-moderno tem que negociar o relacionamento das narrativas iluministas de autonomia e liberdade com as narrativas do masculino transcendente que se apoia na inferioridade do feminino.

Nessa história entre Iluminismo, pós-modernismo e feminismo, C.G. Jung tem um lugar. Christopher Hauke descreve convincentemente a psicologia junguiana como um discurso para as sociedades pós-modernas (Hauke, 2000). Ao questionar a razão como fundamentação do conhecimento verdadeiro, Jung critica as caraterísticas do Iluminismo na modernidade. A razão não é a fonte da verdade para Jung, pois a subjetividade e o conhecimento da realidade dependem do outro, do inconsciente incognoscível. A história, a cultura e o corpo afetam a compreensão da mente consciente sobre o mundo, moldam imagens arquetípicas que também influenciam a percepção consciente. Como no pós-modernismo, nenhum destes oferece uma base sólida ou segura para a verdade.

Analogamente, Jung não usa grandes narrativas filosóficas ou científicas para ancorar a sua psicologia em verdades universais. Quando ele menciona a filosofia nos escritos sobre sua psicologia, ele não sugere que ela possa fornecer uma fundamentação neutra para o conhecimento. Melhor, a psicologia junguiana desliza para a categoria do mito pessoal por causa da racionalidade de Jung, situada no ego dele, e que é dependente do outro dele, das intervenções do inconsciente incognoscível superior.

Portanto as tentativas de Jung em estruturar sua teoria como uma grande narrativa, que eu denominei de grande teoria, nunca podem ser completamente separadas da motivação do mito pessoal, porque, a crucial proposição do inconsciente incognoscível sinaliza que Jung não sustenta os princípios iluministas da razão superior formadora da verdade. Posto isto, é possível argumentar que a afinidade de Jung com o pós-modernismo apoia-se, paradoxalmente, em sua preposição fundamental do inconsciente. A teoria junguiana baseia-se (seu resíduo metafisico – cf. cap. 5) no inconsciente irrepresentável, indescritível porque ele é inconcebível para o ego. Se a presença fundante é a ausência fundante da escrita, então, para Jung, como para o pós-modernismo, a linguagem não é uma janela confiável e transparente do significado, da verdade e do mundo.

Contudo, como sugeri anteriormente, Jung não é completamente pós-moderno. Ao propor a grande teoria, ele deseja se conectar e imitar as grandes narrativas iluministas. O que é mais significativo para a perspectiva feminista é Jung ser, no fundo, um homem do Iluminismo, dada a persistência do pensar em opostos sobre gênero. De fato, o gênero se torna o meio principal de expressão do pensamento em opostos nas ideias junguianas. É difícil imaginar como o processo de individuação, essencialmente desconstrutivista, pode descrever oposições entre a consciência e o inconsciente sem o uso característico de gênero feito por Jung.

Talvez o que eu denominei no capítulo anterior de *anima* fálica de Jung seja um produto do Jung iluminista moderno. Enquanto, e ao mesmo tempo, o vital inconsciente feminino desconstrutivista é produto do Jung pós-moderno. Como outros pós-modernistas, ele ainda insiste no outro como o feminino.

Os ensaios de Jung sobre a *anima* são fálicos quando eles a descrevem como uma mera tela sobre a qual se projeta aquilo que deve ser excluído da consciência masculina de modo a se alinhar com a racionalidade e com o Logos. Aqui, a *anima* se torna o significante importante para o que é conhecível, no sentido de que é algo que o masculino tem (como o outro "dele"), mas que não pode ser (mulheres devem "ser" a *anima* dele para ele). A *anima*, portanto, é uma má representação do feminino, o meio para formar a estrutura binária: masculino-consciência-Logos/feminino-inconsciente-Eros.

A *anima* fálica é do Jung iluminista, e o Jung da *anima* como significante do inconsciente incognoscível é a encarnação do Jung pós-moderno. Para tomarmos Jung pós-moderno e transformá-lo em um parceiro do feminismo pós-moderno, retornarei ao corpo junguiano.

Jung e o corpo no pós-modernismo

Ideias sobre o corpo no pós-modernismo têm quatro aspectos caraterísticos:

1. O corpo não está em um relacionamento binário à parte da mente. O corpo pode afetar a mente, pois é a mente que constrói conhecimento do corpo.

2. O corpo é, portanto, um fator na conscientização de uma pessoa sobre si mesma, sobre sua capacidade de raciocínio, sobre seu gênero, sua psique, etc.

3. O corpo é construído por meio do discurso. Não é um objeto de estudo objetivo ou neutro. O corpo é constituído por meio das ideias conectadas à história e à cultura.

4. O corpo não é uma alternativa à razão. Dado que ele não transcende a história, a psique ou a cultura; ele não pode fornecer, por si só, as bases objetivas para o conhecimento ou para a verdade.

No feminismo pós-moderno, Judith Butler tem explorado o papel do corpo sexualizado na formação psíquica e na formação da identidade de gênero em *Gender trouble: Feminism and the subversion of identity* [Problemas de gênero: feminismo e subversão da identidade]e em *Bodies that matter: On the discursive limits of sex* [Corpos que importam: os limites discursivos do sexo]. Ela critica especialmente a tradição feminista que separa o sexo corporal do gênero cultural. Ela considera o sexo corporal como um *background* neutro sobre o qual o gênero cultural é construído e inscrito. Butler desconstrói o binário sexo/gênero argumentando que o sexo nunca pode ser conhecido de forma neutra. O sexo corporal é discursivo no sentido foucaultiano por ser constituído por meio do discurso. Eu apenas conheço a realidade do meu corpo por meio dos discursos culturais que constroem o significado do meu corpo para mim. Portanto, o gênero e até o sentido de ser um indivíduo próprio, um "eu", está amarrado à construção cultural do corpo.

Não sugiro que o corpo seja simplesmente um discurso. Corpos importam em dois sentidos: eles são importantes apesar do discurso moldar a forma como eu me compreendo. Eles também são parte da matéria, eles têm uma existência física além do registro da consciência. Para Butler, os corpos são parte de uma concepção materialista da realidade, como uma relação experienciada da produção e dominação social. O corpo é apenas conhecível por meio do discurso, entretanto, ele existe para além do discurso.

Butler coloca o corpo discursivo e o não discursivo em um *continuum* da visão materialista da realidade social: "linguagem [constituindo o discurso] e materialidade não são opostos; a linguagem se refere ao que é material e o que é material nunca escapa completamente do processo pelo qual ela é significada" (Butler, 1993, p. 68). Ao colocar o discurso sexual do corpo no centro da formação da identidade, Butler sugere que o gênero é performativo. Isso não significa que exista um "eu", um si-mesmo que preceda o gênero e que, de alguma forma, decida assumir um papel de gênero. Pelo contrário, o "eu", o si-mesmo, é construído por meio de discursos sobre o corpo, que substituem sexo por gênero.

De fato, não existe separação entre sexo e gênero. Os discursos de gênero produzem efeitos no sexo pela citação repetitiva do corpo que também é o lugar e constituído pelas – das relações de gênero. A fim de reverter as assunções convencionais, a sociedade não tem dois gêneros porque que eles, evidentemente, são dois tipos diferentes de corpos humanos. A dualidade persistente no pensamento sobre gênero constrói a percepção de dois tipos absolutamente distintos de corpos justificando, assim, o desejo de manter as inequalidades binárias.

Não é a questão de um único poder externo atravessar o desenvolvimento infantil. É a construção de um corpo como uma matéria citada e referenciada repetidamente. A matéria do corpo não é uma superfície simples. Ela é "um processo de materialização que se estabiliza ao longo do tempo e produz os efeitos de limite, fixidez e superfície ao que denominamos de matéria" (Butler, 1993, p. 9).

O que é o enfoque principal de Butler, onde seu corpo discursivo assume explicitamente o projeto feminista pós-moderno, é a sua visão de gênero como uma prática regulatória. Gênero é performativo e reiterativo (não é uma verdade essencial). Ele constitui o "eu", de tal forma que não há um sujeito que escolha. O que circunscreve o gênero e a subjetividade é a estruturação implícita do discurso que produz a norma heterossexual. A heterossexualidade é hegemônica, domina os significados, quando é considerada como a norma e base desejável da subjetividade e do relacionamento sexual.

Entretanto, os discursos sobre sexo e gênero não podem simplesmente reproduzir a sexualidade como uma condição humana fixa e estável. Porque os discursos de gênero são performativos e reiterativos, eles não estão trabalhando para o algum modelo perfeito pré-existente. Portanto, o gênero performativo produz inevitavelmente lacunas e fissuras nas normas da heterossexualidade. Lacunas se abrem porque os discursos não operam em condições estáticas. Eles funcionam em conflito, competindo com outras ideias e práticas sociais (Butler, 1993, p. 10).

O performativo, portanto, não é uma marcação repetitiva do mesmo significado em corpos inertes. Não existe uma única base externa e estável para produzir uma uniformidade de gênero. A citação repetitiva do discurso de gênero revela a instabilidade dentro da construção dominante de homem/mulher como heterossexualidade. Na tentativa de reproduzir a heterossexualidade, a performatividade constrói corpos que expõem as fronteiras do discurso heterossexual.

As fronteiras são formadas quando se designa alguns dos sexos-gênero como o "outro" ou fora da "norma". A heterossexualidade necessita de que alguns corpos falhem na hora de gabaritar, como irreconhecíveis ou até como impensáveis. Os "corpos desprezados, abjetos e não legitimados" (Butler, 1993, p. 15) não são contados como corpos de forma alguma.

Um exemplo do modo como Butler usa a sua análise é o questionamento do falo lacaniano como o significante especialmente privilegiado. Isso tem consequências no pensamento lacaniano: o feminino passa a ser irrepresentável. Em tal sistema, a sexualidade lésbica, por exemplo, é por definição inconcebível, a menos que, como sugere Butler, o "falo lésbico" (Butler, 1993, pp. 57-91) seja concebível. Butler retira o falo lacaniano da oposição binária de masculino/feminino questiona a atribuição da ansiedade de castração do corpo masculino e o desloca para um falo discursivo, ainda especialmente privilegiado. Sugerindo que o falo que pode ser transferido para um outro, para múltiplas partes do corpo, pois, a ansiedade de castração não precisa ser limitada ao medo da perda do pênis.

O falo permanece como um significante, mas já não é privilégio da masculinidade heterossexual. Ele também perde seu sentido especial de organizador do significado. Agora, ele é apenas um significante dentre outros nos relacionamentos lésbicos; o falo não é o significante originário ou o indizível que está fora (Butler, 1993, p. 87).

Onde Lacan considerou o corpo feminino abjeto e reprimido, Butler considera a posição feminista pós-moderna do discurso do corpo como algo constitutivo e não fundante. O corpo dela é permeável à desconstrução por argumentar em favor do corpo que fala do desejo feminino.

Jung, o corpo e a obra de Judith Butler

Na procura por ecos e correspondências entre a obra de Butler e a de Jung, seria errado sugerir que poderia haver um encontro completo entre as duas teorias. O melhor prospecto é comparar e contrastar os dois pontos de partida filosóficos, bastante distintos, sobre gênero e corpo, a fim de procurar possibilidades para um feminismo pós-moderno com influência junguiana.

A psicologia junguiana não tem uma teoria do discurso ou se baseia no materialismo como uma consequência das relações de poder. Apesar disso, a ausência de tais ideias na obra junguiana não é o mesmo que uma absoluta incompatibilidade. Dado que as imagens arquetípicas são afetadas pela cultura e história das pessoas, uma lacuna se abre na psique junguiana para o discurso material moldar a subjetividade.

O que permanece como uma diferença radical e irredutível entre Jung e as teorias que privilegiam o papel dos discursos culturais é que, para Jung, o inconsciente incognoscível é um fator autônomo e interveniente. Tal independência do inconsciente metafisico é estrangeiro ao mundo de Butler.

Entretanto, essa diferença irredutível não aparenta ser tão ampla se colocarmos o sentido pós-moderno de Butler da instabilidade do discurso junto ao inconsciente desconstrutivista de Jung. Para ambos os teóricos, o que é conhecido na psique é algo instável e provisório. Para Jung, isso ocorre porque o inconsciente é a realidade primordial, o território incognoscível. O que o eu consciente conhece ou acredita ser verdade é continuamente subestimado pelo outro inconsciente. Para Butler, o eu consciente é instável porque os discursos sobre gênero não são capazes de fixar a heterossexualidade sem a produção de um outro abjeto. Desta forma, o excluído e desviante corpo com gênero subestima persistentemente a estabilidade do construto heterossexual.

Diferenças específicas persistem entre Jung e Butler. O feminismo é enraizado no materialismo pós-marxista, Jung no inconsciente como transcendente do conhecimento – em dois sentidos metafísicos (cf. a introdução deste capítulo). Poderíamos aplicar as ideias de Butler a Jung, sugerindo que a psicologia junguiana é um discurso de gênero que se apoia no "outro" que ela própria gera. A teoria junguiana produz o inconsciente incognoscível, no qual ela apoia sua base e escora as oposições de gênero com tendências para heterossexualidade.

O mais pertinente do ponto de vista butleriano é a *anima* fálica ser um abjeto feminino. O feminino atua como limite a ser continuamente negociado e reconstituído na psicologia junguiana, ele corresponde à crítica de Butler sobre o modo como discursos poderosos expulsam o feminino para além do significável como desviante e abjeto. Butler fornece uma perspectiva valiosa sobre a misoginia de Jung.

Ironicamente, não é propriamente pós-moderno tomar um discurso (como o de Butler) como uma verdade elevada sobre a qual se remodela um outro (como o de Jung). É possível fazer mais do que isto com estes dois pensadores. É verdade que Jung enfatiza as oposições nas uniões psíquicas da individuação. Empregando o gênero, abjetando o feminino para tal.

Contudo, diferentemente da tradição psicanalítica, sobre a qual Butler se apoia, a subjetividade junguiana não é caracterizada pela falta (ansiedade de castração) na relação com o outro. A psique junguiana é estruturada por uniões múltiplas direcionadas para um objetivo. O ego, cortejado pelo inconsciente, na direção de uma união perfeita, desenvolve uma intimidade cada vez maior com o inconsciente desconstrutivista. Aqui, gênero como oposição anatômica, inevitavelmente acaba. A individuação depende de compensações que não necessariamente são estruturadas como oposições. O inconsciente sempre produz um excesso de discursos estruturantes do ego. Portanto, o simbólico junguiano é mais intimamente envolvido com o processamento inconsciente, tem uma fluidez de gênero e não é dominado pelo falo como significante do masculino.

Crucialmente, o simbólico junguiano é também conectado ao corpo, dado que arquétipos têm uma dimensão corporal. O corpo sutil junguiano é o corpo forjado pela psique: é feito de aspectos instintivos e numinosos dos arquétipos e da experiência cultural pessoal (da exposição ao discurso sobre sexo e gênero nos termos de Butler).

Embora não seja possível dizer que Jung e Butler poderiam se sentar em uma mesa e concordar um com o outro, existe uma semelhança marcante entre o discurso pós-moderno do corpo feminino de Butler e o corpo sutil junguiano. Ambos se recusam a atribuir ao corpo, ou à cultura, ou aos arquétipos transcendentes, ou até à teoria junguiana propriamente dita, o *status* de seguro, de uma base universal para o significado e conhecimento. O corpo sutil de Jung acontece em uma teia desconstrutivista de estrutura psíquica e cultural.

É claro que o corpo junguiano está longe do corpo feminista pós-moderno de Butler, quando ele usa formas ou clichês de gênero para estruturar a alteridade como pura oposição. O Jung da grande teoria-iluminista da *anima*/*animus* e Eros-Logos como binários de gênero não tem nada para oferecer ao feminismo pós-moderno.

O corpo sutil alquímico é o potencial mais sugestivo para o corpo feminista pós-moderno na obra de Jung. Não é para agrumetarmos que a grande teoria motivada pela oposição de gênero também não é abordada nos textos alquímicos. De fato, em um dado momento, Jung justifica a consciência lunar, mais difusa, da mulher (em sua opinião) constatando que esta qualidade é justamente o que as mulheres precisam para lidar com a família! (OC 14/1, § 221).

Nos escritos de alquimia, Jung faz o que Butler clama. Ele interroga o corpo abjeto e excluído, revelando-o como limite constituinte da heterossexualidade que deve ser renegociada. O abjeto que foi excluído na construção da união heterossexual, no casamento sagrado, deve ser abraçado e incluído. A contínua reconstrução do abjeto redesenha as fronteiras entre o eu e o outro e é necessária na alquimia de Jung, porque a individuação da psique não pode se apoiar no modelo heterossexual do casamento sagrado de dois gêneros. A união psíquica tem que continuar e abranger o corpo e o mundo discursivo.

Então não é surpreendente encontrar nos textos alquímicos a representação do corpo como abjeto, como animal ou algo incestuoso; assumindo a imagem psíquica do que é comumente excluído da norma heterossexual. Como Butler mostra, a heterossexualidade apenas pode ser estruturada e representada por meio das exclusões. Isso é verdadeiro para Jung e para psicologias como a de Lacan.

Jung revela seu valor feminista em toda sua obra. Na alquimia, em particular, existe um reconhecimento das limitações das oposições heterossexuais. O que é excluído, o que é estruturado como um corpo abjeto, deve ser reconfigurado interiormente. As múltiplas uniões psíquicas da alquimia almejam por uma subjetividade na teia das conexões interdependentes de gênero, corpo e realidade externa. Oposições heterossexuais simples não são o objetivo da alquimia. A alquimia de Jung não pode excluir os discursos sociais, pois eles estão inevitavelmente presentes em todos os lugares em que o ego está.

No corpo sutil da alquimia junguiana é onde Jung é empurrado para além das suas oposições de gênero neuróticas, para um corpo viável, para o feminismo pós-moderno. Onde é mais marcada a semelhança com o corpo sexuado performado pelo gênero de Butler. Os seus escritos sobre alquimia fornecem uma gramática psíquica para a renegociação do corpo abjeto; quando ele escreve sobre os dragões como o feminino abjeto, eles são simultaneamente revelados como versáteis, como imagens psíquicas mutáveis e multiformes, maduras para a transformação. O gênero, a subjetividade e o corpo são as matérias das contínuas reformulações da psique, nas quais o discurso social nunca pode se restringir ou congelar a identidade.

Gênero e o sublime pós-moderno

Os pós-modernistas encaram uma escolha difícil: derrubam ou não o eu humano caraterizado pela razão transcendente? Eles podem procurar a consciência parcialmente fragmentada da pós-modernidade (Jameson, 1991, pp. 1-54) ou eles podem voltar a atenção para o que o Iluminismo estremeceu ao contemplar: o outro irracional e irrepresentável.

Um foco no irracional é justificado pela percepção do pós-modernismo de que é na esfera desprezada e feminina que o conhecimento e as verdades se apoiam. Voltar-se para o irracional e irrepresentável é evocar ideias do sublime.

Da mesma forma em que existe uma continuidade entre a hierarquia iluminista entre masculino-razão/feminino-irracionalidade e o eu fragmentado pós-moderno *versus* o feminino irracional, também há entre as verdades frágeis e o sublime. As visões do sublime pós-moderno se apoiam no sublime descrito no período do Iluminismo e do romantismo.

Ao obscurecer as certezas iluministas, o sublime romântico nos fala da dor ou do *pathos* sentidos pela lacuna entre o que pode ser concebido e o que pode ser imaginado ou representado. O sublime é o que derrota a capacidade da razão, da consciência, da estética e a da representação das categorias filosóficas. Ele vai contra a confiança iluminista na razão e na linguagem como recursos suficientes para representar as verdades seguras.

Existe um sentido de completude ou de presença no sublime romântico no qual a religião fornece um suprimento pronto do que pode ser pensado conceitualmente (como a noção de Deus), ainda que não completamente imaginado em todas as dimensões possíveis. Nem pode a religião ser totalmente reassentada pela escrita ou pela arte.

Não é surpreendente que se o sublime se associar ao divino, o sublime será um "outro" do gênero masculino. Por outro lado, a categoria de representação estética mais bem sucedida é a do belo, ela é pequena e feminina[37]. Ao alocar grandes e importantes noções, como a religião, fora da competência da racionalidade, o sublime desfia as suposições iluministas. Certamente, não é qualquer questionamento que se serve para contestar o uso do feminino como significante da inferioridade.

O sublime pós-moderno compartilha as características românticas da exposição dos limites da linguagem e da arte: o sublime, similarmente, é a tentativa de representar ou evocar o que não pode ser representado. Sem o sentido romântico da presença (divina), o sublime pós-moderno é encontrado na fa-

---

37. Para o sublime romântico como masculino contra o feminino pequeno e bonito, cf. Burke (1757) e Botting (1996, p. 39).

lha do eu contemporâneo, fragmentado, em constituir verdades ou mesmo a si próprio, como uma entidade estável.

O sublime "é o que desmonta a consciência, o que depõe a consciência, é o que a consciência não pode formular e é, até mesmo, o que a consciência se esquece para se constituir a si própria" (Lyotard, 1993, p. 250).

Como uma consequência do enfraquecimento das grandes narrativas, o sublime é a lacuna deixada entre os sistemas de conhecimento enquanto eles falham no reconhecimento das condições pós-modernas como um todo. Na arte sublime pós-moderna, pode-se dizer que nem o artista nem o observador dominam o trabalho (Lyotard, 1993, p. 249). Não existe um autor no sentido de ser um ponto de autoridade ou de controle absoluto sobre o significado. Nessa perspectiva, os teóricos pós-modernos não podem ser autores. As obras deles são sublimes enquanto eles lutam com e falham na representação da mulher velada da verdade pós-moderna. Aqui paira o fantasma de Jung, quando sugiro que a sua psicologia é também sublime e pós-moderna, dada a sua inabilidade para representar a sua verdade mais elevada: a do inconsciente incognoscível.

Ao invocar a mulher velada, o gênero é associado ao sublime pós-moderno. Os teóricos pós-modernos reconfiguram o sublime romântico no pós-modernismo demonstrando as intensidades elusivas da cultura contemporânea. Eles estão preocupados especialmente com os efeitos desestabilizadores do capitalismo tardio. Lacan e os pensadores da psicanálise chegaram ao sublime vindos de outra direção: vieram do falo. Dado que na teoria lacaniana o falo é um significante especialmente privilegiado do simbólico, ele também marca a fronteira a partir da qual algo é sublime. O que é absolutamente reprimido e irrepresentável é a mulher. O engajamento lacaniano no sublime pós-moderno engendra o feminino como irrepresentável.

Certamente, as representações das mulheres aparecem na cultura e, portanto, no simbólico. Mas elas se autorrepresentam ou representam o desejo masculino? A teoria lacaniana tem provado ser muito influente para a teoria feminista porque ela perece dar conta do modo com o qual as mulheres são representadas como objetos da cultura. Se o feminino é solicitado a ser o falo (o objeto de desejo) para o masculino, então isso pode explicar a razão de o feminino parecer ser irrepresentável como qualquer outro que espelhe a masculinidade.

Existem duas respostas para esse empasse feminista. Um é atacar o privilégio da masculinidade heterossexual no simbólico. O que pode ser feito pelo escrutínio de Judith Butler ao corpo pós-moderno, pelo simbólico com mais fluidez de gênero de Jung e pelo seu corpo sutil pós-moderno e mais amigável ao feminismo. Outro modo é ver se o feminino no sublime, o irrepresentável, tem algo a oferecer. Jung poderia contribuir para o sublime feminista pós-moderno?

Jung, gênero e o sublime pós-moderno

Ao interpretar Jung pela história do sublime, eu gostaria de argumentar que a psicologia junguiana fornece uma transição do sublime romântico para o pós-moderno. A tendência de Jung em associar os seus arquétipos (particularmente o si-mesmo) com o numinoso e o religioso, como traços da presença divina na psique – isso é a encarnação do sublime romântico nele. O criticismo consciente da racionalidade iluminista, o reconhecimento das limitações da linguagem e da teoria, o foco sobre as imagens psíquicas como realidade primária – tudo isso direciona o trabalho dele para o sublime pós-moderno.

O que faz a obra de Jung especialmente ressoar com o sublime pós-moderno é trazer o irrepresentável e o inimaginável para o centro da teoria: a presença fundante como a ausência fundante. Tanto Jung quanto os críticos pós-modernos politicamente orientados consideram a racionalidade iluminista como parcial e opressiva. O sublime é invocado para valorizar o que é o outro da mente consciente.

Como o sublime lacaniano, Jung feminiliza o irrepresentável. Por meio da proliferação da *anima* fálica ou por estruturalmente feminilizar o inconsciente incognoscível. Também, como Lacan, a dificuldade para o feminismo reside na tendência ao pensamento por oposições.

Enquanto Lacan é bastante insistente sobre a masculinidade do falo, Jung não é capaz de manter a natureza feminina do inconsciente de uma maneira essencialista ou literal. A *anima* (fálica) não pode controlar a representação do feminino. Como argumentado previamente, a *anima* fálica distorce a representação do feminino nos escritos de Jung e não nas implicações das suas ideias. Isso porque o inconsciente dele tem gêneros fluidos. O inconsciente não se restringe às oposições de gênero para fornecer imagens compensatórias que contraponham os desejos do ego de controlar o significado.

Para Christopher Hauke, Jung teoriza sobre o sublime no conceito da função transcendente (Hauke, 1997). Conflitos entre os preconceitos da consciência e as energias inconscientes podem eliciar imagens psíquicas que transcendem a oposição ou tentem representar as diferenças de uma maneira irracional: o ego não ganha esses conflitos. O que é mais importante sobre os símbolos fornecidos por meio da função transcendente é que eles devem ser considerados sublimes. Eles não devem ser reduzidos às palavras ou a qualquer narrativa satisfatória para o ego. Esses símbolos psíquicos possuem um lugar verdadeiro apenas no irracional e no inconsciente.

Reduzir esse tipo de símbolo a uma narrativa simples – por exemplo, asseverar que o símbolo religioso é o resultado de um trauma sexual – é retirar os poderes sublimes da cura do inconsciente. Na terapia junguiana, o símbolo psíquico deve ser valorizado pela sua sublimidade, além de confiar nos princípios da teoria propriamente dita. Isso, paradoxalmente, é operar simultaneamente dentro e fora da teoria junguiana, no sublime pós-moderno.

Do ponto de vista do feminismo, as ideias sobre o sublime expõem uma lacuna valiosa nos escritos de Jung, entre representação das mulheres e o feminino. Como o capítulo 2 demonstrou, Jung não trabalhou com a ideia de gênero como algo cultural. Ao contrário disso, ele tinha a tendência de colapsar, de juntar o gênero com o sexo corporal e, dessa forma, ele não considerou gênero como algo especialmente suscetível à mudança cultural. Isso vem à tona todas as vezes que a obra menciona mulheres. A *anima* veio para dominar a representação das mulheres, dada a sua natureza fálica.

Entretanto, o significante do feminino em Jung não está totalmente sob o controle da *anima* fálica, porque isso negaria a natureza sublime do inconsciente junguiano. Se tomarmos os dois femininos de Jung, vemos um feminino no homem figurado pela *anima* e o feminino das mulheres obscurecido pelas fascinações sedutoras da *anima* do teórico-homem. O Jung que não é o da grande teoria, é, também, o Jung sublime pós-moderno e consciente das limitações da teoria e da linguagem na representação da realidade. Esse Jung pode oferecer a lacuna entre o feminino como abjeto (o que é excluído da consciência masculina para criar a sua superioridade) e o feminino como o verdadeiro outro; então subliminarmente é liberado das representações convencionais.

O Jung sublime pós-moderno admite que suas "hipóteses são incertas e tateantes, e nada [lhe] oferece a garantia de que elas sequer possam estar definitivamente certas" (OC 14/2, § 442). Consequentemente, embora o feminino, em sua obra, possa ser direcionado por seus preconceitos culturais, ele não pode ser restrito em sua potência representativa. O feminino de Jung no sublime pode apontar para uma divindade irrepresentável ou para um conhecimento ainda não imaginado. Por exemplo, na alquimia, Jung concebe relutantemente que o feminino pode representar Jesus pela inabilidade de restringir as poderosas imagens inteiramente ao masculino (OC 14/2, § 202-203).

O sublime no pós-modernismo de Jung é uma oportunidade para o feminismo, se as imagens femininas e os significantes forem considerados como potenciais ao invés de descrições. O que eu quero dizer com isso é que o feminino pode se tornar um marcador do sublime. O termo feminino poderia ser um significante flutuante, sem uma definição segura, completa ou mestra. Então seria para as transformações culturais e políticas criarem significados novos e mutáveis para o feminino em sua, eternamente evolutiva, representação cultural. Esses significados evolutivos nunca podem ser totais, completos ou preencher, satisfatoriamente, os desejos que inibem a capacidade do feminino de ser recriado.

Não pode haver restrição anterior do significado para esse feminino, nenhuma restrição para quem pode ou não pode participar da mudança de significado. O significante 'feminino' se tornaria o lugar contínuo da transformação social, política e filosófica[38]. O inconsciente sublime de Jung pode fornecer a justificativa teórica para tal sonho feminista pós-moderno.

---

38. Minha tentativa em tornar o feminino sublime como um espaço para uma transformação política radical deve muito à análise política de Žižek (1989) e Butler (1983), quando ela contesta Žižek no desenvolvimento feminista do gênero.

O papel de Jung nesse feminismo sublime pós-moderno nunca pode ser demasiado, dado que a grande teoria marca a estruturação binária de gênero e *anima* fálica em toda a sua obra. É o sublime pós-moderno dentro da sua teoria, francamente aberto para o feminino, porque o simbólico dele é andrógino e não fálico, que produz uma parceria possível com o pensamento feminista.

É valioso finalizar esta seção enfatizando a diferença crucial entre o falo masculino de Lacan da teoria e a *anima* fálica da escrita de Jung. Na teoria de Jung o feminino deve ter acesso igual ao simbólico dada a natureza fluída de gênero do seu inconsciente originário. Um deslocamento em sua escrita colapsa a *anima* do seu mito pessoal, em primeiro lugar na *anima* de todos os homens na grande teoria e, em segundo lugar, na psicologia de todas as mulheres. A luta para escapar desse essencialismo na obra de Jung não deve ser confundida com a essência antiessencialista dos conceitos junguianos. O sublime pós-moderno de Jung é um recurso para reinvenção contínua do significante feminino.

Jung pós-moderno como uma forma de narrativa feminista

Um outro papel para Jung no feminismo pós-moderno é como uma narrativa sem pretensões de fundamentação. Isso pode ser feito de duas formas. Ou as ideias junguianas são consideradas como estruturas ficcionais, removendo delas o poder de serem um discurso de psicologia, ou a obra de Jung é reenquadrada como uma narrativa histórica e contingencialmente localizada. A sua psicologia seria privada do *status* de uma grande narrativa e a grande teoria seria redefinida como o produto de um conjunto particular de um discurso social, médico e de gênero. Tenho sugerido as possibilidades desse segundo movimento nos capítulos anteriores, quando explorei que a teoria junguiana estaria longe de ter uma relação ingênua com o espiritismo ou com as noções da feminilidade no oculto no século XIX tardio. Agora seria útil considerar Jung como uma narrativa pós-moderna em um contexto ficcional.

Já existe um corpo de narrativas junguianas sobre gênero que pode ser encontrado nas prolíferas histórias do feminismo da deusa, como descrito no capítulo 3. Esses textos não se definem como pós-modernos. Pelo contrário, eles amplificam os conceitos junguianos sugerindo uma grande narrativa que pretende explicar a cultura, o gênero e a religião. A despeito disso, o feminismo junguiano pós-moderno pode reciclar esses trabalhos como exercícios de especulação de ficção e *performance*. O feminismo da deusa performa narrativas do feminino, permitindo que os leitores (e analistas e analisandos) experienciem uma nova história do ser. É possível experienciar essas histórias em um nível psicológico profundo e ainda manter a consciência que elas são ficcionais.

Meu modelo aqui é o da literatura fantástica. Leitores obtêm repostas profundas sem considerá-la objetivamente como uma verdade. Tais histórias têm um valor feminista pela tentativa de demonstrar para os leitores o que seria viver fora das estruturas patriarcais tradicionais e dos papéis de gênero convencionais. O feminismo da deusa pode ser interpretado como uma ficção autoconscientizadora e, também, como um experimento subjetivo por meio do ato da leitura. Para o pós-modernismo, o feminismo da deusa é a literatura fantástica da psicologia.

Aqui o termo "literatura fantástica" significa que o feminismo da deusa existe na fronteira, naquela margem interessante entre o feminismo e o pós-moderno. Para a psicologia, a literatura fantástica tem conotações clínicas. As fantasias são os motivos do inconsciente. A literatura que as descreve narra sobre uma realidade que não é a realidade compartilhada nas interações sociais. A literatura fantástica, na psicologia, endereça questões experienciais subjetivas dos mitos-pessoais dos sujeitos humanos reais.

De outro ponto de vista, pela perspectiva literária, a literatura fantástica é deliberada e profundamente especulativa e ficcional. A literatura fantástica feminista é uma tentativa de se imaginar as mulheres e o feminino para além das restrições sociais que existem na sociedade e no gênero dominante do realismo literário. Ao reivindicar oferecer uma janela para o mundo, o realismo literário é certamente um produto do Iluminismo, dado que ele considera a linguagem como um condutor estável e transparente da verdade. A literatura fantástica é pós-moderna na medida em que usa a linguagem para conjurar visões de outros mundos sem ter que certificar-se da realidade empírica deles. Ela não oferece uma verdade social para os seus leitores, mas uma chance de experienciar na ficção, narrativas diferentes da sociedade e do gênero.

Estou sugerindo que o feminismo junguiano pós-moderno trata o feminismo da deusa como uma exploração das fronteiras entre a literatura e a psicologia. Esse feminismo necessitaria prestar atenção ao ato da leitura: ler uma ficção é submergir e reimaginar a subjetividade por meio das narrativas não reivindicando a autoridade da verdade. De fato, ler ficção é experienciar a subjetividade como algo que não está materializado. O feminismo da deusa na pós-modernidade é um estudo da eficácia as ficções na *performance* do eu consciente.

Se a literatura advinda da psicologia pode vislumbrar a exploração das fronteiras entre a teoria psicológica e a ficção feminista, então, também, podem alguns romances feministas pós-modernos. *The wild girl* [Menina selvagem] e *In the red kitchen* [Na cozinha vermelha], de Michèle Roberts e *Alias Grace*, de Margaret Atwood são romances que endereçam seriamente o papel do feminino na grande teoria de Jung. Eles investigam ficcionalmente (e, portanto, são pós-modernos por não pretenderem configurar e enraizar uma nova verdade) o contexto histórico da *anima* fálica, o potencial de Jung como um feminista do sublime em uma forma de narrativa pós-moderna. Recomendo ao leitor estas notáveis obras feministas e as publicações de análises junguianas sobre elas[39].

Como uma tentativa a mais de trazer Jung para o feminismo pós-moderno, considerarei, agora, a sua relação com o gótico – um movimento estético que também se dedica a mostrar os limites da racionalidade iluminista.

O feminismo de Jung e o gótico

O gótico deriva da literatura dos fantasmas, dos castelos medievais e dos tiranos maldosos, e começou a aparecer no final do século XVIII. Análogo ao sublime romântico, do qual ele faz parte, o gótico acompanha e disputa a ênfase do Iluminismo na razão. Também, como o sublime, o gótico continua, modificado, no pós-modernismo.

O motivo medieval caraterístico do gótico do século XVIII dá lugar, no século seguinte, aos espectros góticos que assombram os domínios domésticos no realismo vitoriano. Fantasmas, estranhos e tirânicos, são descobertos na cidade modera de Jekyll e Hyde ou na ferocidade atormentada de

39. Cf. Rowland (1999), Atwood (1996), Horner e Keane (2000, pp. 244-253).

Heathcliff nos morros do condado de York (Stevenson, 1998; Brontë, 1985).

Para as almas pós-modernas, o gótico enfoca os pesadelos da tecnologia e seu assalto sobre o eu moderno. Os labirintos intermináveis dos castelos do século XVIII reaparecem na terrível inabilidade de escapar das múltiplas irrealidades do espaço cibernético.

O gótico é uma literatura do excesso. Ele excede, especialmente, as fronteiras confortáveis do Iluminismo que colocavam a irracionalidade como algo externo à razão, o natural excluía o supernatural, o realismo se sobrepunha à fantasia, o eu *versus* o outro e o masculino em uma superioridade binária em ralação ao feminino. Ele oferece uma estética da emoção, principalmente do medo, para criticar as normas iluministas. Contudo, como o sublime romântico, o gótico não é apenas uma oposição ao Iluminismo. Ele também sustenta e permite uma saída do irracional que é, fundamentalmente, recuperado. A razão é restaurada nas histórias góticas, mesmo se elas ganham suas potências aterrorizantes demonstrando uma desintegração total no curso da narrativa.

O gótico dá uma forma cultural ao sublime. Ele fornece dois modos psicológicos de terror e horror. Onde "terror" significa a expansão do eu consciente sob as pressões do sublime, por exemplo, na erosão das fronteiras entre natural e sobrenatural na história de fantasma, o horror aponta para direção oposta de recolhimento e auto fragmentação.

O gótico desafia a supressão iluminista do outro, serve para restaurar as normas existentes expelindo o sublime aterrorizante no final da obra. Foi um método pelo qual a sociedade iluminista lidou com sua grande necessidade de erradicação do outro produzido pela veneração da razão como fundamentação da verdade. As desesperadas mutações e persistências do gótico podem ser interpretadas como um sintoma dos esforços contínuos e necessários para a manutenção das estruturas binárias iluministas. No pós-modernismo, o gótico se torna um gênero caraterístico do eu fragmentado e do horror da sociedade tecnológica sublimemente irrepresentável. Sua maior manifestação é o *cyberpunk*.

Então, como Jung se relaciona com esse movimento estético? Dada a descrição acima, Jung pode ser facilmente cooptado por ter uma teoria que explique o gótico. A individuação e o papel da sombra no fornecimento de desafios aterrorizantes para o ego são finalmente incorporados em um forte vínculo com o outro – esses conceitos podem ser usados para organizar o gótico. A grande teoria de Jung oferece uma forma coerente de criticismo literário ao gótico, capaz de explicar até as digressões mais incivilizadas. Isso seria usar a psicologia junguiana como uma forma superior de conhecimento da literatura. Implicaria tomar o modelo da grande teoria de Jung como o único modelo. Jung seria empregado como uma grande narrativa da literatura; existe uma tradição no criticismo literário junguiano que faz, precisamente, isso.

Há duas questões relacionadas que se tornam imediatamente aparentes. Não é o pós-moderno que assume uma forma de conhecimento que seja auto evidente e absolutamente superior a uma outra. Meu argumento sobre a literatura fantasmática sugere um relacionamento mútuo entre a literatura e a psicologia para o feminismo pós-moderno e não a redução de uma no outra.

Em segundo lugar, tomar a grande teoria de Jung apenas como uma grande narrativa gótica seria ignorar todas as dimensões do mito pessoal em sua obra. Seria ignorar, também, que até a grande teoria problematiza a noção da existência de uma única teoria compreensiva para o conceito fundante do inconsciente incognoscível.

Muito mais produtivo para os feminismos junguianos seria lembrarem-se de que a própria obra de Jung adveio de encontros fantasmáticos com o feminino e o situam como um autor gótico em seu direito próprio. Considere, por exemplo, o seu uso do medieval na alquimia para criticar a privilegiada razão iluminista. Essa tática é análoga ao papel da arquitetura medieval no romance gótico. A escavação de Jung na história intelectual de modo a avançar na crítica da confiança exagerada na racionalidade é uma preocupação completamente gótica. De fato, o tratamento de Jung sobre gênero é especialmente gótico.

Jung como um escritor gótico sobre o feminino

O gótico usa o sublime de uma forma aterrorizante e horrorificante para liberar e reconstituir as fronteiras de gênero que alinham o feminino ao irracional. Segundo as seguintes características, Jung pertence ao gótico de três modos:

1. Para o gótico iluminista, o modo com que Jung recupera a racionalidade para o masculino na *anima* (fálica) é típico. Tanto os romances góticos quanto os escritos de Jung detonam a hierarquia da razão masculina construída a partir da supressão do irracional como feminino, apenas para reconstruí-la de uma maneira mais tênue.

2. Jung participa do gótico pós-moderno por meio do seu sublime pós-moderno que reconhece os limites das teorias concebidas pelo ego. Ele faz isso ao oferecer uma representação do eu pós-moderno como radicalmente dependente do outro. O sabor peculiarmente gótico do sublime pós-moderno de Jung apoia-se na relação tensa de horror ao

feminino, que polui o desejo do eu masculino e coerente. Esse medo do outro feminino é significativo, especialmente pela recorrência hipnótica dos fantasmas femininos.

3. Natural ao gótico é ele pertencer à estética e, em particular, à literatura. Os textos autoconscientes e preocupados com sua natureza literária são caracteristicamente góticos.

A obra de Jung flerta com o literário de modo integral à compreensão das suas ideias, até mesmo para a constituição delas como uma teoria. A renegociação contínua entre o mito pessoal e a grande teoria, o reconhecimento da incognoscibilidade do conceito mais importante, inconsciente, significa que a psicologia de Jung é caracteristicamente uma literatura sobe a psique devotada ao registro de suas energias sublimes. O uso que ele faz do mito aponta para uma noção de narrativa na qual 'história' é como uma ficção ou uma expressão teórica encontrada em um *continuum*. De fato, a construção literária pode ser o único meio de Jung enquadrar a sua teoria, assim como de gerar o seu mito pessoal (cf. cap. 2).

Minha conclusão é que, nas questões de gênero, Jung é completamente um autor gótico, muito mais gótico do que é pós-modernista. Isso não é para negar o seu valor para o pós-modernismo, nem mesmo para os feminismos pós-modernos. Melhor seria reconhecer os retornos persistentes de Jung às estruturas binárias redutivas que objetivam, como a narrativa final dos romances góticos, recuperar e reestabelecer o controle sobre as convenções de gênero.

A história de fantasma de Jung: um exemplo de Jung como gótico

No final da vida, durante o curso da escrita do prefácio do livro sobre paranormalidade, Jung contou a sua própria história de fantasma[40]. Ele declarou estar descrevendo eventos que na realidade aconteceram com ele na Inglaterra trinta anos antes (Jung, 1982a).

Hospedando-se em uma casa de campo [*cottage*], alugada junto com o seu colega Dr. X, sendo servido por serventes mulheres, Jung não conseguia dormir. Na cama, à noite, ele estava convencido de que estava sentindo um cheiro terrível e ainda não identificável. Não sendo capaz de resolver o quebra-cabeça, Jung decidiu que aquilo se parecia com o carcinoma aberto de uma paciente feminina idosa, que ele anteriormente havia tratado.

Depois desse cheiro de doença, Jung ficou acordado por causa de uma torneira que pingava obstinadamente. Nenhuma torneira foi encontrada. Ele começou a sentir uma sensação de torpor e lassitude. No final de semana seguinte, ele ouviu uma batida alta na porta e teve a impressão de que um cachorro estava correndo em volta do quarto ao mesmo tempo em que sentia o assalto do cheiro e ouvia a torneira. Jung começou a perceber que as serventes mulheres estavam com medo do *cottage*. Elas confirmavam as suas suspeitas de que o *cottage* era assombrado.

Barulhos e cheiros continuaram até um último horror. Na cama, Jung abriu seus olhos: "ali, ao meu lado, no travesseiro, eu vi a cabeça de uma mulher velha e o olho direito dela, bem arregalado, olhando para mim. O lado esquerdo da face estava faltando, logo abaixo dos olhos" (Jung, 1982a, p. 150). Jung "pulou da cama de uma vez" (Jung, 1982a, p. 150) e mudou-se para o outro quarto. Ele não teve mais perturbações. Só permitiu que a história acabasse quando o ceticismo do Dr. X cessou. De-

---

40. Sou grata à Dra. Susan Acheson por chamar a minha atenção para a história de fantasma de Jung.

safiado por Jung para dormir no *cottage* sozinho, o irônico Dr. X também foi atormentado pelos barulhos misteriosos. O cético, forçado a concordar, desistiu das acomodações. Jung concluiu sua narrativa apontando seu prazer em ganhar do colega que havia ironizado seu medo de fantasmas (Jung, 1982a, p. 151).

O que faz dessa pequena anedota um exemplo do Jung gótico é o que ele faz logo a seguir. Ele mesmo comenta, absorvendo os eventos sobrenaturais em uma explicação adequada à sua psicologia. Todos os eventos podem ser explicados de uma maneira propriamente junguiana, com exceção dos excessos. Ele não pode explicar a torneira que pingava!

Portanto, este pequeno texto é gótico com seus espetros sublimes que derrotam os recursos da razão e, em sua pequena vitória sobre a tal criança da razão, a sua grande teoria. A torneira permanece como um excesso não assimilável. Então, como um gênero gótico da literatura clássica, uma história de fantasma, consegue estruturar uma psicologia?

Uma forma de interpretação desta história de fantasma é como um exemplo interessante do corpo sutil junguiano. Jung explica o cheiro, os barulhos dos batimentos e o cachorro como se a psique inconsciente estivesse mapeando o corpo no ambiente externo. O inconsciente hiper vigilante, sentindo que uma pessoa doente esteve uma vez naquele quarto, se manifesta em uma variedade de sensações corporais. O inconsciente produz o corpo com um cheiro de doença, com um torpor que Jung relata como sendo um registro físico do medo e os batimentos do coração aparecem como os sons ouvidos como as batidas nas paredes do quarto. Ele também evoca um cachorro como uma imagem dele estar cheirando a doença. Como clímax, o inconsciente criativo gera uma alucinação ótica baseando-se na memória incompleta de um paciente com câncer da realidade.

A psique, portanto, usa como meio [médium] o conto gótico da casa assombrada – a história de fantasma – para mapear o corpo. Fascinantemente, é impossível atribuir uma origem fixa para todos esses fenômenos. Seria originário do corpo, dos sentidos físicos, cheirar o odor de uma pessoa doente em um nível subliminar? Ou seria a psique, estressada pelo ambiente estranho que provocaria respostas corporais? De uma forma ampla, seria a literatura da história de fantasma que estaria marcando o corpo de Jung ou seria o seu corpo eliciando o gênero de uma história de fantasma?

Gênero é também um recurso da aventura gótica. O que é sugestivo aqui é o modo com que o corpo feminino abjeto é usado para construir uma mente e um corpo masculino saudável. Afligido no corpo e na mente, Jung não consegue dormir. O mais aterrorizante é que ele não tem certeza sobre a sua sanidade quando não é capaz de definir o fenômeno, aparentemente exterior, que aparece apenas para ele. A doença, no corpo e mente de Jung, confunde-se com o oculto feminino na visão final da mulher velha.

Jung, então, deixa suas aflições de lado e pula para fora da cama para escapar do feminino doente. Ele não vai mais se deitar próximo a ela e nem ficar na mesma posição da mulher doente fantasma.

Jung pula, literalmente, no corpo. Ele também faz um pulo mental e conceitual, pois é após a sua demonstração física de diferenças corporais que ele pode dormir e colocar a maior parte da história de fantasma em suas próprias categorias teóricas. Ele faz a distinção por meio do seu corpo e, em sua teoria, construindo uma diferença que também é uma diferença no gênero. O corpo não é apenas compreendido em termos da teoria de Jung; ele parece contribuir para a construção dela. Na história de fantasma, o corpo é uma aparição dupla. O corpo é tanto um objeto para ser explicado pela teoria quanto o meio pelo qual parece que a teoria é gerada.

A história de fantasma serve como desconstrução e reposicionamento de si mesmo no binário ressegurador de um homem teórico são *versus* uma mulher paciente doente. Nesse sentido, ele revisita seu texto fundador sobre a sessão espírita, construído de um modo semelhante em torno de sua prima médium.

Aqui, na história de fantasma, tem-se um exemplo de como o corpo sutil junguiano pode ser formulado como uma autoridade masculina por meio da reinscrição das fronteiras que colocam o feminino como abjeto. O abjeto não é apenas o que é desprezado; ele é o que o sujeito nunca pode expurgar de si durante sua própria formação. A visão da face parcial da mulher fantasma demonstra pontualmente as fragilidades do gênero do ego junguiano. A narrativa revela a inabilidade do mestre em considerar as mulheres como sujeitos completos!

Como as narrativas góticas, a própria história de fantasma de Jung é construída sobre a erosão e a recuperação das fronteiras entre o natural e sobrenatural, masculino e feminino. Na história, o feminino é a memória da paciente doente. Uma visão fantasmagórica e as serventes que acreditam que a casa seja assombrada. O problema de gênero de Jung é que ele fica suspenso entre a autoridade masculina aliada ao racional e o cético Dr. X e a alteridade do oculto codificada como feminino e inferior em *status*. Adicionalmente, ele está em um território estrangeiro (a Inglaterra), onde ele e sua psicologia não estão em casa, não é aceita como natural ou racional.

O pulo para fora da cama é a dimensão corporal do pulo na teoria. É a necessidade dele em reestruturar as suas próprias fronteiras de gênero nos moldes da autoridade masculina – do teórico homem do oculto feminino e não participante nele. Essa é uma torção de uma narrativa inteiramente gótica, na qual o caos sublime se torna uma racionalidade masculina controladora e definidora do feminino irracional/sobrenatural.

É bastante típico de Jung concluir com um triunfo sobre o ceticismo masculino do Dr. X e deixar um excesso da torneira que pinga! A história de fantasma ilustra muito claramente o argumento de Judith Butler sobre a masculinidade, subjetividade e heterossexualidade formadas sobre a supressão do corpo feminino como abjeto. Contudo, o que o escrito gótico de Jung faz é substituir a teoria da razão iluminista que destitui toda alteridade (o ceticismo do Dr. X) com uma teoria constituída pela alteridade feminina dentro e fora. O feminismo pode ficar agradecido pela torneira que pinga!

Na tentativa de reorganizar a teoria junguiana, a torneira representa o fio perdido, um sinal das limitações e a pulsação persistente do sublime pós-moderno como a falha de um conjunto de proposições, único e coerente, que explique todos os fenômenos. A torneira que pinga importa o sentido de ficção na construção da maestria masculina de Jung sobre o aparato da história de fantasma: ela é a estética se recusando a se submeter ao filosófico-científico.

O efeito final da forma estética da história de fantasma é a ênfase no feminino, que, embora abjetado, não é reduzível a uma causa única e fixa. O fantasma feminino não pode ser firmemente associado ao corpo cansado de Jung, ou à sua psique ansiosa, ou à sua vulnerabilidade profissional, ou ao seu *status* de estrangeiro, ou ao seu relacionamento com as serventes. Possíveis explicações continuam múltiplas e fantasmas, até dentro do guarda-chuva aberto pelas ideias teóricas de Jung. Juntos, o corpo estranho da teoria (a torneira que pinga) e a não fixidez do outro feminino, são as presenças assombradoras da incognoscibilidade e inexauribilidade do inconsciente. Nos dizendo que a *anima* fálica (mulher velha abjeta) é, também, uma ficção e que o feminino de Jung é, também, sublime.

Ao trazer a grande teoria para o estético, o Jung gótico abre um espaço discursivo para o sublime feminino. Colocando isso de um modo simples, o Jung gótico coloca o significado de gênero para além do alcance das convenções existentes e futuras e fecha as possiblidades. A forma estética do gótico fornece uma casa adequadamente fantástica para todos os fantasmas femininos de Jung.

Feminismos junguianos pós-modernos: uma nota sobre ecofeminismo e ciberfeminismo

Em uma era de feminismos plurais, Jung tem uma contribuição para fazer ao gênero pós-moderno. Seu trabalho pode ajudar o feminismo do corpo pós-moderno, da narrativa pós-moderna, da atenção feminista ao sublime e ao gótico.

O ecofeminismo (marcado pelo relacionamento com a natureza) e o ciberfeminismo (preocupado com a interface com a tecnologia) são dois movimentos que provavelmente serão importantes no século XXI, ecologicamente em perigo e aprimorado por computadores. O feminismo junguiano tradicional descrito no capítulo 3 já é uma âncora para o ecofeminismo.

Ciberfeminismo se refere à perda do tão denominado corpo natural e não cultural e do eu estável da era pós-moderna. Para essas pós-modernistas, qualquer pessoa é um ciborgue, porque os corpos e as subjetividades são discursivamente desconstruídos. As ciberfeministas procuram desfazer as inequalidades de gênero e do trabalho indo em direção à transformação política na sociedade pós-moderna.

Enquanto Jung puder fornecer um sublime feminino pós-moderno, talvez essa sombra paire sobre o ciberfeminismo e envie seus fantasmas femininos para o espaço cibernético.

Sumário conclusivo

A definição de Jung de inconsciente desafia a razão iluminista em formas que fazem a sua obra ser interessante para o pós-modernismo. Contudo, é no gênero que Jung é menos pós-moderno. É onde ele deseja amarrar as estruturas de oposição caraterísticas do Iluminismo que alinham a masculinidade com a racionalidade e a feminilidade com o irracional.

A despeito da motivação da grande teoria para posicionamentos binários, o pensamento em oposições não é o seu único posicionamento sobre gênero. O efeito do conceito fundador de inconsciente incognoscível é radical e pode minar a prerrogativa de que qualquer proposição teórica tem autoridade objetiva. Consequentemente, existe uma lacuna na teoria a partir da qual se pode argumentar pelos feminismos junguianos pós-modernos do corpo, da narrativa e do sublime.

O mito pessoal é amigável ao projeto do feminismo pós-moderno pelo seu reconhecimento das limitações da teoria. A grande teoria é a capa iluminista de Jung. Ela ainda pode participar do feminismo pós-moderno se a estruturação da grande teoria do inconsciente incognoscível sublime permitir a desconstrução das certezas de gênero.

Do ponto de vista do feminismo, é mais correto descrever Jung como um escritor gótico, mais do que pós-modernista. Isso deve-se ao complexo entrelaçamento do mito pessoal com a grande teoria. A interação desses dois impulsos interrelacionados, mas distintos, articula o desejo de primeiro abraçar o feminino como irracional e oculto e, então, amparar o papel masculino do teórico.

Leitura complementar

Alquimia junguiana

Uma seleção das obras de Jung inteligentemente apresentadas e arranjadas por temas é Schwartz-Salant (1995).

Pós-modernismo, feminismo e Jung

Para o completo iniciante em pós-modernismo, busque-se Barry (1995).

Esta coleção ampla e desafiadora não é para os fracos de coração: Docherty (1993) contém ensaios de Lyotard sobre o sublime e uma seção detalhada sobre o feminismo.

Hauke (2000) combina profundidade intelectual com um estilo amigável para o leitor. Bom sobre as limitações de Jung no pós-modernismo sobre gênero. Muito recomendável. Este é o livro sobre esse assunto.

Kemp e Squires (1997) trazem uma coleção inestimável de extratos de obras feministas publicadas entre 1980 e 1997, muito forte sobre o pós-modernismo e o feminismo.

O corpo pós-moderno

Não é uma leitura fácil, mas é valiosa para ser guardada por aqueles que já têm uma base teórica de Freud, Lacan e Foucault. Muito influente na teoria feminista. Butler (1993).

Jung e o sublime

Hauke (1997) é um ensaio acessível e bem argumentado de uma perspectiva clínica. As implicações feministas do sublime não são abordadas aqui por Hauke.

Sobre o gótico

Em Botting (1996) não há menção de Jung, mas há uma introdução, interessante provocadora de questionamentos, sobre o assunto.

Em Jung (1982a) está o texto *Foreword to Moser*. É a história de fantasma de Jung. Revela estruturas fascinantes de gênero.

Glossário

Palavras marcadas com * são termos junguianos importantes.

Abjeto

O abjeto é o que é excluído da formação da identidade psíquica de forma a produzir um ego coerente. O abjeto representa para o outro materno aquilo que ainda não se tornou objeto. Esse ainda-não-objeto é um abjeto, destinado a ser reprimido na estruturação do inconsciente. O ego ainda não foi formado pelo relacionamento sujeito-objeto. Portanto, o abjeto reprimido permanece como um não objeto aterrorizador no inconsciente e pode ameaçar o ego. Esse conceito está associado a obra de Julia Kristeva e Judith Butler (cf. caps. 5 e 6).

Alquimia (junguiana)*

A alquimia é definida por Jung como a projeção de conteúdos psíquicos, especialmente os do processo de individuação* nas atividades químicas do alquimista. Ele interpretou os textos alquímicos como uma demonstração da projeção dos processos inconscientes e os alquimistas como autoanalistas involuntários. Os alquimistas desenvolveram símbolos. Jung acreditava que os símbolos alquímicos possibilitavam transformações psicológicas de modo semelhante ao papel dos sonhos em sua psicologia.

Nessa visão, os alquimistas usavam a química e a linguagem simbólica para simular as suas próprias individuações, para então poderem alcançar o "ouro" da união divina com o arquétipo do self*.

Alquimia

A alquimia foi mais do que uma tentativa condenada de transformação de chumbo em ouro. Ela também incluía crenças filosóficas e religiosas que acreditavam que a mente, a matéria e o espírito divino existiam em um *continuum*. Os alquimistas tentavam refinar a alma da base material. Ouro e chumbo eram os aspectos materiais das substâncias que eram, igualmente, psicológicas e divinas. Portanto, o trabalho mental e espiritual coexistia junto com as operações químicas, que se tornaram percussoras da química moderna.

Amplificação*

A amplificação é uma técnica terapêutica junguiana na qual a imagem psíquica (tais como as do sonho) é amplificada pela ligação com um motivo mitológico. Isto serve para fazer a imagem aparecer menos pessoal e assim sugerir algo do "outro" do inconsciente. Consequentemente, a amplificação tende a minimizar as questões pessoais, culturais ou históricas da pessoa.

Anima*

A *anima* é o arquétipo feminino no inconsciente de um homem. Por isso, ela localiza o modo feminino na subjetividade de um gênero masculino, denotando um inconsciente bissexual. Esse é um conceito importante; entretanto, algumas vezes, Jung usa a sua própria *anima* inconsciente como modelo para a designar a subjetividade feminina como "mais inconsciente" do que a dos homens. Lembrando que todos os arquétipos são plurais e andróginos, se mitiga o estresse da oposição de gênero, modelado sobre a heterossexualidade. Um inconsciente masculino não é puramente ou necessariamente feminino ou vice-versa (cf. *animus**, Eros*, Logos*, gênero).

*Animus**

O *animus* é o arquétipo da masculinidade no inconsciente de uma mulher. Como a *anima*, isso não atrela a teoria junguiana em uma perpétua oposição de gênero, dado que inconsciente contém arquétipos andróginos. Nada pode ser conhecido com segurança ou nem fixado no inconsciente.

Arquétipos*

Os arquétipos são padrões estruturantes herdados no inconsciente com potenciais para a formação de significados e imagens. Eles são irrepresentáveis por si mesmos e são evidentes apenas nas suas manifestações derivativas, nas imagens arquetípicas. Os arquétipos são contêiners de opostos e, portanto, são andróginos, igualmente capazes de se manifestarem em ambos os gêneros ou em formas não-humanas. O arquétipo é psicossomático, significando que ele conecta o corpo à psique, instinto à imagem. O corpo e cultura influenciam o conteúdo das imagens arquetípicas, mas não as governam, porque os arquétipos são princípios estruturantes da psique autônoma*. Os arquétipos não são ideias ou imagens herdadas. Quando Jung foi chamado para definir os arquétipos, ele insistiu que eles não eram conteúdos herdados (cf. tb. imagens arquetípicas*, inconsciente*).

Autônoma/objetiva psique*

Jung acreditava que o inconsciente era muito independente da compreensão do ego. Ele se referia a uma psique objetiva, significando que o inconsciente era autônomo. Ele podia iniciar um relacionamento com o ego por meio do desejável processo de individuação*.

Consciência*

A consciência é aquela parte da psique percebida pelo ego*. Ela é o conhecimento conhecido e cognoscível sobre cada ser humano. Para Jung, a consciência precisa estar em contato com as potências curativas do inconsciente por meio da individuação*.

Contratransferência*

Isso se refere à tendência de os conteúdos inconsciente do analista serem projetados no paciente durante a análise. Jung foi um dos primeiros a perceber a importância desse fenômeno (cf. transferência*).

Corpo sutil*

O corpo imaginado pela psique é um corpo sutil junguiano, pois o corpo é formado por ingredientes corporais e arquetípicos. Porque arquétipos são do corpo e na psique não corporal; a representação mental do corpo é física e psíquica – o corpo sutil (cf. cap. 6).

Corpo*

O corpo junguiano é uma entidade tanto separada quanto incognoscível; é algo vitalmente conectado à psique. Os arquétipos são enraizados no corpo assim como têm uma dimensão espiritual e transcendente. Para Jung, o corpo não pode controlar a significação de algo, mas pode influenciá-la. Por exemplo, a sexualidade é uma função corporal que pode liberar energias arquetípicas. Um ato sexual pode tornar-se simultaneamente um rito adentrando em uma dimensão numinosa que os alquimistas (e Jung depois deles) denominavam de casamento sagrado.

Discurso (discursivo)

O discurso significa a ideia do pós-estruturalismo e do pós-modernismo de que o conhecimento não é uma entidade neutra separada da sociedade humana. Melhor colocado, o conhecimento é modelado pelos discursos, que são eles próprios práticas materiais e sociais. Os discursos são os argumentos que produzem conhecimentos e poder. Os discursos produzem as relações sociais e poder. As disciplinas, como os estudos junguianos, têm funções regulamentadoras ativas, materiais, sociais, que atuam na produção da sociedade. Uma das suas funções talvez seja produzir ou policiar o gênero (cf. cap. 6).

Enantiodromia*

Esse termo expressa o ponto central do *insight* junguiano – isto é, que as coisas da psique têm o hábito de se tornarem seus próprios opostos. A emergência dos opostos no inconsciente é uma característica frequente da individuação*.

Eros*

O Eros é um outro conceito de Jung baseado nos opostos de gênero. O seu outro é Logos*. O Eros representa as capacidades psíquicas de relacionamento e sentimento com o Logos, um motivo de significado espiritual e racional. Jung alinhou a consciência feminina com Eros e a subjetividade masculina com Logos. Dado que a *anima** e *animus** carregam as qualidades de Eros e Logos no inconsciente, isso significa que os homens têm a tendência a terem as qualidades de relacionamento subdesenvolvidas e as mulheres a serem inferiores no "pensamento" e na argumentação racional. As consequências das posições de Jung sobre gênero são profundas (cf. cap. 2).

Experiência religiosa*

Dando prosseguimento à realidade psíquica*, a experiência religiosa na teoria junguiana é distinta porque para Jung toda experiência é mediada pela psique e seus princípios estruturantes herdados pelos arquétipos. Consequentemente, qualquer sentimento religioso é localizado na psique e é uma propriedade do arquétipo supremo governante, o si-mesmo. Portanto, para Jung, a experiência religiosa é indistinguível de uma intimação do si-mesmo. Essa ideia do sentimento religioso como uma estruturação psicológica pode se harmonizar com religiões externas (especialmente quando Cristo é denominado como uma imagem-do-si-mesmo) mas pode também validar uma experiência religiosa sem um deus transcendente externo. Ela não é redutível à mitologização de impulsos corporais.

Falo*

Para Lacan, o falo é um significante privilegiado. Ele representa a forma cultural do patriarcado, a imposição da Lei do Pai, quando uma pessoa é separada pela entrada no simbólico. Portanto, não deve ser equiparado ao pênis da carne; o falo organiza o gênero da pessoa depois de entrada na linguagem e no simbólico. O falo é o que o masculino muito ambiguamente "possui" e o que o feminino deve "ser" para o masculino. O efeito do falo é fazer do masculino o lugar natural do poder e do significado.

Feminismo da deusa (junguiano)*

Essa é uma forma de feminismo derivada da amplificação da ideia de Jung de que o seu Eros* é o gerador do princípio feminino*. A noção do princípio feminino metafísico foi estendida permitindo que os arquétipos do feminino fossem tratados como se eles fossem deusas na mente humana. Algumas feministas da deusa se mantêm na linha junguiana asseverando que arquétipos são heranças biológicas e não divindades exteriores. Algumas feministas deixaram a teoria junguiana para trás e retornaram ao paganismo buscando encontrar modelos melhores e mais empoderadores para as mulheres.

Feminismo materialista

As feministas materialistas acreditam que o gênero e suas inequalidades derivam dos fundamentos econômicos, do poder político e do capitalismo. A teoria junguiana é fundamentalmente incompatível com o materialismo de todos os tipos porque nesse sistema há um outro irredutível (não redutível às forças materiais). Alguma sobreposição pode ocorrer no sentido de que o corpo junguiano e a cultura material têm um significante (não governante) de entrada para o significado arquetípico.

Função transcendente*

A função transcendente ocorre quando conflitos dentro da psique produzem espontaneamente um símbolo poderoso "transcendendo" as forças combatentes e desta forma é capaz de uni-las. A função transcendente produz símbolos que apontam para o desconhecido no inconsciente – eles não devem ser reduzidos em palavras que são a linguagem do ego.

Gênero

O gênero é a identidade interna de uma pessoa como masculina ou feminina e, é distinta da posse de um corpo masculino ou feminino. Jung tinha a tendência a amalgamar gênero em sexo corporal. Meu próprio uso de gênero neste livro não é essencialista. Gênero é contingente historicamente e não pode ser representado como algo transcendente para a cultura onde seu "estilo" particular é situado.

Gótico

O gótico é um movimento estético que se iniciou no Iluminismo, continuando no pós-modernismo. Ele é a arte do excesso. O gótico significa o que não pode ser completamente compreendido pela razão, pala mente consciente, pelas categorias de conhecimento e convenções de gênero. Como Jung, o gótico é assombrado pelo fantasma do feminino. Como Jung, o gótico tende a recuperar as convenções de gênero (cf. cap. 6).

Grande teoria*

Esse é o meu termo para a tendência de Jung a produzir explicações compreensivas para a psique humana e a cultura em sua obra. Tomei "grande" da ideia de "grandes narrativas" (cf. cap. 6); muitas dessas estão ameaçadas pela teoria contemporânea. A "grande teoria" de Jung é entremeada pelo seu outro impulso diferente de escrever no estilo de um mito pessoal*.

Hegemonia

A hegemonia são as hierarquias de poder na sociedade que são frequentemente não reconhecidas, portanto, são consideradas, de alguma forma, como naturais. A hegemonia descreve o ganho do consentimento tácito de classes desiguais ou das relações sociais.

Imagem-de-deus*

O arquétipo do si-mesmo* é frequentemente representado pela imagem de deus ou divina na psique. Isso é porque o si-mesmo inconsciente é o objetivo da individuação, o desejo supremo da psique de uma pessoa. Portanto, ela provavelmente produzirá imagens divinas espontâneas (cf. tb. si-mesmo*, experiência religiosa*, individuação*).

Imagens arquetípicas*

As imagens arquetípicas são as representações visíveis dos arquétipos. Uma única imagem nunca pode representar o potencial multifatorial do arquétipo. Consequentemente, as imagens arquetípicas são sempre criativas, ainda que sejam imagens provisórias e parciais de uma complexidade maior e irrepresentável. Essencialmente, elas retiram material representacional da cultura assim como das energias modeladoras do arquétipo. Portanto, a imagem arquetípica psíquica junguiana é sempre cultural e histórica assim como numinosa e psíquica.

Imaginação ativa*

Esse é o termo que Jung deu ao seu método terapêutico de solicitar ao paciente para fantasiar espontaneamente sobre uma imagem, usualmente uma imagem de um sonho. Por esse método, o material inconsciente* talvez possa ser trazido para a consciência e a individuação* é promovida. A imaginação ativa é o oposto de invenção consciente: ela é um método de entrega da direção das fantasias para o outro ou o inconsciente. Muito frequentemente, a imaginação ativa indica o uso de uma imagem do próprio inconsciente da pessoa que emergiu de um sonho, mas Jung agrumetava que imagens culturais, místicas ou artísticas também poderiam ser usadas.

Inconsciente coletivo*

O inconsciente coletivo é a herança comum dos arquétipos compartilhados por todos os seres humanos. Como os arquétipos são manifestos, como imagens arquetípicas, dependerá da cultura e história particular de qualquer indivíduo.

Inconsciente pessoal*

O inconsciente pessoal é o modo que Jung juntou ideias freudianas com o seu pensamento maduro. O que era importante sobre o inconsciente para Jung era o inconsciente coletivo dos arquétipos. O inconsciente pessoal é um inconsciente freudiano criado pela repressão sexual edipiana. Ele é "pessoal" porque é formado pela estruturação do ego e não se refere à psique* superior autônoma/objetiva.

Inconsciente*

O inconsciente de Jung é a sua contribuição principal para a psicologia e é fundamental para todos os desenvolvimentos da teoria junguiana. Como em Freud, o termo "inconsciente" denota tanto conteúdos mentais inacessíveis ao ego e um REN psíquico com as suas próprias propriedades e funções. O inconsciente junguiano é superior ao ego e existe em uma relação compensatória ao ego. Ele é o lugar do significado, sentimento e valor na psique e é autônomo. Ele não é, entretanto, completamente separado do corpo, mas oferece um terceiro lugar entre a dualidade perene entre corpo e espírito. Corpo e cultura influenciam os conteúdos do inconsciente (imagens arquetípicas*), mas o inconsciente não está sujeito a nenhuma das forças. O inconsciente é estruturado pelos arquétipos como princípios estruturantes herdados hipotéticos.

Individuação*

A individuação é o termo de Jung para o processo em que o ego é trazido para se relacionar com a dinâmica arquetípica do inconsciente. A individuação do ego é constantemente feita, desfeita e refeita pelas forças orientadas para um objetivo do inconsciente. Mesmo "significando" que o ego é sujeito da dissolução e da reconstituição pelo outro junguiano.

Logocentrismo

O logocentrismo é um termo usado pelos desconstrucionistas para indicar a crença disseminada sobre linguagem a que eles se opõem – aquela em que há um significado presente, seguro e completo para uma palavra.

Logos*

O princípio do funcionamento mental orientado para a direção da razão, da discriminação e da autoridade espiritual. Jung o considerava como caraterística da consciência masculina. Logos opera com seu binário de gênero oposto, Eros*. Contemporaneamente, a prática analítica junguiana trata Logos e Eros como estando igualmente disponíveis a ambos os gêneros.

Materialismo

O materialismo é a crença de que a realidade social e a consciência são um produto de um sistema econômico coercitivo desenhado para a produção de produtos materiais do capitalismo. Ele é uma caraterística do marxismo.

Mitologia

A mitologia se refere às histórias dos deuses, deusas, monstros e seres divinos que desempenharam uma função religiosa em várias sociedades humanas. Exemplos poderiam incluir a mitologia ancestral da Grécia e de Roma e do cristianismo considerado como uma mitologia com suas histórias sagradas de culturas específicas.

Mito pessoal*

Este é um termo meu para o desejo de Jung de usar a sua própria psique como a localização da teoria dele. O Jung do mito pessoal rejeita a teoria, intencionando, de forma tola, falar por todas as pessoas (entretanto, muito do Jung na grande teoria faz isso). O Jung do mito pessoal usa a si mesmo como uma evidência empírica, usa as suas próprias imagens como os tijolos na construção das suas ideias (cf. cap. 2).

Patriarcado

O significante literalmente o é "governado pelo pai"; o patriarcado é um sistema regido por homens. A autoridade dos homens é garantida por instituições religiosas, sociais, políticas e culturais. No patriarcado, o princípio estruturante fundamental é o masculino representado pelos atributos superior, desejável, inteligível, enquanto o feminino denota o que é excluído ou o que é potencialmente caótico no interior do sistema. Por exemplo, nas religiões patriarcais, como o cristianismo monoteísta, o feminino e as mulheres representam a matéria, o sexo e a morte (o que tem sido excluído do divino).

Persona*

A *persona* é a máscara usada pelo ego no mundo externo. É o modo com que o ego se adapta e se apresenta como uma personalidade coerente nas situações sociais. Uma super identificação com a *persona* implica que mais forças desafiadoras do inconsciente estão sendo ignoradas. A individuação* é separação da identidade da *persona* para um engajamento com o inconsciente.

Princípio feminino*

O princípio feminino é o nome dado por Jung para as qualidades de Eros*: sentimento, relacionamento e conectividade, os quais ele esperava que fossem as características das consciências das mulheres. Depois de Jung, alguns junguianos expandiram esse arquétipo do funcionamento mental para algo ainda mais abertamente metafísico. Os princípios masculino e feminino existem transcendentemente na psique, e homens e mulheres têm que negociá-los de forma a forjar uma identidade de gênero. O princípio feminino pode operar dentro das culturas, mas, também, existe independentemente delas na mente humana.

Realidade psíquica*

Para Jung, toda realidade é psíquica. Eu não conheço nada que já não tenha sido filtrado pelo meu processamento psíquico ou, mais radicalmente, que não tenha sido construído como conhecimento pela minha psique. O que o "eu" conhece é, em primeiro lugar, psíquico, a despeito de qualquer outra realidade exterior que também possa alegar sua existência.

Semiótico

Esse termo é usado por Julia Kristeva para indicar as energias maternas reprimidas para fora do simbólico de Lacan durante a sua própria formação. O semiótico não pode significar algo (se pudesse seriasimbólico). Entretanto, o semiótico assombra o simbólico como pulsações dentro da linguagem que as vezes pode ser discernido em arte experimental e na escrita.

Simbólico de Lacan

O simbólico em Lacan é a linguagem, são os símbolos e as convecções que organizam qualquer cultura. O que é inteligível está no simbólico. O simbólico é formado pela repressão do inconsciente quando da entrada da criança na linguagem. O falo é o significante privilegiado em torno do qual a identidade de gênero, a linguagem e a representatividade são organizadas (cf. cap. 4 e 5).

Si-mesmo*

O si-mesmo é do arquétipo supremo governante do inconsciente para o qual o ego se torna um sujeito na individuação*. Jung frequentemente descreve as imagens do si-mesmo nos sonhos em formas circulares ou de mandalas. Ele assevera que Cristo funciona como uma imagem do si-mesmo no cristianismo. O que é importante aqui é nos lembrarmos de que o si-mesmo, para Jung, significava o desconhecido, o incognoscível na pessoa individual. O si-mesmo é encontrado no inconsciente. Ele não representa a personalidade consciente.

Sincronicidade*

Jung usava esse termo para descrever o encadeamento de eventos não por causa ou efeito, não por tempo-espaço, mas por coerência psicológica. Por exemplo, se uma pessoa totalmente estranha repentinamente suprir uma necessidade vital de outra pessoa sem nenhuma explicação aparente – isto é sincronicidade. Se refere à noção de psique, matéria, tempo e espaço serem fundamentalmente conectados.

Sombra*

A sombra é a força arquetípica da escuridão, do reverso, do desfazer. É intrínseca à ideia de uma relação compensatória entre o ego e o inconsciente; a sombra é o que é negado pela personalidade consciente. Consequentemente, a sombra pode ser interpretada como um mal em potencial dentro de qualquer um. Jung avisou que a sombra precisava ser trazida para um relacionamento com a personalidade consciente, para que a repressão da sombra não causasse um inchaço de poder, o que poderia irromper como neurose ou violência.

Sonhos*

Diferentemente do uso freudiano, os sonhos para Jung são expressões espontâneas ou mensagens de uma parte superior da mente humana. Eles não são derivativos das preocupações do ego nem necessariamente são sobre sexualidade (a menos que elas pertençam à classe trivial dos sonhos derivados dos resíduos do processamento psíquico do dia anterior). As imagens dos sonhos não são secundárias. Elas são formas primárias da realidade e não devem ser traduzidas nos moldes do ego, em palavras.

Sublime

O sublime existe no romancismo da época do Iluminismo e no pós-modernismo. Em ambos ele significa o que pode ser concebido, mas não pode ser completamente representado na cultura e na mente. Por exemplo, o divino pode ser um conceito, mas muitos dos significados possíveis de divindade são impensáveis, inefáveis. Jung oferece uma transição do sublime do romantismo para o pós-moderno (cf. cap. 6).

Transferência*

Desenvolvida primeiramente por Freud, a transferência é a ideia de que, na análise, o paciente usará o analista como uma tela para projetar as suas fantasias. O analista pode vir a incorporar um parente ou um conjunto de conflitos psíquicos para o paciente (cf. tb. Contratransferência*).

Referências

Adams, T. (1998). The creative feminine: Kristeva and maternal body. In I.B. Seu & M.H. Colleen (Eds.), *Feminism and psychotherapy: Reflections and contemporary theories and practices* (pp. 7-17). Sage.

Adler, G. (1975). *Letters* (Vol. 1). Princeton University Press.

Anthony, M. (1990). *The Valkyries: The women around Jung.* Element Books.

Atwood, M. (1996). *Alias Grace.* Bloomsbury.

Baring, A. & Cashford, J. (1991). *The myth of the Goddess: Evolution of an image.* Viking.

Barnaby, K. & D'Acierno, P. (Eds.) (1990). *C.G. Jung and the humanities, towards a hermeneutics of culture.* Routledge.

Barry, P. (1995). *Beginning theory: An introduction to literary and cultural theory.* Manchester University Press.

Basham, D. (1992). *The trial of woman: Feminism and the occult sciences in Victorian society.* Macmillan.

Binswanger, H. (1963). Positive Aspects of the Animus. In J. Hillman (Ed.), *Spring: A journal of archetype and culture.*

Bly, R. (1990). *Iron John: A book about men.* Da Capo.

Botting, F. (1996). *Gothic.* Routledge.

Bowie, M. (1991). *Lacan.* Fontana.

Brannigan, J., Robbins, R., & Wolfreys, J. (1996). *Applying: To Derrida.* Macmillan.

Brinton Perera, S. (1981). *Descent to the goddess: A way of initiation for women.* Inner City.

Brontë, E. (1985). *Wuthering heights.* Penguin Classics.

Brooke, P. (1992). *Modernism/post-modernism.* Longman.

Burckhardt, T. (1967). *Alchemy: Science of the cosmos, science of the soul.* Stuart & Watkins.

Burke, E. (1757). *A philosophical enquiry into the origins of our ideas of sublime and the beautiful.* R. & J. Dodsley.

Butler, J (1993). *Bodies that matter: On the discursive limits of sex.* Routledge.

Butler, J. (1990). *Gender trouble: Feminism and the subversion of identity.* Routledge.

Charet, F.X. (1933). *Spiritualism and the foundations of C.G. Jung's psychology.* State University of New York Press.

Cixous, H. (1994). *The Hélène Cixous reader.* Routledge.

Claremont de Castillejo, I. (1973). *Knowing woman: A feminist psychology.* Shambhala.

Clarkson, P. (Ed.) (1997). *On the sublime in psychoanalysis, archetypal psychology and psychotherapy.* Whurr.

Currie, M. (1999). Poststructuralism. In J. Wolfreys (Ed.), *Literary theories: A reader and guide* (pp. 317-327). Edinburgh University Press.

David T. (1977). *Remaking men.* Routledge.

Derrida, J. (1976). *Of grammatology.* Johns Hopkins University Press.

Docherty, T. (Ed.) (1993). *Postmodernism: A reader.* Wheatsheaf.

Douglas, C. (1990). *The woman in the mirror: Analytical psychology and the feminine.* Sigo.

Downing, C. (1984). *The goddess: Mythological images of the feminine.* Crossroad.

Eagleton, T. (1996). *Literary theory: An introduction.* Blackwell.

Fierz-David, L. (1988). *Women's dionysian initiation: The villa of mysteries in Pompeii.* Spring.

Fordham, F. (1953), *An introduction to Jung's psychology.* Penguin.

Goldenberg, N. (1990). 'A feminist critique of Jung'. In R.L. Moore & D.J. Meckel (Eds.), *Jung and Christianity in dialogue: Faith, feminism and hermeneutics* (pp. 401-411). Paulist.

Hannah, B. (1977). *Jung: His life and work, a biographical memoir.* Longman Canada.

Harding, M.E. (1935). *Woman's mysteries: Ancient and modern.* Shambhala.

Harding, M.E. (1976). *Woman's mysteries: Ancients and modern.* HarperCollins.

Hauke, C. (1997). The phallus, alchemy and Christ: Jungian analysis and the sublime. In P. Clarkson (Ed.), *On the sublime in psychoanalysis, archetypal psychology and psychotherapy* (pp. 236-263). Whurr.

Hauke, C. (2000). *Jung and the postmodern: The interpretation of realities.* Routledge.

Hayman, R. (1999). *A life of Jung*. Bloomsbury.

Hillman, J. (1973). *Spring: A journal of archetype and culture, #70 muses*. Spring.

Hillman, J. (1983a). *Archetypal psychology: A brief account*. Spring.

Hillman, J. (1983b). *Healing fiction*. Station Hill.

Hillman, J. (1974). *Anima* II. In J. Hillman (Ed.), *Spring: A Journal of Archetype and Culture* (pp. 113-146).

Homans, P. (1979). *Jung in context: Modernity and the making of a psychology*. University of Chicago Press.

Horner, A. & Keane, A. (2000). *Body matters: Feminism, textuality, corporeality*. Manchester University Press.

Irigaray, L. (1977). *This sex which is not one*. Cornell University Press.

Irigaray, L. (1991a). *Marine lover*. Columbia University Press.

Irigaray, L. (1992). *Elemental passions*. Routledge.

Irigaray, L. (1993). *An ethics of sexual difference*. Athlone.

Jacobi, J. (1942). *The psychology of C.G. Jung: An introduction with illustrations*. Yale University Press.

Jameson, F. (1991). *Post-modernism, or the cultural logic of late capitalism*. Verso.

Jardine, A. (1993). The demise of experience: Fiction as stranger than truth?. In T. Docherty (Ed.), *Postmodernism: A reader* (pp. 433-442). Columbia University Press.

Jung, C.G. (2014). *Seminários sobre psicologia analítica (1925)*. Vozes.

Jung, C.G. (1975). *Letters, vol. 1*. Princeton University Press.

Jung, C.G. (1982a). Foreword to Moser. In C.G. Jung, *Psychology and the occult*. Routledge.

Jung, C.G. (1982b). *Aspects of the feminine*. Princeton University Press.

Jung, C.G. (1982c). *Psychology and the occult*. Routledge.

Jung, C.G. (2019). *Memórias, sonhos e reflexões*. Nova Fronteira.

Jung, C.G. (2022). *O indivíduo moderno em busca de uma alma*. Vozes.

Jung, E. (1957). *Anima and animus*. Spring.

Jung. C.G. (1933). *Modern man in search of a soul*. Harcourt, Brace.

Kemp. S. & Squires, J. (1997). *Feminisms: A reader*. Oxford University Press.

Kerr, J. (1993). *A most dangerous method: The story of Jung, Freud and Sabina Spielrein*. Knopf.

Kristeva, J. (1986). Women's time. In T. Moi (Ed.), *The Kristeva reader* (pp. 187-213). Blackwell.

Lauter, E. & Rupprecht, C.S. (1985). *Feminist archetypal theory: interdisciplinary re-visions of Jungian*. University of Tennessee Press.

Lyotard, J.-F. (1979). *The postmodern condition: A report on knowledge* University of Minnesota Press.

Lyotard, J.-F. (1993). The sublime and the avant-garde. In T. Docherty (Ed.), *Postmodernism: a reader* (pp. 244-256). Columbia University Press.

McGuire, W. (1974). *The Freud/Jung letters*. Princeton University Press.

McGuire, W. (2023). *Cartas de Freud e Jung*. Vozes.

Moi T. (1997). Feminist, female, feminine. In S. Kemp & J. Squires (Eds.), *Feminisms: A reader* (pp.246-250). Oxford University Press.

Moi, T. (1985). *Sexual/textual politics: Feminist literary theory*. Methuen.

Moi. T. (Ed.) (1986). *The Kristeva reader*. Blackwell.

Moore, R. & Gillette, D. (199). *King, warrior, magician, lover*. Harpercollins.

Moore, R.L. & Meckel, D. J. (Eds.) (1990). *Jung and Christianity in dialogue: Faith, feminism and hermeneutics*. Paulist Press.

Nead, L. (1997). *Getting down to basics.*

Neumann, E. (1954). *The origins and history of consciousness*. Princeton University Press.

Neumann, E. (1959). *Art and the creative unconscious.* Princeton University Press.

Noll, R. (1994). *The Jung cult: Origins of a charismatic movement.* Princeton University Press.

Norris, C (1991). *Deconstruction: Theory and practice*, Routledge.

Paris, G. (1992). *The sacrament of abortion*. Spring.

Peter Brooke, P. (1992). *Modernism/post-modernism* Longman.

Qualls-Corbert, N. (1988). *The sacred prostitute: Eternal aspect of the feminine*. Inner City Books.

Rabinow, P. (1984). *The Foucault reader: An introduction to Foucault's thought.* Penguin.

Reflections on psychology, culture and life: the Jung page. http://cgjungpage.org/

Rice, P. & Waugh, P. (Eds.) (1992). *Modern literary theory: A reader*. Arnold.

Roberts, M. (1983). *The wild girl.* Methuen.

Roberts, M. (1990). *In the red kitchen.* Methuen.

Rowland, S. (1999). *C.G. Jung and literary theory: The challenge from fiction.* Macmillan.

Samuels, A. (1989). *Jung and the post-Jungians, the plural psyche: personality, morality and the father.* Routledge.

Samuels, A. (1989). *The plural psyche: Personality, morality and the father.* Routledge.

Samuels, A. (1992). National psychology, national socialism, and analytical psychology, reflections on Jung and antisemitism, parts 1 and 2. *Journal of Analytical Psychology.*

Samuels, A. (1993). *The political psyche.* Routledge.

Samuels, A. (2001). *Politics on the couch: Citizenship and the internal life.* Profile Books.

Samuels, A., Shorter, B. & Plaut, F. (1986). *A critical dictionary of Jungian analysis.* Routledge.

Schierse, L. (1982). *The wounded woman: Healing the father-daughter relationship.* Swallow.

Schierse, L. (1993). *Meeting the madwoman: An inner challenge for feminine spirit.* Bantam.

Schreier Rupprecht, C. (n.d). Enlightening shadows: Between feminism and archetypalism, literature and analysis. In Barbaby & D'Acierno (Eds.), *C.G. Jung and the humanities* (pp. 279-293).

Schwartz-Salant, N. (1995). *Jung on alchemy.* Routledge.

Segal, R. (1992). *The gnostic Jung.* Princeton University Press.

Seu, I.B. & Colleen Heenan, M. (1999). *Feminism and psychotherapy: Reflections and contemporary theories and practices.* Sage Publications UK.

Shiach, M. (1997). Their "symbolic" exists it holds power – we, the sowers of disorder, know it only too well. In S. Kemp & J. Squires (Eds.), *Feminisms: A reader* (pp. 269-274). Oxford University Press.

Shinoda Bolen, J. (1984). *Goddessess in every woman: A new psychology of women.* Harper & Row.

Singer, J. (1972). *Boundaries of the soul: The practice of Jung's psychology.* Anchor.

Singer, J. (1976). *Androgyny towards a new theory of sexuality.* Sigo.

Solomon, H.M. (1997). The development school. In P. Young-Eisendrath & T. Dawson (Eds.), *The Cambridge companion to Jung* (pp. 119-140). Cambridge University Press.

Stevenson, R. L. (1998). *The strange case of Dr. Jekyll and Mr. Hyde*. Oxford University Press.

Storr, A. (1973). *Jung*. HarperCollins.

Tacey, D. (1977). *Remaking man: Jung, spirituality and social change*. Routledge.

Ulanov, A. & Ulanov, B. (1994). *Transforming sexuality: The archetypal world of anima and animus*. Shambhala.

Ulanov, A. (1971). *The feminine in Jungian psychology and in Christian theology*. Northwestern University Press.

Von Franz, M.L. (1975). *C. G. Jung: His myth in our time*. Inner City.

Waugh, P. (1992). Stalemates?: Feminists, postmodernists and unfinished issues. In P. Rice & P. Waugh (Eds.), *Modern literaly theory: A reader* (pp. 322-340). Arnold.

Wehr, D. (1987). *Jung and the feminism: Liberating archetypes*. Beacon.

Whtiford, Margaret (1992). *The Irigaray reader*. Blackwell.

Whitmont, E.C. (1982). *Return of the Goddess*. Continuum.

Wolff, T. (1934). *A few thoughts on the process of individuation in women*.

Wolfreys, J. (1999). *Literary theories: A reader and guide*. Edinburgh University Press.

Woodman, M. (1980). *The owl was a Baker's daughter: Obesity, anorexia nervosa and the repressed feminine*. Inner City.

Woodman, M. (1982). *Addiction to perfection: The still unravished bride*. Inner City.

Woodman, M. (1985). *The pregnant virgin: A process of psychological transformation*. Inner City.

Youn-Eisendrath, P. & Dawson, T. (Eds.) (1997). *The Cambridge companion to Jung*. Cambridge University Press.

Young-Eisendrath, P. & Wiedemann, F. (1987). *Female Authority: Empowering women through psychotherapy*. Guildford.

Young-Eisendrath, P. (1983). *Hags and heroes: A feminist approach to Jungian psychotherapy with couples*. Inner City.

Žižek, S. (1989). *The sublime object of ideology*. Verso.

Índice

EDITORA VOZES LTDA.
Rua Frei Luís, 100 – Centro – Cep 25689-900 – Petrópolis, RJ
Tel.: (24) 2233-9000 – E-mail: vendas@vozes.com.br